商事信托受益人
权利保护的法律研究

LEGAL RESEARCH
ON PROTECTING THE RIGHTS OF
COMMERCIAL TRUST BENEFICIARIES

蔡秉坤
著

中国社会科学出版社

图书在版编目（CIP）数据

商事信托受益人权利保护的法律研究 / 蔡秉坤著. —北京：中国社会科学出版社，2015.10

ISBN 978-7-5161-6802-8

Ⅰ.①商⋯ Ⅱ.①蔡⋯ Ⅲ.①商业信托—信托法—研究—中国 Ⅳ.①D922.282.4

中国版本图书馆 CIP 数据核字（2015）第 192171 号

出 版 人	赵剑英
责任编辑	门小微
责任校对	季　静
责任印制	戴　宽

出　　版	中国社会科学出版社
社　　址	北京鼓楼西大街甲 158 号
邮　　编	100720
网　　址	http：//www.csspw.cn
发 行 部	010-84083685
门 市 部	010-84029450
经　　销	新华书店及其他书店
印　　装	北京君升印刷有限公司
版　　次	2015 年 10 月第 1 版
印　　次	2015 年 10 月第 1 次印刷
开　　本	710×1000　1/16
印　　张	20
插　　页	2
字　　数	279 千字
定　　价	76.00 元

凡购买中国社会科学出版社图书，如有质量问题请与本社营销中心联系调换
电话：010-84083683
版权所有　侵权必究

目 录

第一章　导论 …………………………………………………… 1

　　第一节　选题背景与意义 / 1

　　　　一　选题背景 / 1

　　　　二　研究现状综述与简评 / 6

　　　　三　选题意义 / 11

　　第二节　研究方法与主要篇章结构 / 14

　　　　一　研究方法概述 / 14

　　　　二　主要篇章结构 / 15

　　第三节　研究目的与创新 / 16

　　　　一　选题具有一定新颖性 / 16

　　　　二　分析论证视角方面的创新 / 17

　　　　三　在信托及商事信托领域内若干基础性问题，具有一定创新之处 / 17

第二章　商事信托概述：以信托财产为中心的功能演进 ……… 19

　　第一节　信托制度的历史沿革 / 19

　　　　一　信托制度起源 / 19

　　　　二　近现代信托发展概览 / 25

　　　　三　中国信托制与信托立法发展 / 30

　　第二节　信托法律界定与分析：信托本质的文义考量 / 34

一　信托概念的学理界定分析 / 34

　　二　信托概念的实定法分析 / 40

　　三　我国信托法对于信托的界定 / 42

第三节　信托的分类与功能：民事信托向商事信托的嬗变 / 45

　　一　信托分类简介 / 45

　　二　商事信托与民事信托 / 47

　　三　商事信托基本特征 / 50

　　四　主要商事信托类型 / 53

　　五　信托制的功能演进 / 57

第四节　信托财产：信托制永远的中心话题 / 59

　　一　必须予以说明的前提 / 59

　　二　信托财产范围与特性 / 61

　　三　信托财产权本质学说介评 / 63

　　四　信托财产（权）本质：法律主体的表彰形式与权利结构 / 69

第五节　小结：信托法律关系抑或信托法律事务 / 76

第三章　商事信托受益人权利：多层次视角的观察与归纳 ……………………………… 81

第一节　信托受益人法律地位的实证分析 / 81

　　一　信托受益人界定：要件构成 / 81

　　二　信托受益人资格简论 / 84

　　三　信托受益人之法律地位：实证立法的考量 / 86

第二节　信托受益人权利：来源与类型 / 92

　　一　信托受益人权利来源与发展 / 92

　　二　受益人权利的层次结构 / 94

第三节　信托受益人权利内容 / 101

　　一　受益人权利：受益、决定与监督 / 101

　　二　受益权之取得、变更与消灭 / 116

三　受益权之时效 / 119
第四节　小结：信托受益权保护的必要与可能途径 / 122

第四章　受益人权利保障措施析论：权利行使与冲突衡平 …………… 127

第一节　信托受托人义务：信义义务与受益权 / 128
　　一　受托人义务范围 / 128
　　二　受托人信义义务 / 132
　　三　信义义务违反认定 / 136
第二节　信托公示：保障受益权实现 / 145
　　一　信托公示必要性 / 145
　　二　信托公示域外立法简介 / 147
　　三　我国信托公示立法完善要点 / 152
第三节　信托信息披露：受益人权利行使前提 / 159
　　一　信托信息披露功能与立法介绍 / 159
　　二　我国信托信息披露立法析评 / 165
第四节　受益人会议：受益权行使途径 / 169
　　一　受益人会议功能与实现障碍 / 169
　　二　受益人会议制域外立法介绍 / 173
　　三　完善我国受益人会议制度的思考 / 176
第五节　信托管理人与受益人权利保护 / 182
　　一　信托管理人制度概述 / 182
　　二　信托管理人法律地位析论 / 189
　　三　论我国信托管理人（监察人）制度完善 / 192

第五章　法律救济与受益人权利保护：救济的充分性与可行性 …………… 199

第一节　信托救济基础论 / 200
　　一　法律救济对受益权保护的功能 / 200

二　信托救济法律模式比较 / 204
　　三　信托违反情形 / 210
　第二节　信托救济的具体措施 / 214
　　一　恢复原状请求权 / 214
　　二　损害赔偿请求权 / 216
　　三　受益人撤销权 / 221
　　四　强制执行财产异议权 / 227
　第三节　推定信托：特殊信托救济方式与思维 / 234
　　一　推定信托概览 / 234
　　二　推定信托制度价值与借鉴 / 237

第六章　商事信托受益人权利保护的法律构造 …………… 247
　第一节　商事信托受益人权利保护机制 / 247
　　一　商事信托财产的分析工具价值 / 247
　　二　"商事信托团体"的内部治理 / 250
　　三　"商事信托团体"的外部监督 / 254
　第二节　完善我国信托法制的宏观思考 / 259
　　一　失去衡平法依托的信托 / 259
　　二　域外信托法律制度移植简介 / 264
　　三　我国信托立法模式与整体框架 / 272
　第三节　完善我国信托法制的微观考量 / 289
　　一　信托基础理论 / 289
　　二　商事信托受益人权利的多层次考察 / 291
　　三　商事信托受益人权利保障的具体措施 / 292
　　四　法律救济与受益人权利保护 / 295

余论 ……………………………………………………………… 298

主要参考文献 …………………………………………………… 303

后记 ……………………………………………………………… 312

第一章 导论

第一节 选题背景与意义

一 选题背景

自 2001 年《中华人民共和国信托法》实施后,历经五次整顿的信托公司开始"回归主业"规范发展;2007 年,"两新规"的出台促进了信托公司业务转型和战略定位。从全行业来看,2007 年信托行业的整顿改革使信托市场发展进入了快车道。改革前,2006 年年底信托资产规模为 3606 亿元,2009 年年底达到 2 万亿元,3 年间增长了近六倍;2006 年年底,信托行业所有者权益为 519.5 亿元,2009 年年底达到了 1016 亿元,增长了近两倍;2006 年年底,信托行业实现利润 39 亿元,2009 年年底达到了 122 亿元,增长了两倍多。[①] 修订后的《信托公司管理办法》《信托公司集合资金信托计划管理办法》颁布实施后,信托业管理资产规模迅速扩张,从 2007 年年初 3606 亿元发展到 2008 年的 1.2 万亿元,2009 年年底的 2 万亿元,再到 2010 年的 3 万余亿元,四年实现 9 倍的增长。目前信托公司(不包含重组和新开业的公司)平均管理的资产规模约为 400 亿元,个别信托公司管理的信托资产规模已经达

---

① 吴世亮、黄东萍:《中国信托业与信托市场》,首都经济贸易大学出版社 2010 年版,第 60 页。

到净资产的 50 倍以上。① 根据中国信托业协会新近公布的 2013 年第 4 季度信托公司主要数据显示，截止到 2013 年年底全行业六十余家信托公司管理的信托资产规模和实现的利润总额均再创历史新高，分别达到 109071.11 亿元和 568.61 亿元，成为仅次于银行业的第二大金融部门。② 然而在我国信托业与信托市场快速发展的同时，因为相关商事信托法律、法规缺位与监管失范，作为受托人的商事信托公司由于经营风险与法律风险控制不当，给委托人以及诸多投资者、受益人权益造成损害的案例时有发生。③ "……据不完全统计，在 2006—2010 年五年间，人民法院共受理一审信托合同纠纷案件 294 件。这类案件往往涉及的法律关系较为复杂，涉案金额巨大、社会影响面广，审判实践中普遍面临诸多疑难法律适用问题。"④ 显然此类"法律关系复杂、涉案金额巨大、社会影响面广"的信托实际案例，是属于商事信托而非民事信托。

面对如此庞大的资产经营规模和复杂的信托法律关系，仅靠以现行"一法两规"为主体的信托法制体系，无法做到对商事信托各方主体与行为，进行完全预设、指引和规范性调整。我国信托法是十多年前所制定的，当时法律制定的社会经济背景情况以及部分法律条文，已有相当部分不适应目前我国商事信托实际发展状况与需求，商事信托及具有信托性质的法律纠纷较少这一现状，明显与该行业领域发展需求不符，这只是依据普通社会常识所进行的推测。进一步分析，以信托公司为代表的机构信托，一旦发生违法或法律纠纷，因其牵涉资金、人员范围较

---

① 中国人民大学信托与基金研究所：《中国信托业发展报告》，中国经济出版社 2011 年版，第 11 页。
② 中国信托业协会网，http://www.xtxh.net/sjtj/19069.html，2014 年 5 月 11 日访问。
③ 典型案例如 2005 年 12 月 30 日，中国银行业监督管理委员会宣布对金信信托停业整顿。嗣后金信信托内部高层证实，其案发原因是非法挪用权属不清的单一信托资金（共 58.23 亿元）和金信证券账户上的国债回购资金。金信信托作为受托人，擅自挪用受益人资金用于自营并造成巨额亏空，背离商事信托制度设计的基本基础，即信任，金信信托的行为属于典型信托违反。
④ 最高人民法院副院长奚晓明，在我国《信托法》颁布十周年纪念研讨会上的讲话，中国应用法学网，http://www.court.gov.cn/yyfx/zxdt/201112/t20111208_167715.html，2012 年 12 月 28 日访问。

广，而实践信托法律规定缺失，①以及理论层面对信托法理、文化的争议乃至陌生，使得本应引发热烈讨论的典型信托案例实际上屈指可数。早在2008年最高人民法院所发布的《民事案件案由》已将信托纠纷作为民事案件案由纳入，分别是民事信托纠纷、营业信托纠纷与公益信托纠纷。以关键词"信托纠纷"在北大法律信息网中进行检索，仅检索到四起案例，皆为营业信托纠纷。其中三起案件属于就同一纠纷所进行的上诉案件，而且都发生在2012年。②信托法领域内为数不多的典型商事信托案例中，金信信托案实际处理结果是通过政府行政主导进行化解。又如庆泰信托公司涉及信托法律关系纠纷的系列案件，无论是在2008年前还是之后，案由都并非信托纠纷，而是委托合同纠纷、行纪合同纠纷，甚至纳入无因管理与不当得利纠纷。该情况在我国信托司法领域普遍存在，以关键词"信托"在北大法律信息网进行检索，共计有案件698例。通过初步分析，除去信托公司与其他主体所发生的其他性质法律关系纠纷，实质涉及信托法律的案件不到一半，③而这还没有考虑其他机构所从事的以信托关系、信托结构为依托的各类商事信托。可见，面对日益庞大的信托资产规模与迅猛发展的商事信托状况，我国信托法制及信托法律的实际适用处于相当窘迫的情境。信托业与信托市场的高速发展亟待相应的法律理论供给，提供并建立规范化的信托法制环境。信托设定的最重要甚至是"唯一"目的，是为了实现受益人利益，通过前述我国信托领域内的经济与法律现实状况比对，商事信托受益人权利保护相关法律问题研究，其必要性、紧迫性已不言自明。

---

① 以信托制中确定权利、行为及交易效果的信托公示制度为例，它是大陆法系国家信托立法的必备重要内容，因为信托制的核心就是围绕信托财产进行法律规制。但目前我国信托公示领域实际处于"无法可依"的状态，在此种状况下相关纠纷即便起诉到法院也无法直接以信托纠纷案由立案，多采用其他案由并主要适用合同法予以裁判。

② 这四起案件分别是："海口市财政局与海口市信托投资公司营业信托纠纷案""太原威廉企业策划设计有限公司等与中国光大银行股份有限公司太原分行等营业信托纠纷上诉案""太原市东阁服务有限公司等与中国光大银行股份有限公司太原分行等营业信托纠纷上诉案""安信信托投资股份有限公司等与河南新陵公路建设投资有限公司等营业信托纠纷上诉案"等。http://www.chinalawinfo.com/，2013年1月6日访问。

③ 以上信息均来自北大法律信息网，http://www.chinalawinfo.com/，2014年1月6日访问。

从国外金融资本市场发展实践来看，商事信托具有广阔应用与发展空间，但我国现行法律规定缺失极大遏制了商事信托在金融资本市场的应用。概括而言，商事信托在当代商品经济社会其主要用途有：用于结构性融资交易；用于分散借贷风险以及用于多样化融资交易。仅以资产证券化这一结构性融资的典型代表方式为例，尽管在结构性融资交易中的 SPV[①] 也可以采用其他商业组织形式，例如公司或有限合伙，但是信托有着与众不同的优势，尤其当委托人公司拥有的资产是金融资产时，设立信托形式 SPV 的优点无可替代。我国现行信托法、公司法、商业银行法、证券法等与资产证券化相关法律中均未明确提到资产证券化，只在《信贷资产证券化试点管理办法》中的第二条有所涉及。若规模化实行资产证券化的信托模式，则首要障碍是信托财产转移的产权变更与登记，因为银行的不良资产多数以担保债权形式存在。设立信托使得受托人取得了对受托财产的管理与处分权，受托机构如何以自己名义对受托财产进行处置与管理，厘清其与不良资产原本存在的担保关系，信托法对此没有规定，由此导致证券化资产的真实销售存在无效等不确定性法律风险。延伸考察我国目前商事信托的主要类型，如资金信托、银信合作、证券投资信托业务、房地产投资信托基金以及私人股权投资信托业务，都存在有类似法律规定缺失或不完善的问题。

　　现实结合历史溯源考量更能体现和还原事物的本来面貌，信托作为英国衡平法的重要财产管理制度设计方式，其起始理念、制度安排是由用益制、私人民事信托发展而来的，民事信托是为了保护个人财产，逃避国王以种种理由没收个人财产而诞生并发展起来的。在英国衡平法发展过程中，信托经历了逐渐对用益承认、依据《用益法》审理案件、从用益制到信托制确立、现代信托制发展的完整演进阶段，使得信托在英国具有完备的理念基础、文化传统与配套法制体系。而当这一制度被

---

① Special Purpose Vehicle：特殊目的的机构载体，多指一个为从事发展、拥有以及运作某一个大型复杂项目而设立的商业实体，其主要原因是限制对该项目具有求偿权的债权人人数。

其他国家、地区引入、借鉴时，其功能伴随具体历史文化、社会经济及法律体系悄然发生变化。典型的例子有，在美国本土原先并不存在与英国类似的民事信托社会背景，但随着美国涌入大量英国移民，信托制度也随之引入。但美国引入信托之初起就是以商事信托为主，受托人主要出于营利目的接受信托，由此商事信托在美国取得了迅猛发展。同样的事例不仅发生在美国，"实际上由于日本不拥有信托的历史传统，并且直接引进了在美国发展起来的商事信托制度。所以，大多数法学家（包括日本的法学家）都认为日本的信托全部属于商事信托，民事信托制度几乎没有得到运用"[①]。中国目前情形与前述美国、日本相类似，尚不存在普遍的私人民事信托社会实践，其根本原因首先在于新中国成立以来相当长时间内人民生活水平较低，除仅够维持家庭生活的必要财产外，人们没有多少个体财产可供支配。近20年该情况发生了变化，人们开始拥有价值较大的私人财产，并为自己和家人积累巨额财富。但由于缺乏信托理念传统与文化法律背景，社会、司法实践中有关私人民事信托仍付诸阙如。

信托制度作为缘起于英美法系之财产管理与移转工具，起初主要应用于民事领域。伴随人类社会商品经济之发达，信托制度被越来越广阔地应用在商业领域。[②] 信托制度与现代商业经济、金融服务活动的天然契合是众多非英美法系国家引入该制度的实践动因。与此相对应，我国商事信托自信托法颁布前后时始，就呈现出强劲发展趋势，商事信托作为金融资本市场内重要的融资、创新与风险分散手段被广泛应用。其功能与英国衡平法之民事信托相比较，更强调该制度工具的财务管理、资金融通、协调与沟通经济关系以及服务社会公益事业等职能，从而更好地服务并满足我国市场经济与商品经济发展的客观需求。

[①] 中野正俊：《中国民事信托发展的可能性》，《法学》2005年第1期。
[②] John H. Langbein, "The Secret Life of the Trust: The Trust as an Instrument of Commerce", 107 Yale L. J., 165 (1997).

二 研究现状综述与简评

在我国信托法颁行前，有关信托制度的研究成果不仅数量少，而且多数表现为经济学研究成果。20世纪90年代初，我国信托法律著作以张淳著《信托法原论》，施天涛、余文然合著《信托法》，周小明著《信托法律制度比较法研究》，沈达明著《衡平法初论》等为主要代表。随着我国《信托法》颁行，有关信托法学著述逐渐丰富，但对比民商法学等其他学科，信托法学研究仍略显"冷清"。在已出版的信托法学著作中，对信托进行专门制度性研究的著作并不太多。造成这种现象的原因或许是多方面的，其中重要原因之一在于，信托制来源于英美法系，在某些方面与大陆法基本原理、理念等格格不入，以此作为学术研究范畴对学者而言具有一定风险，包括最终研究结论实际意义及被认可程度。尽管如此，伴随信托业目前在中国的不断壮大与发展，信托法学研究自身也正逐步取得较大进展。信托法的基础理论和专业理论研究日渐深入，理论水平和创新能力在逐步提高，专业研究机构和研究人员不断增加，越来越多的法律议题进入了信托法学者的研究视野，研究角度和研究方法不断丰富，相关信托法学研究成果相继问世，信托法学的知识体系、价值体系、方法体系以及学科体系等均获得了长足发展。从研究成果的形式看，广泛涉及期刊论文、学位论文、会议论文、学术著作、课程教材等具体类型。

在信托法学著作方面，前述20世纪90年代具有代表性的著作，对我国《信托法》的出台、制定乃至信托法制理念的初步普及发挥有至关重要的作用。自2001年我国信托法颁行后至今，有关信托法基础理论著作逐渐丰富。[①] 此类著作总体偏重于信托法基本原理与知识介绍，并

[①] 由于篇幅所限，仅列出笔者搜集到而且具有相当代表性的著作，主要包括：周玉华著：《信托法学》，中国政法大学出版社2001年版；卞耀武著：《中华人民共和国信托法释义》，法律出版社2002年版；霍玉芬著：《信托法要论》，中国政法大学出版社2003年版；方嘉麟著：《信托法之理论与实务》，中国政法大学出版社2004年版；何宝玉著：《信托法原理研究》，中（转下页）

在某些具体信托法律制度方面进行有详尽或深入的理论阐释。其主要共同点是，在借鉴其他国家或地区信托法学理论及我国信托法学既有研究成果的基础上，运用大陆法系基本概念类别与法学研究范式，较为系统地构建出我国信托法学研究的总论体系。目前信托法总论体系的主要内容包括：信托的定义与法律特征，信托的分类与制度功能，信托制度的历史演进，信托法的概念与基本原则，信托法的宗旨与作用，信托法的体系、渊源与效力，信托法律关系以及信托法律事实等。上述信托法基础理论著述或教材中，在阐释信托法基础理论框架的同时皆有专章涉及有受益人内容。但具体内容多为信托受益人概念界定、地位概述以及其在信托法律关系中权利与义务列举等一般概括性分析。关于如何具体结合我国现阶段实际国情与法制体系现状，探讨商事信托受益人权利保护问题则较少涉及。

随着信托法基础理论著作的丰富，有关信托法专题研究或制度性研究著作也逐渐增多，对包括商事信托在内的诸多信托法领域内的具体问题或制度展开研究。[①] 从这些已出版著作实际内容与质量来看，有关信托

（接上页）国政法大学出版社 2005 年版；徐孟洲著：《信托法》，法律出版社 2006 年版；赖源河、王志诚著：《现代信托法论》（增订三版），中国政法大学出版社 2002 年版；高凌云著：《被误读的信托——信托法原论》，复旦大学出版社 2010 年版；谭振亭主编：《信托法》，中国政法大学出版社 2010 年版；勾亦军著：《信托漫话》，中国财政经济出版社 2008 年版；中国人民大学信托与基金研究所著：《中国信托业发展报告 2011》，中国经济出版社 2011 年版；中国人民大学信托与基金研究所：《中国信托业发展报告：中国信托业的过去、现在和未来（1979—2003）》，中国经济出版社 2004 年版；[日] 能见善久著：《现代信托法》，赵廉慧译，中国法制出版社 2011 年版；[日] 中野正俊著：《信托法判例研究》，张军建译，中国方正出版社 2006 年；[日] 中野正俊、张军建著：《信托法》，中国方正出版社 2004 年版；[日] 三菱日联信托银行编著：《信托法务与实务》，张军建译，中国财政经济出版社 2010 年版；[英] 安德鲁·伊沃比著：《信托法基础》，武汉大学出版社 2004 年版；[英] F. W. 梅兰特著，大卫朗西曼、马格纳斯瑞安编：《国家、信托与法人》，樊安译，北京大学出版社 2008 年版等。

[①] 以下仅列出笔者搜集到而且具有相当代表性的著作，主要包括：贾林青主编：《中国信托市场运行规制研究》，中国人民公安大学出版社 2010 年版；汪其昌著：《信托财产权的形成与特质》，中国财政经济出版社 2011 年版；王志诚著：《金融资产证券化——立法原理与比较法制》，北京大学出版社 2005 年版；彭插三著：《信托受托人法律地位比较研究——商业信托的发展及其在大陆法系的应用》，北京大学出版社 2008 年版；陈雪萍著：《信托在商事领域发展的制度空间——角色转换和制度创新》，中国法制出版社 2006 年版；张敏著：《信托受托人的谨慎投资义务研究》，中国法制出版社 2011 年版；余卫明著：《信托受托人研究》，法律出版社 2007（转下页）

法学专门制度性研究无论是广度或深度都有所拓展。目前，信托法学相关专题研究著述主要集中于下述领域：信托与商事信托的法律地位、商事信托法的法律属性与基本原则、信托及其立法尤其是商事信托立法历史沿革与发展、商事信托及其权利义务理论、信托投资公司相关法律问题、资产证券化及其立法原理与法制比较、信托市场法律规制与监管、商事信托产品与产业发展监管等。在商事信托法专门问题研究中，侧重基于分类研究视角前提下，厘清商事信托与相关法律问题界定，其中更强调对于受托人法律问题研究。这些专题性著作为信托法学研究向纵深发展起到重要推动作用，内容、范围涉及较广，只是关于商事信托受益人权利保护研究的专门性著作仍未出现，相关内容更多是从受托人义务，尤其是信义义务角度出发，对信托受益人权利问题间接展开探讨。这其实也是信托法学研究发展的正常路径，因为在大陆法系国家移植、引入信托过程中，首先需要解决信托法基础理论问题。在此前提下就专门制度性问题进行研究，首要关注的应是信托财产，这也是信托制研究永远的中心话题。由于信托结构所致，信托财产由受托人直接进行管理、处分，而且当代信托业发展的实际状况是，以信托受托人为主导的积极信托日益占据主流地位。由此，如何加强对信托受托人相应的法律规制，通过受托人信义义务相关法学研究，保障信托财产独立性进而促成信托目的实现，也就成为信托法学专题性研究需要解决的重要课题。只有在信托受托人义务法学研究领域具备相当理论支撑的前提下，有关

（接上页）年版；王健著：《特殊目的公司法律制度研究》，法律出版社2009年版；文杰著：《信托公司法研究》，华中科技大学出版社2010年版；文杰著：《投资信托法律关系研究》，中国社会科学出版社2006年版；刘向东著：《资产证券化的信托模式研究》，中国财政经济出版社2007年版；邢建东著：《衡平法的推定信托研究——另一类的物权性救济》，法律出版社2007年版；陈雪萍、豆景俊著：《信托关系中受托人权利与衡平机制研究》，法律出版社2008年版；周明著：《中国信托市场运行机制——基于合约视角的分析》，中国经济出版社2007年版；刘正峰：《美国商业信托法研究》，中国政法大学出版社2009年版；余辉著：《英国信托法：起源、发展及其影响》，清华大学出版社2007年版；刘金凤、许丹、何燕婷著：《海外信托发展史》，中国财政经济出版社2009年版；吴世亮、黄冬萍编著：《中国信托业与信托市场》，首都经济贸易大学出版社2012年版；翟立宏、杨林枫著：《信托产品的开发创新》，中国财政经济出版社2008年版等。

信托受益人权利保护研究问题，才可能展开并进行周延的实质性探讨与分析。

信托法学研究成果体现在相关期刊论文与学位论文方面，基本状况如下：以"信托"为篇名在中国知网跨库检索共计有法学类论文1589篇，其中中国期刊全文数据库1048篇、中国博士学位论文全文数据库26篇、中国期刊全文数据库—世纪期刊17篇、中国优秀硕士学位论文全文数据库498篇。① 同时，以"信托受益人"为篇名在中国知网跨库检索共计只有15篇，其中中国期刊全文数据库6篇、中国博士学位论文全文数据库2篇、中国优秀硕士学位论文全文数据库7篇。通过分析，信托法学论文研究关注领域、研究成果、结论等方面的特征，基本与前述信托法著作保持一致：注重信托基础原理探讨，以信托财产为中心，以受托人义务为侧重点对信托法学领域内主要问题都有所涉及。由前述我国信托业现状、背景介绍分析可知，商事信托受益人权利保护问题，已成为影响我国商事信托及信托业市场健康、持续发展的重要因素之一，相关理论研究支撑与信托实践发展相比较，仍然显得过于薄弱。

国内法律学者对信托受益人的研究时间脉络大致如下：20世纪90年代，我国台湾学者赖源河、王志诚、方嘉麟、谢哲胜以及大陆学者周小明分别在其著作《现代信托法论》《信托之基本法理》《信托法之理论与实务》《信托法总论》《信托制度比较法研究》中对信托受益人及信托受益权进行了论述，主要探讨了信托受益人在信托法律关系中的地位、信托受益人与有关概念（包括第三人利益合同中的利益第三人、股份有限公司的股东、受赠与人、被代理人）的比较、信托受益人的产生与确定、信托受益人的权利、特殊类型信托中的信托受益人，这是我国学者最早对信托受益人的涉猎。随后我国法律学者对信托受益人的研究似乎进入了一个低潮期，2005年以后此种状况得以改变，随着信托产业的飞速发展，信托法学吸引了越来越多法律学者的注意力，对信

---

① 相关数据检索日期截止2013年6月28日。

托受益人的概念、范围、性质、法律保护等问题展开了专门探讨、研究。例如，比较具有代表性的是何宝玉先生所著《信托法原理研究》一书，专设第五章"信托受益人与信托受益权"、第七章"信托管理人（监察人）和保护人"、第八章"信托受益权与第三人"，对信托受益人的主要法律问题进行了较周详的讨论。其间，徐卫先生的博士学位论文《信托受益人利益保障机制的分析与构建》[1]、白玉璞先生的博士学位论文《信托受益人研究》，[2] 是截至目前直接以信托受益人相关法律问题为研究对象的系统性文献。徐卫博士《信托受益人利益保障机制的分析与构建》一文，从信托基础理论切入，通过分析我国信托法立法政策、目标以及信托受益人实际法律地位，论证对其权利进行法律保护研究的必要性。随后，论文主干内容分别从信托财产与受益人利益保障、义务约束与受益人利益保障、信托监督与受益人利益保障、法律救济与受益人利益保障等方面，详细论证信托受益人利益保障机制的构建。白玉璞博士《信托受益人研究》一文则侧重于对受益人制度的全面分析探讨，在信托类型化范式下对受益人权利范围内容进行了较为详细的介绍，文章结论有关我国受益人法律制度完善建议方面，认为应明确受益权的性质与地位、完善受益权与委托人权利及受托人权利之间的协调机制、建立受益权证券化的统一机制及流通平台以及在营业信托中引入信托监察人来完善受益人权利保障机制等内容。前述所有著述及研究成果都是本书探讨分析的理论材料支撑和有益借鉴。

总之，我国目前有关信托受益人权利保护方面的著述数量较少，已有文献大多是在对信托法基本原理、信托财产法律属性或者受托人法律地位与规制等领域展开研究分析时，间接涉及有关信托受益人权利保护的部分问题，缺乏系统的整体性研究。综合分析有关受益人权利保护已有著述、成果，相关问题讨论逐渐趋于专门化，能够结合信托法理对受

---

[1] 徐卫：《信托受益人利益保障机制的分析与构建》，厦门大学博士学位论文，2007年。目前该论文已由上海交通大学出版社在2011年出版成为著作。
[2] 白玉璞：《信托受益人研究》，吉林大学博士学位论文，2008年。

益人权利保护问题进行深入的理论探讨，并对我国信托法制完善从受益人权利保护角度提出诸多有益建议。这对本书研究、写作具有重要的参考和借鉴意义。与此同时相关文献、著述的缺陷主要表现为，研究结论具有同质化趋向，且多停留在理论研究层面，其研究成果与实践需要之间存在有一定脱节现象。以笔者收集、查阅到的直接或间接涉及商事信托法学研究著述为例，其中关于商事信托实践法律规制亟须的受益人权利保护、信托公示、金融服务提供者监管规范等问题，缺乏与实践需求相匹配的关注。特别是针对我国目前商事信托发展实际状况，对典型自益、商事集团信托中受益人权利的行使、保护，如何在信托法制层面予以研究完善，尚未有专门、系统性的文献予以探讨分析。

三　选题意义

根据前述我国商事信托实践发展与法学研究现状，在商事信托法学领域内选取何种角度切入问题本源，有效促进理论研究并满足服务于现实经济发展需要，笔者认为商事信托受益人权利保护的法律问题研究更具有紧迫性与理论、实践意义。

第一，有关商事信托的理论研究必然需要以传统英国衡平法民事信托法理为依托，在此基本前提下我们也不应忽视商事信托自身所具有制度特性与表征。在传统英国信托制度中，其实质表现为一种他益行为。经由委托人设立信托而将普通财产转换为受托人管理的信托财产，受托人为了受益人的利益运作和管理信托。他益信托行为作为原始典型的信托行为方式，前期它更多被用作是一种家庭财富传承以及个人财产管理的工具，即更多应用在民事领域。这种情况伴随着美国以及大陆法系国家、地区引入信托制度而发生变化，自19世纪中叶以后，上述国家与地区引入信托更多的是为了满足大众投资以及融资中介需要。由此，"这种商事信托从一开始就呈现自益信托、营业信托的特点，即受托人为专业金融机构，提供理财服务获得报酬；委托人同时又是受益人，为自己的利益将特定资产交与受托人进行运作，以分享受托人的专业理财技能"①。针对商事信托行为构成特征,关于商事信托关系中的受益人权利保护,应成为法学研究对于现实状况的有效回应。在金融市场内部因为采取规模化、定型化交易模式,必然导致投资者对于金融机构的客观信赖,因为投资者为有效参与并完成交易,只有通过证券公司等金融服务者从事与提供的专业性服务。"应该承认,投资风险通常是与证券发行和交易相关的,但是,随着证券发行、交易秩序的逐步完善,投资风险更多地来自于金融服务者的活动。"② 商事信托作为重要金融服务内容,其重要宗旨之一应是对金融消费者提供及时、高效的法律保护。由于我国缺乏信托传统、理念,有关信托受益人保护的法律规定,相比较在证券业、保险业以及银行业等,既缺乏直接的可适用性法律支撑,又缺乏丰富的生活、司法实践案例予以佐证、回应。因此,针对商事信托受益人权利保护的法律研究具有较强的经济现实意义。

第二,信托制度作为英美法系之"舶来品",学界在进行相应法律问题研究分析时,由基础理论研究为前提、依托展开时,不可避免出现理论与实践相脱节、忽视民事信托与商事信托的实然分野、强调信托财产权与受托人研究,同时有意无意轻视受托人权益保护等问题所致。考察回顾信托制度之发展沿革,以信托财产上权利分配而言,其本质特性在于委托人并非单纯转让财产,而是在信托财产之上创设同传统物权、债权迥异的权利。委托人基于谨慎所恪守的权利与衡平机制,核心目的实际是为受益人创设收益的信托基金,该基金以信托财产为载体,是独立于其财产组成部分的单独体。前者的变化与运行基本机制无法改变基金本质属性目的,即受益人在信托财产具体管理处分过程中,始终享有权利并得到法律的有效保障,否则信托、商事信托制度目的将最终落空。从主体组织角度而言,"一项制度安排是支配经济单位之间可能合

---

① 楼建波、刘燕:《论信托型资产证券化的基本法律逻辑》,《北京大学学报(哲学社会科学版)》2006年第4期。
② 叶林、郭丹:《中国证券法的未来走向——关于金融消费者的法律保护问题》,《河北学刊》2008年第6期。

作与竞争方式的一种安排,此种安排无论是否正规,它必须至少应用于下列一些目标:提供一种结构使其成员的合作获得一些在结构外不可能获得的追加收入,或提供一种能影响法律或产权变迁的机制,以改变个人或团体可以合法竞争的方式"①。显而易见,就我国商事信托受益人权利保护相关法律问题展开研究,实质契合制度变迁与财产权利演变的目标要求。商事信托制度终极目标或可理解表述为:在商业社会模型中,就不同成员之间以信托财产为依托与载体,通过设定信托制度各方权利义务结构,使得信托受益人最终获得源自于该制度所提供的,其他制度安排结构无法实现获得的信托财产收益。因此,研究商事信托相关法律问题,不应抛开受益人权利实现与保护这一信托制度的核心要义。

第三,如前所述,考察我国已有关于商事信托法学研究成果、著述,主要表现为研究视角更多关注于信托法基本原理、信托财产法律属性以及受托人之法律地位与规制等,研究结论具有同质化趋向,且大多滞于理论研究层面,与商事信托实践发展存在有一定脱节现象。或许这是由于我国法学研究者继受大陆法系概念精准、体系化思维所致。对比大陆和英美法系财产法的特点,后者"更多是以对象事实而非权利类型为中心,根据具体情况作形象化观察的情境思维,然后以提供救济为谜底而不是以既有权利为依托,依据调整对象的情况适用相应的裁判规则"②。因此,引入信托制度与其说是对英美法信托制度的移植,不如说是考虑如何将其有效"嵌入、嫁接"至我国现有法律体制中。这就需要我们结合具体商事信托与金融服务交易模型,细致思考、探讨如何构建我国商事信托受益人权利保护的基本法律机制,在经济生活实践中预防、遏制受托人滥用权力(利)或违反信托义务,为受益人提供有

---

① 以公司合法化的法律为例,其是典型的一项制度安排被用于实现这两种结果的例子。公司形式提供了一种组织结构,它使得管理者对经济活动的更大和更为分散的控制比在一个更为原始的组织形式下的指导更为有效。[美]科斯、阿尔钦、诺斯:《财产权利与制度变迁:产权学派与新制度学派译文集》,刘守英等译,上海三联书店、上海人民出版社1994年版,第217页。

② 叶林:《商行为的性质》,《清华法学》2008年第4期。

效救济途径，适当、均衡配置商事信托行为中各主体之间权益、职责、义务及法律责任。通过具体分析与阐释，在我国已有商事信托法学研究成果、信托法律法规基础上，以商事信托制度基本功能主义为准则，厘清并建立对商事信托受益人权利进行有效法律保护的信托法制框架，将"散乱"的既有信托立法与未来应当进行的信托法制完善相结合，使失去衡平法依托的商事信托真正"纳入"我国成文法体系。

第二节 研究方法与主要篇章结构

一 研究方法概述

在研究方法与基本思路方面，笔者在以民商法基础理论为依托的前提下，拟采用商法性功能思维与整体结构性视角就论文所涉命题展开分析探讨。

第一，系统分析法。包括对我国信托和相关立法历史的发展演变及立法结构变化分析，其中重点考察商事信托受益人权利被侵害现象出现的实践、法律及信托结构本身的诱因。

第二，比较分析法。通过对国际及部分法治发达国家、区域的商事信托法律制度之比较，探讨商事信托受益人权利保护法律规制发展运行的一般规律，汲取国外相关制度建设与法律规制、体系构造的经验教训，吸收并借鉴其有益成果或经验。

第三，规范分析法。强调制度选择的价值偏好，论证现行制度是出于何种实然设计与安排设想，为现行商事信托实践完善与创新提供目标和方向。同时现行法律法规具体条文或整体框架方面，可能存在有哪些偏差并且需要予以纠正。

第四，运用实例分析法，注重制度运行的实际状况。通过典型商事信托结构实证分析，明晰商事信托受益人权利实现障碍的现实原因及背景，并有针对性地考量其法律规制之完善。论证我国商事信托受益人权利保护的法律构造，其在各种条件制约下运行绩效如何。力图对法律构造及制度安排进行全面阐释，解释有关法律制度与现实经济生活的适用实绩。在此基础上方能提出可操作性较强的完善建议、措施。

二 主要篇章结构

第一章导论部分首先阐明研究动因与意义，指出我国商事信托法律完善过程中的重要命题，即失去衡平法依托的信托制度应当以及如何实现对受益人权利的有效护。就所涉领域拟采用商法功能性与整体结构性等基本视角展开分析论证，并概括指明本书主体思路、框架与可能的创新之处。

第二章阐释信托与商事信托的基础理论。在介绍信托历史沿革的基础上，界定信托概念并结合各国立法，对信托本质进行文义考量。明晰信托基本类型，指出商事信托的界定、分类、特征与功能演进。通过前述内容，最终明确信托财产始终是各时期、各类型信托结构的中心。以信托财产（权）本质析论为中心，提出商事信托法律研究可以将信托财产视为观念拟制团体，商事信托结构其实是围绕信托财产的各类法律事务（法律关系）的综合体系。

第三章以商事信托受益人权利为研究对象范畴。通过实证分析商事信托受益人法律地位，论证对其权利进行保护的必要性。在阐明商事信托受益人权利来源与类型的基础上，分别从衡平法、受托人义务、信托本质、信托财产本质等多层次视角，对商事信托受益人权利进行多角度探析与阐释，以周延研究对象范围并明确其基本特质。最后针对商事信托受益人权利类型、特征，就其具体内容、权利取得、变更、消灭及时效等问题展开分析。通过本章论证，指明商事信托受益人权利保护的必要性，以及对其予以法律保护所需要的特定性、针对性，以期保障后文中相关建议、结论的实践可操作性。

第四章具体阐释商事信托受益人权利保护的各项措施，实质是信托结构中各信托当事人权利行使与冲突的衡平。商事信托受益人权利保护的主要措施有：受托人义务与违反认定、信托财产公示、信托信息披露、受益人会议、信托管理人制度等。前述各项具体措施，都分别以信托结构、信托目的、信托财产等作为基本分析工具或切入点，借鉴英美信托法原型与理论，并结合大陆法系信托法制与商事信托实践的基础上，对我国现行相关信托法制予以评析，进而指明所应当采取的健全措施或完善建议。

第五章以救济的充分性与可行性为核心论证目的，阐释与商事信托受益人权利保护相关的主要法律救济途径。这些救济措施与途径主要包括有回复信托财产原状、损害赔偿请求权、受益人撤销权、强制执行财产异议权以及推定信托理念的借鉴引入。同第三章相似，在对各种法律救济途径措施予以分析论证后，本章各部分亦对我国现行相关信托法制予以评析，进而指明所应当采取的思考、完善建议。

第六章是在前文所述内容基础上，提出我国商事信托受益人权利保护法律构造的整体完善建议。通过信托结构关系的分析与梳理，明晰信托当事人相互间权利、义务配置，明确商事信托受益人权利保护机制特点，考量对商事信托予以内部治理及外部监控的法律因应之策。宏观层面，对我国信托法制框架与立法模式等问题，进行论述并提出完善思考建议。微观层面，对我国受益人权利保护的具体法律规定，进行回顾、综述与整合。从而最终勾勒出笔者心目中较为完整与务实的商事信托受益人权利保护法律构造。

第三节　研究目的与创新

一　选题具有一定新颖性

目前法学研究领域内，就商事信托受益人权利保护这一市场经济发展过程中，关系金融、资本市场乃至国计民生重要课题的研究成果仍然较少，与现实需求极不相符。现有文献资料更多着重对已有法条的解释佐证，整个信托法学研究呈现出更多宏观指导意义，实际可操作性较弱，难以适应我国社会经济、金融资本市场和商事信托发展的客观现实。当代中国各类金融商品、服务日益走近普通民众，甚至包括一些金融创新产品、金融衍生商品等也成为他们的选择。此类金融商品、服务过程都或直接或间接与商事信托相关联，因此，研究如何创建有效的法律保障机制以保护信托受益人权利，进而促进商事信托发展是当今时代与社会的重要命题，亦是笔者所努力的研究方向。

二　分析论证视角方面的创新

商法研究中，应注重商行为的功能性地位与性质。英美法系就商业发展与商事法律采取了一种实用主义态度，它更关注商业交易的实证模式，而非商业模式的理性思索和抽象。现有文献成果主要有两种倾向，或主张"不假思索"地以英美信托法原型"强制性"地对我国信托法、商事信托法律制度进行改造，或过于片面的以固有成文法律体系思维对英美衡平信托法进行解读，最终导致其结论仅停留在理论争议、分析层面，而不具有适应我国国情与法律体系的实践适用性。本书试图在坚持民商法基础理论前提的背景下，从功能主义角度出发，对研究所涉对象、基本原则以及具体问题等，更多秉持一种经验主义基础之上的工具理性。以英美信托法原型审视、分析相关问题，坚持经验性的功能主义并从结构视角出发，综合考量商事信托法律关系构成过程中不同主体间权、义、责配置，结合我国商事信托运行实际情况与法制体系现状，力图实现研究及结论的可行性、针对性以及体系化。

三　在信托及商事信托领域内若干基础性问题，具有一定创新之处

这些创新之处主要有：对信托概念界定立法表述的建议；对信托财产所谓"双重所有权"的解读分析；明确信托本质、信托财产本质与信托受益权本质应进行区分，在此基础上通过分析论证指出对商事信托财产（权）本质，宜采用法律主体说并进行延伸，即商事信托财产（权）本质的观念拟制团体说并以信托账户为依托；对信托受益人尤其

是商事信托受益人权利的多层次考察，基本涵盖了大陆法系信托立法应包含的所有类型。不同性质类型的受益人权利，其在权利行使及法律保护方面一定是不同的；我国信托法财产权属法律认定的可选方案阐释；无论存在何种学术观点与争议，我国信托立法模式应以合同法为基础，引入信托行为概念，并明确我国信托法的基本原则只有一个，即"保障信托目的实现"。

对比现有文献著述，笔者关于商事信托受益人权利保护措施、法律救济途径方面，在对具体问题进行分析探讨或提出建议时，或多或少存在有一定创新性认识或结论。典型例如：信义义务违反认定的立法建议、信托财产权属的法律认定与信托公示立法可选模式的关系、受益人会议功能障碍的必然性与可选立法方案建议、信托管理人法律地位应界定为信托财产之受任人、商事信托之复数受益人行使不同权利之具体方法、撤销权行使条件立法建议、推定信托理念引入及其对于商法领域内"归入权"的解释功用等。

总之，笔者希望通过研究，更多运用视角转化，厘清商事信托本质实为英美财产法中利益安排的一项特殊制度，以受益人权利保护为出发点，对信托结构、信托本质、信托财产本质、受益权本质、受托人之义务、信托违反与法律救济、信托立法模式等商事信托法制为基本问题，结合我国商事信托实践展开论述，力争对现实起到一定回馈和相互推动作用，助力推进我国商事信托法律规制与研究的发展。完善的信托立法需要完备的信托理论作为支撑，期待笔者的研究成果能够在信托受益人权利保护研究过程中，通过问题发掘与核心症结论证，解决信托法领域内一些基础性与现实紧迫问题，指出若干行之有效的变革思路与建议，一则为我国信托法律制度的健全和发展贡献些许力量，二则试图为我国现有信托法、民商法相关理论研究提供若干可供参考、验证的样本，起到抛砖引玉的作用。

第二章 商事信托概述：
以信托财产为中心的功能演进

第一节 信托制度的历史沿革

一 信托制度起源

关于信托制度的历史缘起存在有不同分析与认识，目前学界主流观点多认为信托起源于英国的"用益权"（use）制。[1] 除此之外，若将当代信托与历史上曾有过的其他类似财产制进行比较，尚存在其他认识：如认为信托起源于罗马法上的"信托"（fiducia）或"信托遗赠"（fideicommissum）；亦有人认为信托起源于古日耳曼法上的遗嘱执行制度；还有人相信信托缘起于伊斯兰法上的"神祉信托"（Wakf）。[2]

（一）信托的罗马法起源萌芽

罗马法中"fiducia"一词多被翻译为"信托"，"fiducia"原为当事人一方用市民法转让的方式（要式买卖或拟诉弃权），移转物的所有权

---

[1] 诸多学者在言及信托制度时，多引用英国著名法律史学家梅特兰之名言，"如果有人要问，英国人在法学领域最伟大、最独特的成就是什么，那就是历经数百年发展起来的信托，我相信再没有比这更好的答案了"。甚至赞誉起源于英国的信托制度是镶嵌在普通法皇冠上的宝石。笔者无意否定信托制历史起源论的主流观点，但在进行溯源性考察与历史连续发展过程中，何种诱因或动力使得信托制度成为当今世界不同法系国家普遍采用财产管理和金融工具方法？这或许是我们考察信托制度历史起源问题应当关注的核心。

[2] 赖源河、王志诚：《现代信托法》，中国政法大学出版社2002年版，第2页。

于他方，他方则凭信用，在约定的情况下，仍把原物归还物主。在罗马法幼稚时期，还没有产生要物契约和诺成契约等简易的法律形式，信托曾广泛应用于借用、寄托、担保，甚至扩大适用于夫权、解放和遗产继承等方面。① 按照布莱克法律大辞典释义，② 其所指为罗马法中一种财产占有处置方式，"fiducia"的性质与功能类似于今天的"抵押"，是一种早期所有权移转的抵押贷款形式，例如规定当债务得到清偿后，债权人与债务人之间的担保关系终止，债权人应返还抵押物或定金。由于罗马市民法中的"信托"（fiducia）制度，需要较为繁琐的程序与形式要求，而具有类似功能的使用借贷、抵押、质押更为简便易行，故而在《民法大全》中并未收录该制度，仅散见于罗马法学者的著述中。值得注意的是，尽管罗马法的信托消失，但其目的已可以用其他制度（如抵押、质押等）取代。③ 罗马信托制的这种昙花一现，亦对后世法律（尤其是大陆法系国家）产生了重要影响，④ "查士丁尼早期，罗马法中的信托制就逐渐走向衰落，转而被更为简易、快捷的抵押担保契约所取代，在这方面现代大陆法系国家遵循了罗马法的发展"⑤。

同时，在罗马法史中还曾经存在着一种信托遗赠制（fideicommissum）或称遗产信托制，该制度产生的根本目的是为了规避当时罗马法有关遗产继承的繁复规定，由生活在罗马城邦的非市民所创制，进而实现异邦人或人格减等者财产继承的愿望要求。信托遗赠制是基于如下的制度安排实现上述目的：由订立遗嘱人将其财产转让给某一继承人或受遗赠人，要求该继承人或受遗赠人将全部或部分财产（遗产）交予遗嘱人指定的"受益人"，该受益人通常是按照当时法律规定没有权利继

---

① 周枏：《罗马法原论》（上册），商务印书馆1994年版，第391页。
② *Black's Law Dictionary*, 8th edition, Bryan A. Garner (Editor in Chief), West Group, St. Paul, Minn. 2004, p. 1864.
③ 陈维铠：《罗马法上之信托概念与现代信托》，台湾东华大学财经法律研究所硕士学位论文，2009年，第31页。
④ 最为典型的影响是法国在引入信托制度时，并非是对英美传统信托制度的完全借鉴，而主要是对罗马法信托制的继受与再发掘，后文相关内容会进行比较详细的介绍。
⑤ See: John Salmond, *Jurisprudence* (Glanville L. Williams ed., 10th ed., 1947), p.443.

承遗产的继承人。这种要求初始仅具有道义上责任，其制度创制与履行完全依赖于继承人、受遗赠人的忠诚品质，但奥古斯都通过制定司法程序使得该制度具有法律效力。① 嗣后，克洛地乌斯帝时设置"信托大法官"二人，专司信托纠纷。君士坦丁一世规定，信托应有证人作证，优帝一世明定信托须于五个证人前为之，始生效力。② 纵观罗马市民法制度，遗产信托制与遗赠制起初存在着本质区别而不应混为一谈，二者区分的核心在于制度目的，遗产信托可对无继承能力及无遗赠受领力的人为之，并无能力方面的限制，至于遗赠则无此要求。随后，立法者通过对遗赠、遗产信托进行种种法律限制，使得二者之间界限日渐模糊。此类限制"一并扩大适用于遗赠附书和遗产信托……在哈德良时代，异邦人和某些身份不确定的人被排除在外，至于接受遗产信托的能力，似乎只有尤尼亚拉丁人才只能通过遗产信托而不能通过遗赠接受财物"③。尔后优帝一世废除了遗产信托制与遗赠制二者的差别，将两种制度合并使得遗产信托制于罗马法中不复存在。分析可知，尽管 Fideicommissum 制与今天所言的典型英美信托在制度结构外观方面非常类似，但其产生目的是为了规避当时法律有关继承资格的限制，就法理层面而言仍未脱离遗嘱法、继承法之根本，遗产信托制的所谓受托人只是基于道义要求而决定是否转让部分遗产，遗产所有权法律属性并没有发生变异或移转。

（二）信托的日耳曼法起源萌芽

学者 Holmes 从古日耳曼法中的 Salmann 概念，寻找信托法的起源，时至今日大陆法学者中支持此种说法者已不多见。④ 所谓萨尔曼（Salmann）制度是日耳曼法中有关遗嘱执行的制度规定，该制度产生于5—

---

① *Black's Law Dictionary*, 8th edition, Bryan A. Garner（Editor in Chief）, West Group, St. Paul, Minn. 2004, p. 1861.
② 周枏：《罗马法原论》（下册），商务印书馆1994年版，第573页。
③ ［意］彼德罗·彭梵得：《罗马法教科书》，黄风译，中国政法大学出版社2005版，第383页。
④ 赖源河、王志诚：《现代信托法》，中国政法大学出版社2002年版，第2页。

9世纪末的法兰克时代，系指拥有种种功能财产上的信托转让，较为特殊的是萨尔曼制中将财产的受让人直接称为受托人。萨尔曼概念可溯源至法兰克族古老的法源，即《萨里克法典》(Lex Salica)。根据该法典规定，若被继承人死亡且没有继承人的情况下，遗产应当收归于国王所有。① 由此，规避萨里克法典相关规定的萨尔曼制度，与罗马法中之信托遗产制在类似情形下应运而生。萨尔曼制的核心是萨尔曼（受托人）可以接受委托人的财产权转让行为，但前提条件要求有：在委托人死亡后12个月以内，以取得的财产权再次转让于委托人指定的受益人。其实这里萨尔曼是作为遗嘱执行人在发挥着作用。②

萨尔曼制与罗马法的信托遗产制有相似之处，都是为了规避当时法律规定，通过民间自发法律技巧运用从而顺利实现遗产之传承；依学理分析，萨尔曼制其实是一种特殊的赠与制度，由赠与人与受遗赠人（受托人）约定，在赠与人死亡后一定期限内将遗产再次转让给赠与人所指定的受益人。无论将死后赠与视为附条件抑或附期限的合同，因为受益人并非合同直接相对人且萨尔曼制未明确规定受益人的实体法权利，所以受托人此时只是负担道义上的义务、责任，相关制度与今日通常理解的信托法理仍有较大差距。因此，将罗马法与古日耳曼法中相关制度称为信托法源起萌芽的"印记"或许更为恰当。

（三）信托制在英国的源起与形成

今天人们普遍认为起源于英国的用益制（use），是当代信托制度的雏形和初始起源。关于用益制本身的来源存在有一定争议，有学者从用益制自身制度特点与词源意义方面考察指出，用益制应当是来源于日耳曼法或是古日耳曼法影响下的产物。从制度特性而言，用益制本质特征在于：某人将财产让与他人是出于特定目的，而社会公众也都认可受让人有义务与责任去完成他人所设定的此种制度安排。由此英国用益制的

---

① 张军建：《信托法基础理论研究》，中国财政经济出版社2009年版，第3页。
② [日]新井诚：《信托法》（日文版），有斐阁2002年版，第4页。

雏形，就与古日耳曼法中的 Salman 或 Treuhand 找到了制度因素中的共通点，即用益制的受托人同 Salman 制一样，是为了他人（受益人）的利益目的出发而持有不动产。不同只是在于萨尔曼制是为了规避遗产被国王收归，而用益制是为了规避当时僵硬的土地法规，实现对土地较为自由的处置。对于用益制的词源考察主要来自于英国法律史学家梅兰特的考证，他通过对 use 一词的词源分析指出，use 应该来源于拉丁语 opus 一词，相应的土地用益权转让契约多简写为 ad opus 或 ad usum。进一步考察分析短语 ad opus 或 ad usum，其在古日耳曼法相关文件中可经常被发现。① 梅兰特通过专门收集有共 13 个散见于教会年报记录或法学家文件中的记录，证明用益制极有可能来自于古日耳曼法。② 当然我们无法完全还原历史的真实原貌，通过上述考察可见当代信托制尽管被公认为英国用益制发展完善而来，但在人类法治文明发展中政治、地缘、经济、人文等与法律制度从来都是联动相生，相互影响的产物。至少我们无法完全否认罗马法与古日耳曼法中的信托观念与思想印记对后世信托制形成所起的作用，而信托制经由此种历史发展所生成的独特功能与反馈，或许正是我们探讨信托历史沿革的意义所在。

　　无论信托抑或用益制在英国的发展形成并非一蹴而就，在英国 1535 年《用益法》颁行前，其发展阶段与背景至少包括：圣方济各修士有关土地用益的实践；英国国会于 1391 年所颁行的《死手法》明确禁止向宗教教会或其他宗教组织采用直接或间接（用益制）移转土地利益的行为，如若违反则土地将被没收。③ 该法令出台的直接目的是为了防止损害债权人利益所做的欺诈性用益财产移转，但却客观上阻碍了当时已较为普遍的教会土地用益的进一步发展；随后在大约 14 世纪末

---

　　① ad opus 或 ad usum 在古日耳曼文件中通常用来表达"我的［你的、他的］利益"的意思。使二者在词源方面亦存在相通因素。
　　② 余辉：《英国信托法：起源、发展及其影响》，清华大学出版社 2007 年版，第 15—19 页。
　　③ See: Austin Wakeman Scott, *Abridgment of the Law of Trust*, New York: Little, Brownand Company, 1960, p. 10.

到15世纪期间，由于普通法已无法实现对用益制的有效规制，面对诸多受托人不诚信所引发的纠纷、冲突现象，引起了国王议会与大法官法院的警觉。一方面是普通法院拒绝承认用益欺诈现象，另一方面却是通过用益制实现财产转让处置的现象日渐频繁，最终在这一时期由大法官法院极大地推动与发展了当时面临困境的用益制。特别是大法官法院发展确立了用益制产生的三种方式（明示方式、默示方式与推定方式），用益受托人或受益人资格以及受益人权益的明晰，为用益制、信托制度最终成型提供了较为丰富的实践与理论供给。

英国土地于诺曼底威廉征服英国起规定，所有权皆属于国王，其他人只是拥有土地上之占有权益，即地产。为维护自己统治，当时的封建统治者就土地的分割与转移进行严格限制，地产占有者须缴纳遗产税方可流转予其长子，禁止地产占有者通过遗嘱方式自由处置。同时设置种种严苛制度，动辄将地产于授封者处收归。在多方力量的历史博弈与推动中，[1]《用益法》最终于1535年颁行，由序言与正文共计13条组成，该法主要目的与实质功能在于：遏制民间日益发达的用益制，维护国王与封建贵族的利益，从而实现增加税收，防止民间广泛利用用益制进行避税的现象。为实现这一目的将用益设计为在用益权设定之初时起，就由受益人享有普通法上的所有权（legal title）。试图将受益人在衡平法的权利转变为普通法上的权利，进而由普通法院管辖。如果用益法条文内容与目标得以全面贯彻，则英国传统的用益制势必土崩瓦解。只是由于当时普通法院采取严格文义解释方法，使得三种例外情形可不适用该法案。[2] 而恰恰是在所列例外情形中，诞生并形成了今天所言之信托制。按照《用益法》规定，双重用益权（use upon use）不适用，即设

---

[1] 其主要原因与历史事件主要包括：规避英国中世纪土地遗赠禁止的规定；规避教会组织通过用益制获得受捐地产；规避当时的封建附属权利；满足参加十字军东征人之土地需求；防止在玫瑰战争中落败方土地被没收之虞。参见余辉：《英国信托法：起源、发展及其影响》，清华大学出版社2007年版，第47—50页。

[2] 赖源河、王志诚：《现代信托法》，中国政法大学出版社2002年版，第4页。

定一次用益权之后若再次设定用益权,则第二次用益权(双重用益权)可不受《用益法》的规制。此双重用益权其后被称为信托(trust)并得到了英国衡平法院的保护与确认。1635 年英国衡平法院在 Sambach V. Daston 一案中正式使用了 Trust 一词。随后,英国立法者相继制定颁行有《司法受托人法》(Judicial Trustee Act, 1896 年制定)、《公共受托人法》(Public Trustee Act, 1906 年制定)、《受托人法》(Trustee Act, 1925 年制定)、《慈善信托确认法》(Validation of Charitable Trust Act, 1954 年制定)、《信托变更法》(Variation of Trust Act, 1958 年制定)、《公益信托法》(Charities Act, 1960 年制定)。由此,近代英国信托法制体系得以确立。

二 近现代信托发展概览

(一)美国对信托制的继受与发展

英国信托法制与实践对其他国家产生了较为重要的影响,当代世界主要信托制度发达国家都受到英国信托制的影响并各具特色。

美国作为英美法系重要代表国家之一和早期英国殖民地,对英国信托制度继受最为典型。先期到达北美洲的清教徒将包括信托制度在内的英国法律制度引入美国,美国引入该制度的重要特质在于,它自始就以商事信托而非民事信托为重心。独立战争结束后美国经济快速发展、社会财富激增。正是在这一时期,由于金融业务机构的出现与扩张,其新兴业务先后包括有财产继承、转换股票与遗嘱继承代理买卖工业证券,从而为商事信托在美国的出现与繁荣奠定了客观经济基础。1792 年美国出现首家信托公司,至 1840 年此类公司数量已达 31 家,1890 年则发展至 63 家。[①] 由于保险、信托和银行业相互兼营业务现象在美国出现较早,至 1928 年获准能够从事信托业务的各类商行、公司及其他商业组织形式已多达 4000 家左右,至 1980 年美国本土仅信托公司数量就已

---

① 徐国香:《信托法研究》,台湾五南图书出版公司 1998 年版,第 12 页。

高达4054家，其中兼营信托业务的银行约有4000家。据统计，至1980年年底由此类信托业相关公司、组织所掌管的信托财产总额已达5712亿美元之巨。[1] 与此同时，美国的公益信托在这一阶段也获得较大发展，其表现主体形式主要是各类以信托制运行的基金会，此类基金会对美国国内科教文卫事业以及社会福利事业，都起到资助与推动发展作用。民事信托在美国也有发展，只是相较于商事信托与公益信托略显逊色，这与信托在当代金融领域所具功能影响有关。美国国内信托立法，因为与英国在法律文化、法制体系方面较为相似，故引入信托法制体系几乎不存在障碍，即以衡平法中的信托规范为核心内容，辅之以法院判例法的具体表现形式。伴随20世纪初美国信托领域成文法出现，形成成文法与判例法并存的法制格局。由于美国作为典型联邦制国家，与信托有关的成文法多由各州分别制定并实施。尽管各州有关信托法之规定大同小异，但在某些核心制度与基本原则方面仍存在有相当的差异性，为此美国统一各州法律委员会就信托法制于美国国内的统一付出重重努力，力图实现美国信托法制统一。其先后出台拟定有9个直接与信托法相关联的草案；美国国会也先后颁行了4部与信托有关的单行法规，并在全国范围内施行。[2] 为方便律师以及法官掌握信托法要义并促进社会公众了解，美国法律协会于1935年出版完成《信托法重述》，1957年出版完成信托法重述第二版，目前有关第三版的编撰、修订工作正持续进行。该书是权威性的有关信托法评论、注释与说明的法令、判例之说明，具有相当的学术权威性与实践指导性。

（二）大陆法系国家对信托制的移植与借鉴

广义而言，我国有关信托制度引进与信托法制建设亦属此类。出于文章结构安排与论证说明需要，有关大陆法系主要国家对于信托制度的移植与借鉴，将在后文相关部分进行论述。此处仅选取大陆法系信托法

---

[1] 徐孟洲：《信托法》，法律出版社2006年版，第16页。
[2] 参见徐孟洲《信托法》，法律出版社2006年版，第17—18页。

较为发达的日本予以简要介绍，以作信托制对不同法系、国度重要影响的示例。

日本信托业发轫于19世纪末，随着资本市场初步发展，日本于1900年颁行的《商业银行条例》中首现信托一词，标志着信托制度正式引入日本，该条例允许银行从事有关公司债券、股票以及地方债券信托业务。但是与英美等国比较，日本民事信托所占比例极少，绝大多数为商事信托和公益信托。在所谓商事信托中，有关有价证券信托比例也相对较少而以金钱信托为主。① 日本第一家信托公司是成立于1906年的东京信托公司，至1921年专门从事经营信托业务的公司组织数量增至488家，这些机构通常兼营银行业务。第二次世界大战后，日本金融市场进行重大调整，提出信托业与银行业分离方针，设立专业的信托银行，主营业务是金融信托并兼营提供综合性的财务服务。目前日本经营信托业务的主要包括有三井、三菱、住友等七家银行。

作为大陆成文法系典型代表国家的日本，其信托自发展之初起就受到相关法律法规的调整与规制。早在1922年为配合国家对信托业整顿发展，日本就颁行有《信托法》和《信托业法》，其中《信托业法》顺应社会经济发展实践多次予以修订，最后修订时间是1974年。《信托业法》主要针对商事信托行业予以规范，规定了信托业从业资质要求、名称、业务范围、资本额度要求、信托财产、主体权利义务的继承、监督与处罚等规定。是金融信托银行和其他信托组织进行活动和组织设立的基本准则。日本《信托法》在1947年、1979年被国会两次进行修订，最近一次重要修订是在2006年。由于信托实务与法律、经济发展的实际需求，2004年法务省召开的审议委员会会议决定修改信托法，并在日本信托法权威能见善久教授主持下提出信托法修订纲要。经反复审议修订，该信托法修改草案于2006年2月8日在法务省召开的法制审议委员会审议通过；经提交日本国会审议通过后，于当年12月15日

---

① 徐孟洲：《信托法》，法律出版社2006年版，第19页。

予以公布。① 本次修订法条数量增至 271 条，主要特点在于增加法案的实践可操作性、扩大信托当事人意思自治、确立不同类型信托适用的共同规则等。此外，由于特别重视商事信托的发展，日本先后颁行有三部调整商事信托关系的法律，分别是 1905 年颁行的《带抵押公司债信托法》、1951 年颁行的《证券投资信托法》、1952 年颁行并于 1971 年修订的《贷款信托法》等。除了以上有关信托的法律法规，为配合信托法制施行日本还出台有一系列的配套法规。② 总之，日本有关信托的法律规定极具代表意义，作为大陆法系重要国度之一，对如何移植英美衡平法特有的信托制，并使之适应原有法律体系框架与要求，值得包括中国在内的其他国家、地区借鉴思考。

（三）信托立法的国际融合趋势

信托制度曾一度被视为普通法系与大陆法系最具标志性的差异之一，此种差异似乎伴随诸多大陆法系国家（包括我国）引入该制度而逐渐"消失"。但纵观现代各国信托相关制度、立法及理论研究，无论是英美法系国家抑或是大陆法系国家，有关信托法律概念界定、立法体系、司法传统以及具体规制方法仍存有相当程度的差异。③ 经济全球化与法治现代化等理想化的要求，是希望来自不同文化、法域的国家相互交流，协同促进人类经济、文明乃至社会全方位的共同进步。其中一个重要努力的方面就是：信托制度在当代世界主要国家都得到不同程度的发展，如何使得那些已继受了信托这一或许是英国衡平法最为重要的理念，然而自身却又缺乏普通法与衡平法分野背景的国家、地区，去接受某些应为国际社会所共同秉持的信托法基本原则；同时，为使得那些来自于不同法系的国家、地区在承认以及确定信托适用的准据法时有规可循，1984 年 10 月在荷兰海牙召开的第 15 届海牙国际私法会议中将信托

---

① 文杰：《日本〈信托法〉的修改及其借鉴意义》，《河北法学》2011 年第 12 期。
② 参见徐孟洲《信托法》，法律出版社 2006 年版，第 20 页。
③ 其中又掺杂有基于不同法律文化传统、理念和现实经济发展状况等因素，导致对于实际存在信托类型划分的不同分野与界限。这一现象产生的原因归根结底在于，由前述因素所致对信托本质法律属性分析认识角度的不同。

公约的准备——这一列入会议议程表的唯一议题交由第二委员会负责，第二委员会为此共举行了14次会议。1984年10月19日，在海牙国际私法会议全体会议上，公约草案全案获得全票通过，第二天与会代表在包含公约在内的最后法案上正式签字。至此，世界信托领域内最具权威性的国际公约——《关于信托的法律适用及其承认公约》(Convention on the Law Applicable to Trusts and on their Recognition) 正式宣告诞生。[1] 通过公约条文具体内容分析可知，它将传统英美法系中的法定信托排除在外，试图提出一个能够被引入信托制度的大陆法系国家接受并理解，同时也能够被英美信托法基本理论所承认的关于信托的界定，既实现信托制在实践中的融合，又便利各国信托法理论方面的互通。[2]《海牙公约》所认定的信托相当宽泛，并且通过立法技巧规避了不同国家、地区对信托，以及其他可能引起理解冲突的概念界定与区分。为促进信托制度在欧洲地区广泛、统一应用，1998年英、法、德、意、荷等欧洲国家的学者组织的欧洲信托法国际工作组提出了他们拟定的《欧洲信托法原则》，其中未对"信托"进行概念界定，而是开宗明义指明信托所应包含的主要特征。虽然表述不尽相同，《海牙公约》与《欧洲信托法原则》对于信托的认识显然并没有实质差别。信托立法的国际融合趋势是经济全球化的必然趋势，随着信托工具理念在商事、资本、金融市场的广泛应用，使得原先单纯的私人民事信托逐渐向商事信托转变，商事

---

[1] 徐孟洲：《信托法》，法律出版社2006年版，第237页。

[2] The term "trust", refers to the legal relationship created by a person, the settlor, when assets havebeen placed under the control of a trustee for the benefit of a beneficiary or for a specific purpose. A trust has the followings characteristics—(a) the assets constitute a separate fund and are not part of the trustee's estate; (b) title to the trust assets stands in the name of trustee or in the name of an other person on behalf of the trustee; (c) the trustee has the power and the duty, in respect of which he is accountable, to manage, employ or dispose of the assets in accordance with the terms of the trust and the special duties imposed upon him by law.

《海牙公约》第2条将信托界定为"某人（即委托人）所创设的一种法律关系，使得委托人为受益人的利益或者为某个特定目的而将其财产置于受托人的控制之下"。随即又列举了作为信托的三项特征："（a）信托财产构成一项独立的资金，区别于受托人的固有财产；（b）信托财产的财产权置于受托人，或代表受托人的其他人名下；（c）受托人应当服从信托文件以及法律所加于他的义务，享有管理、使用、处分信托财产的权利。"

信托所独具的多样化融资、投资以及结构性融资、金融服务等功能得到各国立法者与实务工作者的重视，并在社会经济生活的各个领域得到充分发挥与应用。

三　中国信托制与信托立法发展

（一）中国信托制之沿革发展

信托制正式引入中国是在20世纪初，由于欧洲普遍陷入战争因而需要从中国进口大量军需物资，既为中国民族工商业发展提供了机遇，又对我国当时半殖民地半封建经济体系造成了破坏。由此造成的后果是在中国，尤其是上海这一当时中国经济重镇产生有大量民间游资，为振兴民族工商业并为这些民间资本寻求出路，中国民族资本家学习、效仿欧美国家做法，开始创办自己的信托机构。1917年中国首家信托机构出现——上海商业储蓄银行，该银行首家设立了"保管部"机构办理代保管业务，随后该机构在1921年更名为"信托部"，经营范围包括有公益信托与个人信托业务。以此为起点，中国信托业逐渐形成规模，1921年8月21日中国第一家专业信托公司——中国通商信托公司在上海正式成立，其后短短四十天之内，另有十家信托公司相继在上海成立。[1] 这股信托公司设立风潮与交易所的异常活跃现象，是由于游资持有者过于疯狂投资信托业、证券业而造成的泡沫，最终引发震惊全国的"信交风潮"。[2] 中国私营信托业的复苏始自1928年，上海重新开始设立信托公司，全国各地信托公司共计12家，尤其是其总资本亦超过了"信交风潮"前的总额。截至1947年10月，全国信托公司共有15家，

---

[1] 吴世亮、黄东萍：《中国信托业与信托市场》，首都经济贸易大学出版社2010年版，第51页。

[2] 信托业机构、证券交易所的存在和发展不能脱离社会经济产业的基础。1921年年初，金融业为资金安全计，开始收缩资金，继而停止贷款，并大量回收前期所放款项。这使得许多以贷款为基础从事股票投机者还贷无门，整个行业出现了全面的资金周转不灵。股票价格大跌，各类交易所、信托公司大量倒闭，到1922年春天只剩下了几家交易所。这就是中国证券发展史上著名的"信交风潮"。

资本总额为91500万元法币，其中上海为86000万元，占全国资本总额的93.99%，[①]同时大银行仍继续兼营信托业务。当时对信托业进行调整的法律规范主要依靠1937年颁行的《新银行法》，主管部门为财政部。

新中国成立后至20世纪70年代末，信托业发展可谓一片空白。其间人民政府接管了旧国民政府时期的各银行信托部以及中央信托局，而随后进行的社会主义工商业改造，通过直接清理改造或对私营信托公司赎买，使之最终并入国有银行。当时从事信托业的企业仅有中国人民银行上海分行信托部、天津市信托投资公司，[②]但两者先后停办与信托相关的业务，存在时间极短。伴随经济体制改革，新中国信托业恢复于20世纪70年代末，在中国人民银行下达《关于积极开办信托业务的通知》（1980年）后，各地区或部门纷纷筹资建立各种各样的信托投资公司，再加上之前就已恢复存在的各银行所属的信托公司，造成信托投资机构数量在短期内迅速膨胀。由于缺乏管理引导，各新成立的信托投资公司或超越经营范围、违规经营，或采用各类不正当竞争手段，引发信托业市场混乱失控并在相当程度上扰乱正常金融市场秩序。为此，国务院下达了《关于整顿国内信托投资业务和加强更新改造资金管理的通知》[③]，重点整顿信托机构市场资质准入及经营混乱的局面。此后中国信托业又历经多次整顿，在此期间相关部门先后出台有大量的规范性文件，其中较为重要的包括：《金融信托投资机构管理暂行规定》（1986年）、《信托投资机构资金管理暂行办法》（1986年）、《信托投资公司关于清产核资评估和损失冲销的规定》（1999年）等。前述中国信托业

[①] 吴世亮、黄东萍：《中国信托业与信托市场》，首都经济贸易大学出版社2010年版，第52页。

[②] 张军建：《信托法基础理论研究》，中国财政经济出版社2009年版，第21页。

[③] 通知主要规定："除国务院批准和国务院授权单位批准的信托投资公司外，各地区、各部门不得办理信托投资业务。已经开办的，由各省、自治区、直辖市人民政府限期整顿。信托投资业务一律由人民银行或人民银行指定的专业银行办理。经批准开办的信托投资业务，其全部资金活动都要纳入国家信贷计划和固定资产投资计划，进行综合平衡。"

历次整顿本身都是由于相关经济、法律规定的不适应性所造成，无论是各种混乱局面抑或整顿后果，实质都是对于信托市场和社会生产力造成了相当程度的破坏伤害。"由于大量主要由信托资金支撑的工程项目资金断流，造成的损失高达上万亿元，仅海南地区一地就造成高达近千亿元的经济损失……2009年海南地区信托业才宣告清算完毕。"[①]

（二）我国信托立法概况

回顾我国信托制尤其是信托市场发展历史轨迹，似乎陷入"一收就死，一放就乱"的迷局。此种现象其实是多重复杂政治、经济体制和社会因素、力量共同影响的结果，接受市场经济即为法治经济的观念，则信托、信托业市场发展需要法律的正确指引规制，这是破解"迷局"的根本途径。

2001年4月第九届全国人民代表大会第二十一次会议通过《中华人民共和国信托法》，从基本法律层面为信托规范提供了法治依据，该法共计七章74条。主要明确界定了信托的设立、信托财产、信托委托人、受托人与受益人、信托的变更与终止、公益信托等内容。同年1月，《信托投资公司管理办法》由中国人民银行出台，主要规定了我国信托机构的地位功能、设立变更与终止、经营规则、业务范围等内容。随后，面临信托业市场出现的新问题，我国又出台了一系列的信托管理综合性法规、规章、意见等，并对房地产领域、股权投资领域、证券领域、银信合作领域内与信托相关交叉的部分出台众多法规，主要包括：《信托公司管理办法》（2007-3-1）、《信托公司治理指引》（2007-3-1）、《信托公司集合资金信托计划管理办法》（2009-2-4）、《关于加强信托投资公司部分业务风险提示的通知》（2007-2-14）、《中国银行业监督管理委员会办公厅关于加强信托公司房地产、证券业务有关问题的通知》（2008-10-28）、《信托公司在全国银行间债券市场开立信托专

[①] 吴世亮、黄东萍：《中国信托业与信托市场》，首都经济贸易大学出版社2010年版，第59页。

用债券账户有关事项的公告》（2008-12-10）、《项目融资业务指引》（2009-7-8）、《关于信托公司开展项目融资业务涉及项目资本金有关问题的通知》（2009-9-3）、《关于信托公司信托产品专用证券账户有关事项风险提示的通知》（2009-8-18）、《信托公司受托境外理财业务管理暂行办法》（2007-3-12）、《中国银监会办公厅关于调整信托公司受托境外理财业务境外投资范围的通知》（2007-7-19）、《信托产品登记公示与信托信息披露试行方案》（2006-5-20）、《关于进一步加强房地产信贷管理的通知》（2006-7-22）、《关于进一步加强信贷结构调整促进国民经济平稳较快发展的指导意见》（2009-3-19）、《关于加强信托公司房地产信托业务监管有关问题的通知》（2010-2-11）、《中华人民共和国证券投资基金法》（2003-10-28，目前该法已公布修订草案）、《信托公司私人股权投资信托业务操作指引》（2008-6-25）、《信托公司证券投资信托业务操作指引》（2009-2-2）、《银行与信托公司业务合作指引》（2008-12-4）、《关于进一步规范银信合作有关事项的通知》（2009-12-14）、《商业银行个人理财业务管理暂行办法》（2005-9-24）、《银监会规范商业银行个人理财业务投资管理的通知》（2009-7-6）、《信托业务会计核算办法》（2005-1-5）等。

  通过上述规范性法律文件明细罗列，反映出我国政府以及立法者对信托法制发展的高度重视，信托法律框架体系基本形成。这对于促进信托、信托业市场健康发展，保护信托当事人合法权益，创建信托发展所必需的法制环境具有重要意义。但同时考察分析上述法规具体内容及其整体实际施行状况，我们又必须意识到现阶段信托法领域内理论研究仍有不足，统一且成熟可行的信托法理基本思想尚未完全成型。信托的本质究竟是什么、信托类型界定、信托关系内容、信托财产性质与内容、受益权性质与内容、信托业监管、受托人义务履行、受益人权利保护与救济，乃至最重要的——如何将信托这一英美法的"异物"顺利移植入我国法制体系等争议性问题，仍未最终解决。因而，如何从法学研究角度认识与挖掘信托独特的制度潜力和价值功能，依然是法学界面临的重要任务之一。

第二节　信托法律界定与分析：信托本质的文义考量

当代信托起源于英国，大陆法系国家在移植引入信托制时首要面临的问题是如何将相关概念予以整理。探讨信托受益人权利保护的法律问题，首要是对"信托"这一基本概念必须进行简要梳理并予以明确。在进行概念分析与梳理时需要注意的是由于法律体系、文化传统差异，有关概念移植分析的语境辨析不可或缺。如果承认不同国家地区实践社会生活具有超出制度设计者想象的无限丰富性，承认个体体验性的不可替代性，则所有法学知识理论与概念界定必然存在解释学的偏见，每一个概念形成与界定以及相应知识体系展开，只是某一区域内一段时期内的认识，而不可能穷尽所有知识。从语境论角度而言，信托及相关概念界定必然是一种相对主义，更应强调与我国现时法域内具体现有法律体系、结构的适应性与统一。"……不将一个社会的完善建立在某一个基础或本质问题上或某几个理论原则的基础上，它使人们理解社会的复杂性，理解人的理性的有限性。"[①]

一　信托概念的学理界定分析

信托概念简言之就是"受人之托，代人管理财物"，这是关于信托概念的一种典型经验表述，强调信托本质在于信任，由委托人基于信任将财物交予受托人管理。此经验性总结表述，就法学研究、探讨而言或许不够严谨与准确，但值得注意的是，该观点对于信托本质特征地隐含表述无疑是精练且贴切的，即信托具有"信任"的基本特点，这本身应是我们理解、表述和定义信托概念的重点之一。法律解释的不确定性所述的不具有"强制规范"效力究其根本仍属于语言学范畴，但法律

---

① 苏力：《法治及其本土资源》，中国政法大学出版社1996年版，第276页。

规范毕竟具有实在性和相对的确定性，否则无法解释为何法律规范对国家、个体和社会生活具有普遍规制效力的现象。尤为重要的是从整体法律框架体系内而言，构成法律规范的各个单独法律概念之间的相互印证与辨析，将有助于厘清不同概念之间的内容和相互关系。

目前国内学界关于信托概念界定的观点主要有：

"信托，是一种基于信任而产生的财产关系。在这种关系中，信托人将信托财产转移给受托人并委托其管理或处理，受托人享有该项财产的所有权，但其有义务将信托利益交付给受益人。"[1] "信托是委托人将财产权转移于受托人，受托人依信托文件规定，为受益人或特定目的管理或处分信托财产的法律关系。"[2] "信托主要在于以信任为基础，它是当事人基于信任关系，为追求相互间经济上、社会上或其他目的的一种法律行为。"[3] "信托应当是委托人基于对受托人的信任，将其财产权归属于受托人，受托人必须以信托行为的规定为依据，受信托行为的约束，为受益人（自益信托时为委托人本身，他益信托时为自己以外的其他人）的利益或特定目的（公益信托）管理和处分该财产的法律关系。"[4] 还有学者基本赞同我国信托法中有关信托的定义[5]，但同时结合信托法中有关信托的定义就其特征和具体立法语言表述提出分析意见与建议，由此实现对信托概念的界定与明晰[6]。"对信托加以界定，既要言简意赅又要把握其本质，涵盖所有信托形式的共性，即信托的基本要素。信托的第一个要素是衡平权性质，实际上是强调对受益人衡平权利

---

[1] 张淳：《信托法原论》，南京大学出版社1994年版，第39页。
[2] 周小明：《信托制度比较法研究》，法律出版社1996年版，第3页。
[3] 施天涛、余文然：《信托法》，人民法院出版社1999年版，第6页。
[4] 张军建：《信托法基础理论研究》，中国财政经济出版社2009年版，第33—34页。
[5] 《中华人民共和国信托法》第2条："本法所称信托，是指委托人基于对受托人的信任，将其财产权委托给受托人，由受托人按委托人的意愿以自己的名义，为受益人的利益或者特定目的，进行管理或者处分的行为。"
[6] 参见何宝玉《信托法原理研究》，中国政法大学出版社2005年版，第8—12页；徐孟洲《信托法》，法律出版社2006年版，第3—5页。

的承认。受益人的衡平权利实质上是受益人对财产所享有的实质上的权利，是财产性权利。它是基于财产的双重所有权制度而产生的。"[①] "信托是一种与财产有关的具有信任性质的关系，是一种财产移转和管理安排，由财产所有人（委托人）将其合法拥有的财产（信托财产）转移给受托人，由其持有该信托财产并为他人（即信托受益人）的利益管理和处分信托财产。"[②]

  信托制起源于英国衡平法，自产生之初起就因其功能多样、性质复杂而难以准确界定，甚至有人认为信托概念只能根据英国法院在多年的司法实践中发展起来的许多信托规则对信托作一"描述"。[③] 由前述诸学者有关信托定义界定分析可见，给予信托一个充分周延准确的界定似乎难以完成，尤其是我国法律体系主要继受大陆法系国家的背景下，在含义划定方面试图通过简短语言，"翻译"并表述英美法所述以普通法和衡平法双重所有权为核心的信托制度，几无可能。国内外迄今为止，有关信托概念的学理解读与界定尚无统一定论。本文认为，对信托相关法律制度研究以及有效解读信托概念的路径应当是：在对信托制进行简要概括基础上，指明信托构成的核心要素与本质属性，进而列举其特征以及实际生活中主要信托种类，此种途径或许能更全面准确理解信托并展开论文下述相关内容的合理分析论述，亦能够使得观点论证在借鉴相关学者有益思想前提下，取得至少是语境论下的统一认可，而不局限于对某种具体学说的分析与批评。

  信托的首要核心要素与本质属性在于信任，信托制能够在当今世界各国得以重视并加以广泛应用，重要缘由之一就是在于信托之信任特质。从私法权利的形成与发展而言，当代私法权利转型的重要特征在于私权利的团体化。现实经济生活中，为获得更优或更大利益，社会成员

[①] 陈雪萍：《信托在商事领域发展的制度空间——角色转换和制度创新》，中国法制出版社2006年版，第20页。
[②] 高凌云：《被误读的信托——信托法原论》，复旦大学出版社2010年版，第12页。
[③] ［英］海顿：《信托法》，周翼、王昊译，法律出版社2004年版，第6页。

将其部分权利让渡给团体。"社会成员加入团体在性质上类似于权利的交易,它减损或限制了成员的个体权利和自由,也放大了成员的实际利益。……团体法承认、促进了社会成员的自由和权利,它强调团体成员的自我约束和管理,而不是容忍公权力扩张或随意介入私法关系。"[①] 为了共同的目的人们结成共同合作的组织体,进而形成各国法律予以普遍承认的各类商业组织形式。生产力要素由传统注重资本、土地乃至工厂、机器、工具等,转而走向了经济学家所更为关注的人力资本。人力资本远远超出了传统关于知识的定义(或知识分子所了解的范畴),它其实包含着人们的习性、基本价值观以及各种不可言传的非正式知识,各种全社会共有的规则体系。现代经济增长理论正逐步转向与人类学、社会学的传统联系,例如对大卫·休谟、亚当·斯密等早期思想家论点的再发掘表明:至少有三项制度对人类文明社会进步而言具有根本性作用,即保障产权、信守承诺以及通过自愿协议转让产权。为使得跨越国家、大陆的复杂人际关系网得以巩固,制度的作用日益彰显。从私法角度而言此种关系网其实就是团体组织团体法所需要关注与规制的对象,因为人类的相互交往总是建立在极其脆弱的信任链之上。[②] 由此,信任产生了巨大的经济价值,因为社团能否将个人利益有效融入群体利益,以及成员共享价值观与规范程度的高低决定了人们相互联系在一起的能力。在"脆弱"的团体链接网络中,信任成为其中重要的结点。当人类社会与法律逐步发掘承认团体的价值功能过程,其实也就是信任为人们所重视的过程。信托的本质属性之一在于信任,正是由于具备这一属性,使得信托在以团体组织法为主的商业社会中能够发挥日益重要的经济功用,以其特有的灵活弹性活跃于金融资本市场各领域内。

信托的另一重要本质属性则是从法律,尤其是私法角度如何界定,它究竟是法律行为抑或法律关系?在现有关于信托的几乎所有著述中,

[①] 叶林:《私法权利的转型——一个团体法视角的观察》,《法学家》2010年第4期。
[②] 参见柯武刚、史漫飞《制度经济学——社会秩序与公共政策》,商务印书馆2000年版,第24—25页。

有一个问题经常被忽视,即在认识分析信托本质属性时,都或多或少将信托本质与信托财产本质以及信托受益权本质相混淆。对信托本质予以解读分析,上述基本概念的区分实属必要,否则相应理论研究成果将难以有效纳入我国已有的民商法体系结构。由于信托制起源于纯粹英美衡平法与财产法,出于对"双重财产权"研究的热情与冲动,使得在探讨上述三个不同概念范畴对象时,不自觉地受到不同法系、概念、文化与传统的影响,而未进行明确区分。当然,对于信托本质的分析解读与信托财产本质以及信托受益权本质的不同理解密不可分,出于司法实践和现有法律体系化的必然要求,有必要就上述三个不同概念进行明确区分,至少从形式逻辑角度而言,信托概念应是信托财产、信托受益权的上位概念。

关于信托本质的学说主要有契约说、财产说与主体说。主张信托本质实为契约或法律行为的多为英美法系国家的学者,Maitland 在其《衡平法》讲义中认为,信托作为衡平法法院能够强制执行的"交易",实际上是一种合同义务,尽管人们不称其为合同;合同说的另一倡导者劳森则指出,关于委托人、受托人以及受益人三方的关系,很容易用现代第三人利益合同来解释;合同说的另一主张者 Langbein 将信托认为一般是产生于一种协议,其与第三人利益合同在功能上无法加以区别,因为信托法所规定的受托人的权限、权利和义务,效力如同典型合同,亦类似于定型化合同条款,因此,信托是合同的一种。[①] 关于信托的合同本质说其实从英美法语境下理解并无谬误,至少其不应被批评过甚。因为在民法范畴内大陆法系与英美法系对于合同、契约的发展、理解截然不同,英美法系认为合同实为具有法律强制力的当事人之间互有联系的承诺。在大陆法系民法体系中,合同作为债的原因而存在,强调合同当事人之间的合意。在此意义上理解信托的法律行为本质属性,至少有相

---

① 转引自陈雪萍著《信托在商事领域发展的制度空间——角色转换与制度创新》,中国法制出版社 2006 年版,第 44—48 页。

当的信托类型（如结果信托、推定信托）无法涵括在内，也无法从我国现有法律体系角度解释信托财产独立而不受受托人自身债权人追索。英美信托法的合同本质认识，主要是基于防止信托制度安排向受托人过于倾斜，出于平衡委托人与受托人之间权义设定的理论产物。信托本质财产说本身亦有其相对合理性，信托本质财产说强调信托更应被视为一种财产处分模式，这种理论其实来源于英美法的信托原型，强调其能够以高度的灵活性和当事人预期精准的方式进行信托财产处分，应对复杂化的社会需求。但如果将财产说完全绝对化，则无论进行何种理论创新与学理突破，财产说终将面临究竟是把信托并入物权法或债法的问题，或者如何说将其修订入物权法、债权法体系，而这在现阶段无疑是尴尬且无解的。最后关于信托的本质主体化认识，同前两种认识类似，该种对于信托本质的解读，无疑有助于充分发挥信托制在当代商品经济社会中的功能，特别是与公司制相比较时，信托能够进行更为自由的制度设计。只是这种理解在我国现阶段民商合一的法律体系内，如何在商事主体类型法定前提下进行实践操作，仍然面临不可逾越的障碍，但该学说作为理解、运用信托本质的有益思路，将有助于我国立法者、信托及司法实践者充分发掘信托工具性价值。

上述关于信托本质不同解读思路模型的分析，只是一种理想化图景下的类型划分，其启示意义在于，信托作为英美衡平法的重要理论实践产物，从大陆法系法律概念体系出发无法找到完全一致、精确的对应概念。因此从实定法角度出发，运用一个能够大致囊括上述信托本质认识的概念，既能保有信托灵活功能性又能使之在一个相对统一的语境平台下进行讨论，是唯一可行的出路。在明确区分信托本质与信托财产本质、信托受益权本质的前提下，应将信托的另一根本属性界定为其是一种特定的法律关系，该法律关系以信任为基础、以信托财产为中心、以信托当事人之间约定、推定或法定的多重权利义务为具体内容，特别是该法律关系本身并非单一，它可能表现为多重法律关系（抑或契约）的组合，从而具有主体化与拟制化特征。

二 信托概念的实定法分析

(一) 英美法系中信托的界定

英美法系关于信托的定义，因其法制体系主要表现为遵循先例，故所谓实定法概念并非某具体的规范性文件，而主要表现为由学者或示范法界定并在司法实践中予以认可的概念界定。其中典型代表观点有：

信托是指作为某一特定财产（信托财产）的所有人（受托人）所负有的为另一人（受益人）的利益或为发展某一特定目的而处理该财产的衡平法上的义务。[1]

信托是一种衡平法所承认的关系，该关系在以下情形中产生：即当某财产权利转让给一个或多个被称为受托人的人，而受托人是为被称为受益人的其他人的利益而持有该财产。[2]

信托是一种约束受托人的衡平义务，受托人为了受益人（他本人也可以是受益人）的利益控制并处分信托财产，任何受益人都可以要求履行该义务。[3]

财产所有人是为了其他人或为了法律认可的目的而负有处理该财产的义务时，则存在信托。[4]

美国《信托法重述第 2 版》将信托定义为：信托[5]是指一种有关财产的信义关系（fiduciary relationship），一个人享有财产的法定所有权并负有衡平法上的义务，为另一个人的利益处分该财产，这需要产生一种设立信托的明示意图。[6] 信托法重述作为美国各州相关判例法与学说的

---

[1] Ford and Lee, *Principle of the Law of Trusts* (3rd ed.), LBC Information Services (Sydney), 1996, para1000.

[2] Jill E. Maxtin, *Modern Equity* (15th ed.), Sweet & Maxwell (London), 1997, p. 45.

[3] Parker and Mellows, *The Modern Law of Trusts*, Sweet & Maxwell 1998, p. 10.

[4] Michael Evans, *Equity and Trusts*, Lexis Nexis Butterworths (Sydney), 2003, p. 294.

[5] 在没有慈善、回复、推定等限制词的情形下。

[6] *Restatement of the Law, Second, Trusts*, §2 Definition of Trust: A trust, as the term is used in the Restatement of this Subject, when not qualified by the word "charitable", "resulting" or "constructive", is a fiduciary relationship with respect to property, subjecting the person by whom the title to the property is held to equitable duties to deal with the property for the benefit of another person, which arises as a result of a manifestation of an intention to create it.

权威解读，历来受到各州立法者与司法者的尊重，有关信托法重述中的某些内容，因其权威性与合理性已成为各州单独立法的实际条款。

英美法系学者更关注行为的实际法律效果，偏重于对概念以及制度的功能性分析，在财产法领域尤其如此，所以有关信托概念界定在他们而言，更多时候是一种描述（description）而非定义（definition）。在对信托基本含义进行表述的前提下，主要通过信托成立后各方当事人之间权利义务关系的明确，从实际功能效用方面对信托予以界定。考察前述英美法系国家有关信托概念的界定，尽管具体语言表述方面存在有差异，但基本含义具有突出强调衡平法义务的共同特性，在对信托进行界定的过程中，反映出信托历史发展原型样貌，强调信托受托人负有为受益人管理与处分信托财产之衡平法义务，该义务基于衡平法所指良心、正义，具有强制履行性。将信托财产所有权区分为普通法上的所有权与衡平法上的所有权，二者相分离，这是大陆法系国家理解运用信托制的关键难点，但却是英美财产法的根基所在。

（二）大陆法系中信托的界定

大陆法系国家普遍受潘德克顿体系化法律思维影响，有关信托概念法律界定强调周延的概念体系、要件构成分析、逻辑严谨的法典化模式，有关法律效果则通常不在定义中予以明确表述，而是基于信托当事人之间的具体权利义务关系由相关法条进行规定。

日本 2006 年修订后的《信托法》第 2 条第一款规定，本法所称信托，是指以本法第 3 条所列方法（信托行为），[①] 由特定人基于一定目的（专为谋取该人利益的目的除外），为实现财产管理与处分以及为该目的实现而实施的必要行为。

韩国《信托法》第 1 条第二款规定，本法所称信托，是指委托人以和受益人之间的特别信任关系为基础，将特定的财产转移给委托人或

[①] 主要包括三种情形：信托契约、遗嘱信托以及书面、电子记录或公证记录方式载明的就自有的特定财产为特定目的实现进行意思表示（即宣言信托）。

作其他处理,由受托人为受益人的利益或特定目的,管理和处分信托财产的法律关系。

根据我国台湾地区的相关规定,称信托者,谓委托人将财产权移转或为其他处分,使受托人依信托本旨,为受益人之利益或为特定之目的,管理或处分信托财产之关系。

上述信托定义突显出大陆法系国家或地区在成文立法进行信托概念界定时的共同特点,尽力回避信托财产权在受托人与受益人之间性质的界定,力图进行信托制移植的本土化改造。为化解英美法系财产法之"双重所有权"与大陆物权法之"物权法定""一物一权"原则的根本冲突,用受益权概念替代表述英美法中衡平法上的所有权(equitable interests),用受托人所有权概念替代表述英美法中普通法上的所有权(legal title)。在尽量弥合两大法系概念构成的矛盾冲突基础上,大陆法系国家立法通过明确信托制的法律构成来实现信托的价值功能。其一,指明信托是为了受益人的利益或特定公益目的,而并非是为了受托人自己的利益(除非依据信托行为他又是信托受益人)设定;其二,指明信托要求受托人须按照信托目的管理、处分信托财产,该种管理、处分行为通常情况下只受信托目的与信托法的限制;其三,明确信托财产必须独立,除法定情形外不得对信托财产强制执行,从而使得信托财产得以转移并进行符合信托目的的其他处置。特别是大陆法系信托立法中大都回避信托财产权于受益人性质,因此在立法中明确信托财产的独立性对于保障受益人权益、实现信托目的具有重要意义。英美法系通过承认受益人对信托财产的衡平法所有权,能够实现对信托财产的有效追踪,故无须过分强调信托财产的独立性。

三 我国信托法对于信托的界定

我国信托法第二条对信托进行了法律界定[①],分析该法条的主要含

[①] 《中华人民共和国信托法》第二条:"本法所称信托,是指委托人基于对受托人的信任,将其财产权委托给受托人,由受托人按委托人的意愿以自己的名义,为受益人的利益或者特定目的,进行管理或者处分的行为。"

义有：

　　第一，信托成立的前提基础是由于信任，即由于委托人信任受托人，才使得信托法律关系得以成立。此种信任由于信托制度的安排，主要冲突表现为处于受托人地位的人不能够使得自己利益与受益人利益互相冲突，除非他自己是受益人或基于约定、法定的原因，也不能取得由于信托财产处分、管理所产生的利益。由于受托人对于信托财产的管理处分以及受益人利益实现具有决定意义，因此在信托法及相关规范性文件中应特别强调信托受托人的忠实义务与善良管理人义务。

　　第二，信托是以信托财产为中心所发生的法律关系。考察我国有关财产权相关立法，应做广义理解，即财产权包括有形财产也包括无形财产。例如动产、不动产、物权与债券、股票、债券票据以及知识产权等，凡是具有经济价值并可以用于交易客体的物与财产性权利都可视为信托财产并设立信托。我国信托法甚至规定在一定情形下法律禁止流通的财产，在满足特定条件后也可以作为信托财产。① 典型信托法律关系主要是指，委托人出于信任将财产转移（委托）给受托人，由受托人以自己名义为受益人利益或特定目的管理处分信托财产。需要注意的是，在非典型信托关系中，例如自益信托、宣言信托等，信托关系当事人数量表面上减少了，但实际上有关的信托关系不但没有因此而趋于简化，相反由于一人"身兼数职"，使得信托关系在权利义务具体分担和享有方面，需要具体区分不同类型下同一信托参与者的不同身份，从而避免由于混淆当事人身份角色导致损害利害关系人的权益。

　　第三，信托制是一种对于传统财产权制度的特殊安排。与某些大陆法系国家立法相类似，我国信托法中强调受托人对于信托财产的管理处分权与受益人的受益权，但对信托财产权性质的直接界定予以回避。受托人以自己名义为受益人最大利益从事信托事务活动，当受托人违背委

---

① 《中华人民共和国信托法》第十四条："……法律、行政法规限制流通的财产，依法经有关主管部门批准后，可以作为信托财产。"

托人的意愿或者信托目的时，应承担相应法律责任。

通过前述与信托概念界定之学理、实定法考察，我国信托法中有关信托的概念界定，与其他大陆法系国家或地区并无本质区别。唯有两点需要注意，第一是关于第 2 条中"委托"一词的争议。[1] 考量有关该词用意及实际运用执行效果，并结合信托法制定历史背景共同理解，笔者认为该词显然并不能够有效地彰显信托财产独立性，无法完满解释（仅指文义解释层面）信托与行纪、代理等法律关系界限。从我国已有的民商法概念体系中进行选择，"转移"一词更能符合并反映信托关系特殊制度安排，但是由于法律传统理念、信托财产所有权性质认识的不同理论解释，"委托"一词有效回避了关于信托财产所有权的理论困境，使得立法语言既没有明确否定也没有明确肯定信托财产权的所有权转移问题，在当时的历史与法制背景中，似乎难以找到更好的办法。"在一个国家确立信托法律制度，应当考虑本国国情……比如将信托定位为受人之托、代人理财的财产管理制度，这样可能便于接受；如果将信托表述为，从委托人来讲，委托人一旦将财产交付信托，即丧失其对该财产的所有权，不再属于其自有财产，这会使一些人接受起来颇费思量。"[2] 关于委托一词是否应当予以变更，单纯就文义解释与理论论证角度而言，其实际意义并非人们所预估的那样重要，至少从信托理论与实践中来看，若不动产信托登记制建立完善、动产善意取得与信托的衔接得以解决，有关信托概念界定具体用语的这一争议结论其实是水到渠成的；第二是关于信托本质表述，前述理由已说明将信托制完全视为法律行为的弊端，尽管典型信托模型包含有委托人转移财产、受托人管理处分信托财产两个基本行为，但是此行为其实是基于信托当事人在信托设定框架内的权利、义务履行而发生，核心在于与受益人所享有的受益

---

[1] 参见何宝玉《信托法原理研究》，中国政法大学出版社 2005 年版，第 10—12 页。
[2] 卞耀武：《信托法释义》，法律出版社 2002 年版，第 4 页。

权对应的受托人衡平法义务。尤其是将信托视为法律关系，能够使得信托制度安排充分广泛应用于社会、经济生活各领域内，有利于信托制推广与信托法律资源再发掘。

综合上述考量因素，笔者就我国立法对于信托概念界定建议为，所谓信托是指：包括但不限于以信任为基础，由委托人将财产转移给受托人，由受托人以自己的名义为受益人的利益或特定目的，管理或处分财产时发生的法律关系。前述"包括但不限于"借鉴美国信托法重述关于信托概念界定经验，主要是指慈善、回复、推定等非典型信托类型，从而使得概念界定即符合信托的本质、表征又具有范围概括的周延性，体现信托制的灵活、弹性等功能性特征，并为日后可能出现的新的信托类型预留空间。

第三节　信托的分类与功能：民事信托向商事信托的嬗变

一　信托分类简介

依据不同标准可以对信托进行不同分类，对此学界讨论较多，笔者无意就此进行过多重复。结合现实国情与信托、信托业在我国发展的实际状况，有关民事信托与商业信托的分野更应值得关注，在以民法思维作为私法理论与实践领域统治地位环境下，如何将商事、商法性思维导入其中，关注实践中众多具体商事信托类型之受益人权利保护，充分发挥信托之灵活弹性，挖掘其潜在制度资源，是本文所要实现的主要目的之一。

根据信托产生和成立的原因，信托可以分为法定信托和任意信托。法定信托是指与委托人意愿没有联系，而是通过法律强制规定，或法律通过对当事人意思的解释与推定而成立的信托。典型如回复信托（或称回归信托，Resulting Trust）与推定信托（或称拟制信托，Constructive Trust)。① 任意信托是指根据当事人之间的法律行为而成立的信托，表现形式可以是契约或遗嘱而成立的信托。

根据信托行为的设立形式进行的分类，信托可以分为合同信托、遗嘱信托和宣言信托。合同信托是指由受托人与委托人依信托合同而设立的信托；遗嘱信托是指根据委托人的遗嘱而设立的信托；宣言信托是指委托人以自己为受托人通过信托设立的意思表示而设立的信托。从我国目前信托法规定中来看，并未承认宣言信托。

私益信托与公益信托，此种分类是按照信托设立的目的进行划分。公益信托是指以实现公共利益②为目的而设立的信托，其受益人是不特定的社会公众。私益信托是指以实现一般私人利益为目的而设立的信托。

个别信托和集团信托。集团信托是指受托人在同一条件下，同时承诺众多委托人同样性质的委托；而个别信托则是指受托人对每一个信托分别独立地进行承诺。此种分类是按照接受信托方式不同进行的分类

自益信托和他益信托。委托人为自己的利益设定的信托是自益信托，反之，委托人为他人利益设定的信托是他益信托。我们目前存在的信托大多是自益信托，该类型信托中委托人与受益人身份重叠但具体权利义务应明确予以区别。这是根据信托利益归属不同所进行的分类，自益信托与他益信托从性质而言都是私益信托。

金钱信托和财产信托，此种分类是依据信托设立时财产的种类所进行的划分。财产信托是指将各类动产或不动产作为信托财产所设立的信

---

① 回复信托是指信托设定后由于一定的事由使得该信托没有生效，或者设立信托的意愿没有达成的情况下，委托人或者其继承人以受益人的身份享有信托利益时方予承认其成立的信托，即信托财产为委托人的利益而存在，受托人应将信托财产返还。推定信托是指英美法院为主持正义、纠正错误及防治不当得利的衡平法救济手段，与委托人的意思表示没有任何关联。转引自高凌云《被误读的信托——信托法原论》，复旦大学出版社 2010 年版，第 42 页。

② 《中华人民共和国信托法》第六十条："为了下列公共利益目的之一而设立的信托，属于公益信托：（一）救济贫困；（二）救助灾民；（三）扶助残疾人；（四）发展教育、科技、文化、艺术、体育事业；（五）发展医疗卫生事业；（六）发展环境保护事业，维护生态环境；（七）发展其他社会公益事业。"

托，金钱信托是指将金钱作为信托财产所设立的信托。此种分类是以设立信托时财产的具体类型进行的划分，不考虑其后信托财产具体形态的变化，进行这样划分的目的是便于行政机构进行规制监管之需要。

二 商事信托与民事信托

根据我国信托法第三条的规定①，信托可以分为非营业信托、营业信托②，又被称为民事信托与商事信托。由于我国不存在权威的立法者解释文件，故有关立法参与者就相应法律的著述与释义，实际在相当程度上成了"权威性"的立法解释文件。根据卞耀武先生的解释，③ 民事信托是营业信托、商事信托的对称，对于商事信托与民事信托的分野，界定标准主要依据的是受托人的身份和委托人的主观目的。深入分析，此种分类方法存在一定不周及易混淆之虞。若以个人财产为抚养、赡养或处理遗产等目的，是否可以委托营利性信托机构进行财产经营信托，其性质如何认定？因不能排除民事信托当事人亦有可能委托信托机构进行增值性的财产经营活动，此时该信托应是民事信托而非商业信托，但依据我国信托法则是商事（营业）信托而非民事信托。④ 即究竟是以信托设立的目的还是以委托人的目的来区分民事信托与商事信托则难以界定。目前民事信托与营业信托的交叉重叠尚未在实际操作中引发问题，其根本原因在于我国真正意义的私人民事信托并没有发展起来，一旦民事信托大规模涌现，则上述分类造成的混乱将会呈现。

进行民事信托与商事信托的分类讨论，其价值并非是进行理论廓

---

① 《中华人民共和国信托法》第三条："委托人、受托人、受益人（以下统称信托当事人）在中华人民共和国境内进行民事、营业、公益信托活动，适用本法。"

② 依据该法条规定则分类还应包括公益信托。依前述分类标准所述，则该分类实际是对私益信托的再次划分。

③ "……适用于民事信托、营业信托、公益信托等各种信托。……营业信托是个人或法人以财产增值为目的，委托营业性信托机构进行财产经营而设立的信托。非营业信托即民事信托，是个人为抚养、扶养、赡养、处理遗产等目的，委托受托人以非营利业务进行财产的管理而设立的信托。"卞耀武主编：《信托法释义》，法律出版社2002年版，第46页。

④ 高凌云：《被误读的信托——信托法原论》，复旦大学出版社2010年版，第53页。

清，于本书中探讨二者的划分，尤其是界定何为商事信托并以之为主要研究对象，真正的价值和意义在于两点：第一，我国现阶段的信托都不是真正意义上的私人民事信托，或者说此种信托类型并未形成规模化从而具有理论、实践的研究意义。该状况不仅存在于我国这个刚刚引入信托制的国度，即便是在较早引入信托的日本亦是如此。"非以营业为目的所承受的信托称为非营业信托或民事信托……类似于信托的法律关系虽然很多，但据推测，'真正'意义上的（民事）信托实例并不很多。"① 同样，考察我国已有的信托实例，可以断言其基本都不属于我国《信托法》第3条规定的公益信托或民事信托；第二，民事信托与商事信托因其性质目的不同，必然在适用法理方面存在有区别。② 因此在我国民商合一的立法体系背景下，界定商事信托理论划分与具体类型，运用商法思维规范、解释社会实践中存在的绝大多数非私人民事信托类型，厘清商事信托受益人权利保护的核心法律构造，当然也就具有着重要实践意义和理论价值。

（一）商事信托界定

由于法律传统文化的区别，在英美法系中并不存在和大陆法系相对应的严格概念体系，英美信托法中实际并没有所谓民事信托的概念。③ 关于商事信托与民事信托的划分标准，国内学界存在有诸如目的说、身

---

① [日] 三菱日联信托银行编著：《信托法务与实务》，张军建译，中国财政经济出版社2010年版，第15页。

② "……日本现行的信托几乎都是该类型的商事信托。该类商事信托必须有不同于传统信托（民事信托）的法理加以支撑。在信托法制建设上，该说法强调了适合日本现行信托的必要性，并在2006年日本信托法修改时得到了体现。"[日] 三菱日联信托银行编著：《信托法务与实务》，张军建译，中国财政经济出版社2010年版，第16页。

③ "在英美法中存在有两个与商事信托类似的概念：*business trust* 和 *commercial trust*，所谓 *business trust* 在美国的含义是特指以信托形式组织起来的一种自愿的联合体，基于当事人之间的信托契约而成立，以区别于依照法律规定而成立的企业组织。*commercial trust* 是一个上位概念，是由多种具体信托形式构成的类名；而 *business trust* 是其下位的一种组织体，是属名。美国 *business trust* 的典型代表是20世纪40年代的马萨诸塞信托。而 *commercial trust* 的内涵则宽得多，包涵年金信托、共同基金、地产投资信托、油气特许开采权信托、资产证券化等。"施天涛：《商事信托：制度特性、功能实现与立法调整》，《清华法学》2008年第2期。

份说以及行为说。① 考察其中不同学说的具体内容，所谓目的说、身份说都存在有较为明显的瑕疵，如目的说难以准确区分所谓目的究竟是委托人目的还是信托自身的目的，而身份说显然难以解释我国信托法规定与实际信托营业机构开展信托活动的冲突。② 因此，采纳行为说是一个较为适当的选择，受托人凡是以营业为目的接受信托的行为，所设定的信托应为商事信托。

（二）商事信托与近似概念梳理

商事信托作为大陆法系学者研究信托的重要概念工具，为取得语境研讨的相对统一，有必要就相关近似概念予以辨析。譬如在我国学界就存在将商事信托与商业领域内适用的信托相混同的问题，③ 由此引发的最主要问题在于就有关研究成果予以实践转化或论证时，会引发无谓的观念混乱与争议。故本书就所谓商事信托、商业信托以及商业化信托等概念予以简要梳理。

"中国大陆对美国商业信托的研究其后中断约十年，自沈四宝教授 2005 年发表《商事信托制度的现代发展》始，何正荣博士发表《现代商事信托的组织法基础》、李宇先生发表《商业信托研究》，中国对美国商业信托的研究开始繁荣起来。"④ 上述及刘正峰博士所著《美国商业信托法研究》乃至其他众多有关商业信托的法学研究成果，更多是在考量借鉴美国商业信托（business trust）之特点、利弊的基础上，引发国内信托法学界就引入商业信托组织体，发挥现代信托多种灵活弹性功能的讨论，表现为一种有关信托（尤其是对待商事信托）的主体思维模式转换，在具体概念界定表述中就有关商事信托、商业信托概念则见仁见智。考察有关学者著述，笔者认为我国台湾地区学者谢哲胜教授

---

① 参见施天涛《商事信托：制度特性、功能实现与立法调整》，《清华法学》2008 年第 2 期。
② 我国是采取金融业分业经营、分业监管的国家，有关法律未明确规定商业银行、证券公司、保险公司等其他金融机构可以经营信托业务，根据这样的规定，在我国若采取受托人身份说则只有信托公司作为受托人的信托才可以被认定为商事信托，这显然与我国现阶段信托实践不符。
③ 刘正峰：《美国商业信托法研究》，中国政法大学出版社 2009 年版，第 16 页。
④ 参见刘正峰《美国商业信托法研究》，中国政法大学出版社 2009 年版，第 14—16 页。

的区分较为妥当。所谓商事信托即为营业信托,其是指受托人是以信托为业的信托;① 商业信托是指,以信托的方式从事企业经营的目的,是一个为了就信托财产享有受益权的凭证持有人的利益,以契约成立的非公司的企业经营组织,其财产由受托人持有并管理;所谓商业化信托是指,以信托为工具应用于商业活动。②

商事信托从整体功能性视角出发,宜采纳广义商事信托界定,使得研究对象能够尽量囊括我国现实经济生活中各类以营业为目的而成立的信托,至于美国法中所谓商业信托(business trust)则可作为我国商事信托法学研究的重要视角转换,纳入商事信托范畴,进而增强论述及结论作出的具体可适用性。特别是由于信托业法及相关商事法律缺失与不完善(如税法、破产法、商事组织法、信托登记法、金融法等),单纯就商业信托讨论目前实际仅限于研究领域,但出于研究论证的前瞻性考虑因素,适时纳入商业信托之组织体思维却又是十分必要的。商事信托③按照前述分类标准通常是属于集团信托、任意信托、合同信托、私益信托及自益信托。

三 商事信托基本特征

广义商事信托,尤其是与私人民事信托相比较,具有如下基本特征:

第一,营利性营业活动特征。营利性是商主体从事商行为的重要特性,一般理解营利性是指,以获取盈余并将盈余分配给成员或股东作为根本目的,此种目的使得商事经营与非商事经营相互区别……商行为是

---

① 谢哲胜教授有关商事信托(营业信托)界定赞同身份说,主要原因在于台湾地区制定有信托业法与信托法,在其信托法第60条明确指明:"信托除营业及公益信托外,由法院监督。"营业信托除信托法外,还需遵从信托业法及其他商事特别法之规定,故我国台湾地区学者就商事信托界定多采用身份说。参见谢哲胜《信托法总论》,元照出版有限公司2003年版,第63页;赖源河、王志诚:《现代信托法》,中国政法大学出版社2002年版,第39页;施天涛:《商事信托:制度特性、功能实现与立法调整》,《清华法学》2008年第2期。

② 谢哲胜:《财产法专题研究(三)》,中国人民大学出版社2004年版,第222—223页。

③ 下文中有关商事信托指称都是指广义商事信托。如有关民事信托、商业信托组织或其他特殊类型信托,会特别指出。

主体以营利为目的而从事的行为，在涉及商事活动的法律实践中，法律凭借其推定规则判断具体活动是否为商行为。[①] 营利性特征于商法中理解其实就是营业活动方法、途径之目的，在判断行为性质时各国商法实践一般都采取客观营业标准进行认定。如《日本民法典》第503条第2款规定，商人的行为推定为其营业实施的行为。商事信托的营利性营业活动特征，从整体考察，是受托人以营业为目的接受信托，并按照信托文件、法律规定、交易惯例等进行信托经营活动；从信托内部基本结构来看，受托人接受信托以有偿为原则、以无偿为例外。商业社会背景中受托人为追求受益人利益，有效途径必是依照经济规律与法律规定从事营业活动，在遵从信义义务基础上为受益人追求最大受益权，受托人的有偿所得实为受益人取得受益权的对价。

第二，受益权证券化。"证券与证券权利具有相同或近似含义，即指以书面形式记载的民事权利。"[②] 商事信托受益权作为信托设立的重要表征，在具体信托类型中都可制作权利载体，即受益权凭证。无论其名称或载体的具体表彰形式如何，皆可表明现代信托的重要融资、投资、流通功能，例如证券投资信托、信托基金、不动产信托、集合资金信托计划凭证等。其意义在于受益人得以享有背书转让受益凭证，请求信托产品发行者赎回，于公开集中市场买卖或者请求信托机构赎回等投资商品流动性权利，从而促进社会公众、机构的投资信托热情，将市场竞争机制、价格机制引入商事信托规制与发展，实现资源优化配置。由此要求商事信托应具有适应商业社会的重要特性，即商品流通性特征。受益权证券化典型代表是资产证券化交易。

第三，团体化特征。商事信托团体化主要包括两个层面。第一个层面是从商事信托主体性组织特征出发分析，商事信托更强调信托适应商业规模经济的制度架构，为使得专业信托经营机构取得投资者的资金，

[①] 赵中孚、邢海宝：《商法总论（第三版）》，中国人民大学出版社2007年版，第198页。
[②] 叶林：《证券法教程》，法律出版社2005年版，第2页。

由专业信托经营机构充当受托人,旨在通过相应的信托设计,将投资人(一般表现为自益信托,其身份为委托人与受益人重叠)闲散资金汇集,交予专业信托经营机构进行财产之管理处分,这也是许多国家引入商事信托的初衷。① 在这个意义上强调信托的团体主体拟制性和内部制度架构,因此信托财产自身的重要性在相当程度上被弱化,"商业信托首重者,乃其管理机制之组织化,亦即透过商业性设计之架构,使受托机构负责信托资金之管理及信托事务之执行,而由受益人享有此类商业性设计之利益。"②;第二层面意义是指商事信托适应商业社会经济规模化要求,区别于民事信托单独个性设计特征,强调效率及格式化信托契约条款,通过对信托受益权的标准化、定型化设计发行,使得商事信托具有集团化、规模化特征。

第四,商事信托制度侧重与民事信托不同。从信托目的而言,民事信托主要目的在于财产转移和传承,而商事信托目的则侧重财产的增值、流通。

传统民事信托制度设计,其制度框架侧重于委托人,委托人的意愿在民事信托制度中居于主导地位,其可在法律允许的范畴内自由设计信托相关条款,因此在英美法系国家中,对于传统信托关系主体认为只包括委托与受托人,③ 受益人完全处于被动地位,甚至在大陆法系国家中(如法国),将受益人视为非信托合同的当事人。④ 商事信托制度框架侧重倾向于对投资人的保护,以商事信托团体化视点分析,为鼓励参与投资需建立较为完备的投资人信托保护制度框架,此种倾向亦为各国各地区商事信托立法所坚持。以商事信托较为发达的日本、我国台湾地区信托法、信托业法为例,有关投资人保护法律制度设计方面,分别设有事前、事后的监控机制,以及一系列信息披露、公告程序要求,以达到保

---

① 霍津义:《中国信托业理论与实务研究》,天津人民出版社 2003 年版,第 41 页。
② 王志诚:《信托之基本原理》,元照出版有限公司 2005 年版,第 240—241 页。
③ 谭振亭:《信托法》,中国政法大学出版社 2010 年版,第 25 页。
④ 何宝玉:《信托法原理研究》,中国政法大学出版社 2005 年版,第 6 页。

护投资人权益的目的。现代信托业法制框架的一个基本职能其实就是要充分保护信托产品消费即信托投资者利益，信托业法律体系其实质是"金融消费者保护法"的组成部分。[①] 由于商事信托多为自益信托、集团信托，故投资人身份具有多重性，在重叠性的信托投资者身份分析中，委托人身份的制度倾斜程度似不及投资者的信托受益人身份，与民事信托合同不同，商事信托合同更倾向侧重于有关信托受益人与受托人之间的法律关系。

由于商事信托的特征决定其在法律适用方面与单纯私人民事信托不同，后者主要适用信托法及民法相关规定，[②] 前者则首先适用相关商事特别法（如证券投资基金法、信托公司管理办法），在没有直接相关特别法律规定时，以信托法以及其他间接相关的商事法律（如证券法、商业银行法等）予以规范补充。同时针对商事信托特点，进行相关问题研究时应着重考虑受托人与受益人之间的法律关系，以及受益人权利实现与保护问题，从而保障、促进我国信托、信托业市场的繁荣发展以及信托法制的基本原则，实现信托目的。

四 主要商事信托类型

根据我国实际立法和社会经济生活实践，笔者认为我国商事信托类型主要包括有：典型商事信托、非典型商事信托以及待发展商事信托三种类型。

第一，典型商事信托类型，即由相关法律明确规定且在社会实践中为广大投资者所熟知的商事信托类型，主要包括有证券投资基金和资金信托两大类。

我国修订前的证券投资基金法对什么是证券投资基金未进行明确定

[①] 孙飞：《信托治理优化论》，中国经济出版社2005年版，第28页。
[②] 例如《中华人民共和国信托法》第13条："设立遗嘱信托，应当遵守继承法关于遗嘱的规定。"

义，只是概括指出其若干主要特征：如公开发售基金份额募集基金、管理人管理与托管人托管分离、为了基金份额持有人之利益、采用资产组合方式进行证券投资等。伴随证券市场、金融市场、信托市场的现实发展，上述有关基本特征亦遭受冲击，例如根据修订后《中华人民共和国证券投资基金法》第 2 条的规定，允许非公募资金设立证券投资基金，但辅之以相应要求，如合格投资者资产、人数限制等。① 证券投资基金单纯以文义解释分析，是对基金投资经营领域限定的综合法律关系的表述，是一种典型的信托应用于商业金融活动。尽管我国法律为公司型证券投资基金与合伙型证券投资基金预留有法律空间，但现有证券投资基金几乎都是信托型证券投资基金，主要是由于现行其他配套法律与实际商事组织运行状况的限制，典型表现为信托财产权利界定不清，信托财产、物权登记制缺失与不完善等。公司型证券投资基金的本质是产业型（非特定项目）信托投资基金，是将商业组织与自然人个体比较而言延续性的运用，尽管我国修订后公司法第 15 条取消了有关公司转投资限制，但依据我国《信托公司集合资金信托计划管理办法》第 5 条的相关规定，"信托资金有明确的投资方向和投资策略，且符合国家产业政策以及其他有关规定"，才可以不专门注明投资项目，此规定使得专业信托机构、社会公众投资者以及商业银行等出于商事经营活动灵活性考虑，不可能主动参与组织型（公司或合伙）、长期持续型的信托投资基金的设立，加之受益权凭证二级市场尚未健全，因此证券投资基金在我国多表现为"短期特定项目"信托型形式。

资金信托在商业社会中以财产权法视角分析，是信托制在投资基金中的具体运用，它应当是证券投资基金的上位概念。广义的资金信托应

---

① 《中华人民共和国证券投资基金法》第 88 条："非公开募集基金应当向合格投资者募集，合格投资者累计不得超过二百人。

前款所称合格投资者，是指达到规定资产规模或者收入水平，并且具备相应的风险识别能力和风险承担能力、其基金份额认购金额不低于规定限额的单位和个人。

合格投资者的具体标准由国务院证券监督管理机构规定。"

当包括所有股权投资、风险投资、各类投资实体，以及专门以合伙、公司、信托（此处信托应当是特指美国法中商业信托的组织形式）等形式成立的基金，[①] 以信托制方式进行资本增值收益的行为。从今天金融实践活动来看，有关资金信托业务界定宜进行拓展，市场与资本的"合谋"早已超过早先立法者及实务法律解释者的预期，各类主体而不限于信托投资公司。商业银行、基金公司、证券公司、保险公司等推出的种类、名称繁复的金融产品与理财产品，若以货币资金为标的且运用信托制基本构造，都可归入资金信托范畴。典型如银行理财产品与信托公司集合资金信托计划的结合，实质已突破我国当时有关集合资金信托计划中合格投资者、合同份数的限制，只是实践中更多将此关系解读为代理而非信托，伴随我国《信托公司集合资金信托计划管理办法》的颁行，此种做法已为法律所禁止。但有关各类银信合作的单一资金信托计划如何进行法律理解并予以合理规制，有关资金信托立法与规制方向的价值取向如何明确并平衡值得深入研究。理论界与实务界有关此问题冲突，[②] 难以阻止各类金融机构继续采取各种方法名义进行活跃的资金信托活动与信托产品创新，由此应带给学界与相关理论研究者相当的启示意义。

第二，非典型的商事信托，是指法律所不禁止，但由于配套法律规定不完善、限制以及风险控制、权利义务配置不均衡，以及其他社会、经济因素影响，在我国经济生活中尚处于发展起步阶段的各类商事信托类型。此类非典型商事信托类型主要包括有：资产证券化、房地产信托业务、含有信托因素的保险等。

世界范围内，尤其是在商业、资本经济活跃的国家，资产证券化是信托在当代社会经济中最为典型重要的应用方式之一。证券化实质是指

[①] Jack S. Levin, *STRUCTURING VENTURE CAPITAL, PRIVATE EQUITY, AND ENTREPRENEURIAL TRANSACTIONS*, Wolters Kluwer, 2007, p.10.

[②] 参见郑彧《论我国信托产品法律结构之瑕疵》，《上海金融》2009年第10期。

结构性融资，即将第三方债权转换为可交易的证券。①而资产证券化主要由两方面内容组成：首先是有特定资产支撑发行证券，无论该资产是现实还是未来的，但其未来收入流可以预期；其次，将这些资产通过风险隔离机制转移给一个特殊目的载体 SPV（Special Purpose Vehicle）。②出于避税需求，典型金融资产证券化方式宜采纳信托载体设立 SPV，其作为资产证券的发行人，接受发起人委付的证券化资产成立信托关系。SPV 是受托人，发起人是委托人而其他持有信托受益权凭证的人（可能包括有部分发起人）则为受益人。虽然我国现有商业银行法规对商业银行业务范围进行了较为严格的限定，但是 2005 年颁行的《信贷资产证券化试点管理办法》已有银行开展相应试点工作，实践中亦存在有少量的商业银行转让贷款债权的实例，但由于风险控制、法规完善等要求，特别是美国次贷危机与全球金融危机，使得相当部分投资者、立法者对于资产证券化交易持观望怀疑态度。如在法律层面，我国信托法、证券法、公司法等均未对资产证券化予以正面详细规定，故此类商事信托类型在我国属于非典型类型。实践中的房地产信托业务、保险业信托业务（如投连险）、企业年金基金信托等均应属于此种情形。

第三，待发展的商事信托类型是指从社会经济实践考察，某些信托在商事领域的具体运用应属于此种类型。此类信托是信托实务、理论界处于探索阶段的商事信托类型，或仅是对国外有关商事信托创新形态介绍，具体应用实例鲜见而不具有代表意义或规模开发条件的信托。待发展商事信托尚需要社会实践和理论研究提供进一步支撑素材，主要包括有一些特殊的信托应运领域与工具，如表决权信托、人寿保险信托、知识产权信托、排放权信托、艺术品投资信托、矿产资源领域信托产品等。

需要指出的是，该种对于商事信托的分类方式是针对我国实践商事

---

① [美]塔玛·弗兰科：《证券化——美国结构融资的法律制度》，潘攀译，法律出版社 2009 年版，第 2 页。
② 彭冰：《资产证券化的法律解释》，北京大学出版社 2001 年版，第 17 页。

信托形态与应用进行的分类，理论层面存在有一定违背形式逻辑性的分类表述。至于商事信托具体严谨之分类表述，著述颇丰故笔者无意赘述。

五 信托制的功能演进

通过溯源信托制发展历程可见，信托功能存在有一个渐变的演进过程，由传统用益制、民事信托基本功能向当代商业社会中多类型商事信托功能的演进，由基本的财产保全、移转功能向财产增值、投资融资功能演进，由重视倾斜信托委托人与受托人之间关系的"消极信托"，向重视倾斜信托委托人与受益人之间关系的"积极信托"演进。

早期用益制下的受托人权力范围一般只限于持有和转让土地，作为世袭土地保管人，受托人主动的管理权力有限。前述 Use 制发展至信托制过程可见，土地信托保证移转的原因主要在于教会与封建国王、贵族的利益博弈，规避封建长子继承制及玫瑰战争中土地被国王收回等。此时受托人与其说是对信托财产进行管理、处分，不如说是为实现财产最终移转至受益人名下而持有财产更为贴切。"早期信托法严格限制受托人权力，现代信托法则赋予受托人广泛的自由裁量权"[①]。随着思想启蒙运动对个人权利的尊重与发掘，市民社会建立后个人个体权利得以彰显，嗣后商业社会与商品经济的迅猛发展，个体私权利出现向组织性私权利团体化转变趋势，在私权利的组织化、团体化转变中迫切需要制度规范对个体之间及其与团体之间的冲突予以弥合，信托的制度价值由此得到发掘，广泛应用于商法各领域内。简言之，此即为商事信托功能演进的基本缘由。伴随商事信托功能演进，受托人由早期民事信托消极财产持有角色向积极管理处分信托财产角色转换。因此，对受益人权利的保护以及对受托人信义义务的规范，成为信托法律制度重心所在。在这

---

① 张天民：《失去衡平法的信托——信托观念的扩张与中国信托法的机遇和挑战》，中信出版社 2004 年版，第 76 页。

一前提下，信托制度功能呈现出异常丰富的表现形态。

第一，金融服务功能，这也是信托在当代社会中最重要的功能价值。信托制发达的国家，如美国、日本由于信托业务与银行、证券、保险等金融业务交叉融合，使得信托机构因提供广泛金融服务而与其他金融机构混同。其信托投资分流证券业务倾向明显，证券投资业务日益扩大，促使国民财富形式由单一储蓄方式向信托、证券转换，年金信托化、年金保险化使信托与保险界限日渐模糊。银行兼营信托业务或信托机构银行化，二者在性质及业务重点有所不同，内部结算各成独立体系，但混业经营是主流趋势。信托机构通过与其他金融机构融合，在提供代理证券、基金以及代收款业务基础上，将金融信托服务延伸至投资、保险、纳税、保管、会计、经纪人以及咨询服务等领域，信托在投资融资、促进社会公益事业发展、配合国家推行社会福利计划等方面，起到举足轻重的作用。①

第二，多样化融资交易、分散借贷风险。为分散借贷风险，商事信托为金融机构向投资者出售贷款利益提供了便利，银行通常通过向其他金融机构、银行出售贷款来分散借贷风险，但一般不能将其数量众多的小额贷款出售。通过商事信托，银行可将众多小额贷款或其他垫付资金打包转让给该信托，然后由该信托发行信托受益权凭证，使得银行能以低成本分散其借贷风险。对那些拥有资产超出其需要融资数额的公司而言，可以利用主信托进行多样化融资。主信托的特点是它不仅允许将证券出售给众多个人投资者，还允许将证券出售给不同种类的投资者，因而能够再次或多次有效地分散投资者的风险。主信托之所以能够做到这一点是因为主信托允许发行一种以上的受益权利益。②

第三，结构性融资交易功能，主要是指商事信托作为特定目的载体（SPV）被应用于结构性融资交易。尽管结构性融资交易中的 SPV 也可

---

① 吴世亮、黄东萍：《中国信托业与信托市场》，首都经济贸易大学出版社2010年版，第42—43页。
② 高凌云：《被误读的信托——信托法原论》，复旦大学出版社2010年版，第208—209页。

以采用其他商业组织形式，例如合伙或公司形式，但是信托有着与众不同的优势，尤其当委托人公司拥有的资产是金融资产时，设立信托形式 SPV 的优点无可替代。税收方面，若在不承认信托独立实体地位国家内可以合法避税，或者用于结构性融资时避免双重税收。

除前述主要功能外，当代商事信托还具有破产隔离功能、担保救济功能、节税功能、公益功能、金融机构自发产品创新功能、商法分析工具功能、分析优化公司治理结构等功能。

第四节 信托财产：信托制永远的中心话题

一 必须予以说明的前提

从文义角度辨析信托财产与信托财产权不存在任何歧义，大陆法系国家移植信托制的争议与难点在于对英美法中所谓"双重所有权"困境。为解决这种普通法与衡平法并行权利的融合，大陆法系国家通常的做法是将信托财产权分解为受益权（equitable interests）与受托人所有权（legal title）予以理解分析。此种分类理解方式实际隐藏着一个不大但却是错误的逻辑误区，即从大陆法概念体系出发，认为在普通法所有权、衡平法所有权之上存在一个统领上位概念，无论承认与否，这是长期概念体系法学思维导致的潜在、不证自明的思路。其前提命题是物权法基本原则即一物一权、物权法定。"……在英美法系法学家看来，所谓财产所有权（包括信托财产权），不过是一系列根据社会和经济发展需要而灵活组合和分解的权益。"[1] 英美财产法主要经由封建土地权利博弈演变发展而来，历史上存在于英国的封建分封制，导致土地权益碎片化，形成不同于一物一权的财产观念。这种法律文化、历史传统使得英美法对财产和财产关系的理解十分丰富和灵活，表达财产概念的英文词汇异常丰富，呈现出不同于大陆财产法之特点，例如，"things"

---

[1] 李群星：《信托的法律性质与基本理念》，《法学研究》2000 年第 3 期。

"property""assets""estate""wealth""fortune"等词汇都可表示英美法系中的财产概念,在英美财产法学界,财产就是一副巨大的图画。美国法学家吉多·卡拉布雷西在其《财产规则、责任规则与不可让渡性》一文中用"cathedral"一词,来表述存在于普通法上之法授权利的宏大与复杂。关于英美法学者对财产权利与大陆法学者的不同理解,有如下形象描述,"罗马法所有权可以看做一个盒子,该盒子上有所有者的名字,在完全无负担所有权的情况下,它包括占有、使用、收益、转让等权利。所有人可以转让合理的权利,但只要盒子还在,即便是空盒子他也享有所有权。与之相反英美法中没有盒子,只有不同系列的法定权益,其中地产权是一个人所能获得的最大可能的权利束,当他把其中一项或几项权利转让给他人时,权利束的一部分就消失了。"[1] 此外,权利含义本身在两大法系中侧重不同,"……在一些情况中,法律能够尽力实现确定公民的权利和义务,同时在另一些情况下,它将仅仅提供补救办法,允许法官有或多或少的自由裁量权。大陆法在传统上偏重前一种趋势,而英国法早期则偏向后一种办法"[2]。此即为对于财产法、财产权利界定所言的权利之法与救济之法的重大区别。

信托财产权利乃至财产权利,于英美法观点更注重其内部权益、利益结构、外部稀缺经济性及可救济性。信托财产权利与分解至普通法所有权、衡平法所有权之间,三者在逻辑体系划分上是同一种属,强调对权利的救济方法与实际利用,而不关注权利具体属性界定,但前者又包含于后两者主要内容范畴,这一点或许如同英美财产法中某物的产权"既是你的、又是我的"令人困惑。不少大陆法学者就信托制本源研究时易忽视这点,故对于信托财产权本质分析会与受益权本质相混淆。而所谓法律关系,这一潘德克顿法学体系的基础展开概念逻辑原点,在英

---

[1] See: Elizabeth Cooke, *New Perspectives on Property Law*: *Obligations and Restitution*, Alastair liudson (ed.), Cavendish Publishing Limited, 2004, p. 117.

[2] [法] 勒内·达维:《英国法与法国法:一种实质性比较》,潘华仿、高鸿钧译,清华大学出版社 2002 年版,第 21 页。

美财产法中亦有不同理解。① 下文有关论证分析可能会进行同样术语表述，但却是不同的概念转换，笔者将在必要时予以说明。

上述分析所得基本论证前提在于：大陆法系移植信托制的理论难点与困境在于信托财产权属性界定而非信托受益权；英美法中信托财产权之双重所有权实为表述权利束内部利益构造和救济方法，并非是对信托财产权具体内容的界定与划分。由此，无论在大陆法系还是英美法系国家，信托财产（权）都是信托制永远的中心话题。

二　信托财产范围与特性

（一）信托财产范围

英美法系学者一般都不会对信托财产进行界定，相关法律中关于信托财产定义难以找到。"信托中受托人所持有的财产是信托财产"②，美国信托法重述中就信托财产这一定义，在大陆法系观点来看属于"循环定义"③，但自英美财产法观点来看不存在理解困难，信托财产在他们而言就是财产，只是这一财产被赋予了一系列特殊的义务限制和救济方法（普通法与衡平法），因而没有必要对何谓信托财产进行专门界定，也不可能就包含多重利益的权利束，如何予以补救进行语言精练概括。成文法国家秉承传统，为展开法律解释多对信托财产予以界定，我国信托法第 14 条④将信托财产界定为因受托人"承诺信托"，或管理处分等应用信托财产行为而取得的财产，称为信托财产。《日本信托法》

---

①　参见 [英] F. H. 劳森、B. 拉登著《财产法（第二版）》，施天涛译，中国大百科全书出版社 1998 年版，第 2—3 页。

②　美国《信托法重述（第 2 版）》第 3 条第 2 款规定，"Property held in trust is the trust property"。

③　谭振亭：《信托法》，中国政法大学出版社 2010 年版，第 168 页。

④　《中华人民共和国信托法》第 14 条："受托人因承诺信托而取得的财产是信托财产。
受托人因信托财产的管理运用、处分或者其他情形而取得的财产，也归入信托财产。
法律、行政法规禁止流通的财产，不得作为信托财产。
法律、行政法规限制流通的财产，依法经有关主管部门批准后，可以作为信托财产。"

明确将信托财产权利归属界定为受托人财产,① 我国信托立法,主要指信托财产范围而不对信托财产归属予以明确规定。② 唯我国立法条文中特殊之处需要注意,第一是关于信托法第 7 条所指信托设立必须有确定的信托财产,而实践中我国信托公司以未来的财产权利设立信托财产,将没有得到物权法承认的财产进行资产融资的案例,已经很多③,而这有待相关司法解释予以认定;第二,信托法第 14 条之"承诺信托"的语言表述是与该法第 2 条"委托给"受托人相对应,是出于对信托财产权本质的困惑而于现实立法条文中的折中用语,尽管为人诟病,但在该法内部保持了一致性,是符合立法当时的经济、历史与理论背景的表述。由我国信托立法可见,目前我国信托财产包括各类动产、不动产、财产权利和信托财产的孳息。此外,在满足法律规定的条件下,法律禁止流通财产也可能成为信托财产。

(二) 信托财产特性

第一,信托财产独立性。为缓解大陆法系移植信托制所面临的理论衔接困境,有效保护信托受益人权利,大陆法系国家在进行信托法律规定时,大都明确信托财产的独立地位。信托财产独立性是指:首先,信托财产与其他财产之间相互独立,这就要求受托人、托管人必须将自己的财产与信托财产相分离,同时要求他们将归属于不同信托关系的信托财产相分离,进行分别的财产管理、处分和设立不同账户对各份信托财产予以保管。还有一种情形为我国台湾有关信托的规定,④ 即信托财产

---

① 《日本信托法》第 2 条第三款规定:"本法所称信托财产,是指属于受托人之财产,且应依信托之管理处分之一切财产。"

由日本信托法就信托、信托行为、信托财产界定分析可见,日本信托立法实质将信托视为契约,信托财产权属于受托人而受益人权利实为依据信托行为所产生的各类请求权。只是出于对双重所有观念冲突难以完满解释,故日本学者在探讨信托本质、信托财产本质时,多从信托受益权出发进行学理分析,但笔者认为其讨论实质仍是关于信托财产权属性本质的论证解析。

② 通过对我国信托法法条的分析解释,其实立法者原意是将信托财产权界定为委托人所有,只是这一意旨在法律规定中较为隐晦。

③ 汪其昌:《信托财产权的形成与特质》,中国财政经济出版社 2011 年版,第 206 页。

④ 我国台湾地区关于信托的规定载明,信托财产为所有权以外之权利时,受托人虽取得该权利标的之财产权,其权利亦不因混同而消灭。

为非所有权以外的独立财产性权利时，标的所有权移转并不能影响该信托财产的独立；其次，信托财产独立是指，信托财产与其他信托当事人以及第三人之间相互独立。信托财产无论法理上进行何种解释，但它与委托人、受益人、受托人之间是相互独立的，任何信托当事人都不能保有和主张对信托财产的完全所有权，这也是信托制以及信托法律关系本质要义所在。与此同时，第三人，即信托委托人、受托人以及受益人的债权人，都不得对信托财产直接主张权利，其中受益人债权人尽管可以要求受益人就所享有的受益权予以债务偿还保证，但其请求权指向对象是受益权而非信托财产本身。由信托财产的独立性所引致的主要法律后果有：除法定情形外信托财产不得强制执行；合同法关于债的抵销规定不得及于信托财产以及债的混同排除；受托人死亡后（此处特指受托人为自然人的私人民事信托）信托财产不能由受托人的继承人继承，受托人所管理处分的信托财产不得纳入其自身破产财产范畴等。

第二，信托财产的同一性。信托财产的同一性是指，信托财产范围不仅包括信托设立时委托人"委托给"受托人的财产，而且包括信托管理处分中所取得的一切财产都构成信托财产。从本质上看，信托财产的同一性仍然是为保证信托财产的独立性目的。

第三，信托财产的物上代位性。该特性是指信托财产的具体财产形态因受托人的管理处分行为（包括事实行为或由于其他法律事实）可能发生变化，但无论具体财产形态发生何种变化，仍然属于信托财产。

三　信托财产权本质学说介评

（一）信托财产权本质学说介绍

有关信托财产权本质学说介绍，主要包括如下观点：[①]

[①] 由于语境、立法传统与对信托构造理解不同，就此问题有学者称为信托本质，也有学者称为信托受益权本质，但笔者认为纳入信托财产权本质讨论更为妥当，因为问题实质都是涉及如何在移植信托法过程中认识分析信托"双重所有权"问题。

第一，债权说。是指在设立信托时明确信托财产的所有权属于受托人，经委托人移转给受托人，由受托人为了受益人的利益管理处分信托财产。债权说的实质在于明确信托财产所有权属于受托人，在受益人与受托人之间存在有债权债务关系，受益人的受益权是针对受托人的各类请求权合集，是通过请求受托人履行债务得以实现。此学说在日本信托法学界占据主流地位，并为日本信托立法所确定，同时我国台湾地区多数学者亦赞同债权说。

第二，物权说。该类观点严格依照大陆法系物权法观点对信托财产权进行阐释，主要又可分为两类：认为信托财产权是某种物权的基础，认为其属于受托人或属于受益人。受托人所有权学说主张：信托财产权属于受托人，而受益权则是一种附条件生效的所有权，当导致信托关系终止的事由发生后，信托财产权利归属于受益人；[1] 或者认为受托人掌握信托财产是基于法律行为，其对信托财产享有法律上的所有权（legal ownership），而受益人是实际信托利益所有者，但不能直接对物行使权利。[2] 受益人所有权学说主张：受益人享有信托财产的所有权，而英美法中普通法所有权其实对应的是大陆法下的他物权概念；[3] 或者认为受益权为一种完全物权即所有权，信托财产所有者是受益人，受托人接受信托财产所实施的行为是代理行为。[4]

第三，复合权利说。认为信托财产权既是债权又是物权，受益权是受益人对信托受托人之债权，但与此同时它也是对信托财产的一种物权。[5] 该类学说的倡导者主要是日本及我国台湾地区的部分学者。有学者认为受益权是兼具债权和物权的权利，受益人与受托人之间一般是指人权关系，但在符合一定条件下，受益人也可以对第三人主张信托财产

---

[1] 江平：《西方国家民商法概要》，法律出版社1984年版，第77页。
[2] 李群星：《信托的法律性质与基本理念》，《法学研究》2000年第3期。
[3] 温世扬：《论信托财产所有权》，《武汉大学学报》2005年第2期。
[4] 魏曾勋：《信托投资总论》，西南财经大学出版社1993年版，第28页。
[5] 赖源河、王志诚：《现代信托法》，中国政法大学出版社2002年版，第98页。

的权利。[1] 日本信托法权威四宫和夫先生也指出，受益人不仅对信托财产有给付请求权，同时也享有物权性的权利，并非单独的债权。[2]

第四，新型权利说。该类观点主张信托财产权实质既不是债权也不是物权，而是私权利体系中一种新型的独立权利。信托财产权独立是信托机构、信托业发展的必然要求，就如同公司法人财产权独立一样，应当符合客观实际考察信托财产权，厘清信托这一特殊财产管理制度的独特法律构造，明晰信托当事人围绕信托财产所设置的复杂权利义务关系，从而明确信托财产权的特征与内涵。应将信托财产权作为一种新型财产权利，与其他私权利一起并列且独立存在。[3]

第五，特殊法律主体说。该学说主张信托财产的独立性特征，认为独立的信托财产本身即构成独立的法律主体，其独立于委托人与受托人，信托财产权利既不完全归属于受益人所有不也完全归属于受托人所有，而是信托制中的一个独立的特殊法律主体，兼具有类似破产财团或财团法人的法律主体性。受托人应被视为该主体的管理者，受益人享有债权以及其他针对信托财产的物权性质权利。"……质言之，为忠于信托之基本原理并达成信托之目的，本文认为信托财产不仅仅是一权利客体，应承认其具有一定之主体性。"[4] 该学说主张应突破现有理论障碍，认为"是否赋予团体性信托财产主体以法律人格，其根本只是法律政策与价值判断问题，当法律认可后信托（财产）即可获得法律人格。"[5]

（二）财产法视角的评价

从学术研究角度而言上述观点都具有典型代表意义，对大陆法系国家移植信托制度起到积极探索、推动作用。关于信托财产权本质无论作

---

[1] 谢哲胜：《信托法总论》，元照出版有限公司2003年版，第16页。
[2] [日] 四宫和夫：《信托法》（新版），有斐阁1994年版，第77页。
[3] 参见徐孟洲《信托法学》，中国金融出版社2004年版，第170—171页；施天涛、余文然：《信托法》，人民法院出版社1999年版，第133页。
[4] 王文宇：《信托法的分析架构及可行的发展方向——以台湾地区法制为例》，《北大法律评论》第9卷第2辑，北京大学出版社2008年版，第300页。
[5] 谢永江：《论商事信托的法律主体地位》，《江西社会科学》2007年第4期。

何种解读，其本身都是有益尝试而且反映出我国实务界、理论界对信托功能价值的逐渐重视。前述信托财产权本质学说观点罗列，似乎已穷尽大陆法系有关财产制度规定的所有可能，因为就民商事私法权利类型而言，某种权利无外乎或物权，或债权，或复合型新型权利等。仔细解读各种信托财产权利学说，都会对其他有关信托财产权利学说意见提出反面例证，论证其他学说之弊端以及理论方面难以自圆其说的情形，而这在深受潘德克顿学派影响的成文法系国家，首先于法律感情素养无法接受。故就上述各观点进行具体评价或批评，其实是没有必要的重复，相反此情形恰恰说明各种观点都存在合理有益因素，单纯批判某一类或某几类观点并不能佐证另一观点的成立，要义在于如何在承继前人观点合理因素前提下，转换视角予以考察分析，这是认识信托财产权本质的可行思路与必然选择。任何法系国家的法律概念术语与法律文本一样，都是语言的结果，而对于此种单纯的语言结果必须置入相应语境进行解读，才会有对应的适格输出结果。文本的含义取决于人们在一定语境中对它的阅读，它是语境的一种功能。[①]"双重所有权"一词的表征设置了基本大陆法系财产权体系语境，是进行信托财产阅读的潜在前提，无论采用目的、应用或经验性等何种法律解释方法，这一点都无法否认。

转换视角、语境的首要妥当做法应当是，溯源性考察所谓衡平法所有权与普通法所有权的实质含义，再转换语境和概念体系运用成文法系概念和思维方式进行比对。与我们关注物的具体形态，强调对物的实际占有、使用占有，进而再去解构其中包含的权利之传统思维不同，英美财产法在初始似乎就反其道而行，他们从一开始就更关心对某物所享有的抽象性权利、利益，"任何具有长久性的权利或一组权利都可以被视为物，从中世纪开始，财产法中就充满无形财产物"[②]。"尽管它们有价值，但其价值并不直接附属于任何实物客体，而是属于人思想意识的创

[①] 张志铭：《法律解释操作分析》，中国政法大学出版社1998年版，第96页。
[②] [英] F. H. 劳森、伯纳德·冉得：《英国财产法导论》，曹培译，法律出版社2009年版，第92页。

造物"①。联系英国用益制到信托制发展确立过程中，关于土地产权及附属各类封建保有权内容，以及国王、领主、各级土地保有人、宗教团地围绕地产权所产生的多种博弈，对于这种所有权观念的形成则不难理解。信托财产所谓普通法所有权，其实是信托这个整体抽象权利束的一种权利，它强调现实法律承认性和受普通法保护救济。该所有权包含有可以再次进行分割的另一权利束观念，只要人们能够用思想意识去再次创造某种价值。普通法所有权也强调对物的"占有"，只是这种占有受到多重限制，其中最重要的就是受托人权利受衡平法受信义务的限制。此种占有源于英美财产法对于财产、法律关系的特殊理解，法律关系是直接或间接给予特定原告对于特定被告的诉讼，② 因此普通法财产法律关系的要义在于对特定被告的确定，经由此种思维，财产权调整物的关系但落脚于人的单数与复数划分，类似我们通常所言的对世权与对人权，所以信托财产占有的另一重要限制得以出现。即必须登记（地产权）以使对物的关系对抗受公示知情之人，而不能仅以占有这种事实或实际使用表彰自己（受托人）的受托权利。英美法普通法上的所有权，以大陆法系观念分析，类似于限制性物权。只是该限制物权与他物权目的不同，一个是为自己利益，而另一个是为他人利益。

与普通法所有权比较，衡平法所有权基本特征是其属于未来性财产权利。③ 由于地产权已通过普通法为受托人占有，而受益人之受益权又属于未来待实现的权利，因此该权利与普通法所有权相比较，其可能遭受的风险、危害并非主要来自信托关系外部人，而最有可能来自于受托人。由此用益制设定时客观结果——保护转移的财产免受外部人以侵害"物权"方法进行损害，首先催生普通法对信托财产受托人之权利予以肯定保护；但受益人受益权又由于这种普通法保护，面临"时差性"

---

① ［英］F. H. 劳森、B. 拉登：《财产法（第二版）》，施天涛译，中国大百科全书出版社1998年版，第15页。
② 同上书，第2页。
③ 汪其昌著：《信托财产权的形成与特质》，中国财政经济出版社2011年版，第125页。

后又一更高风险。朴素的道德正义、衡平观念自然是保护受益权的最佳归宿，在面对受益人权利被受托人屡屡侵害的事实发生后，催生了衡平法院大法官赋予受益人以衡平法之受益权的法律保护。受益权由此与普通法所有权共存于同一地产权之上，大法官法院是在普通法法院对土地保有权提供充分保障的前提下，将自己的管辖权限限制在普通法法院无法管辖的信托和诚信领域内，① 没有剥夺普通法法院的任何权力和职能，……受托人是普通法上的权利拥有人，受益人是衡平法上的权利拥有人，前者拥有普通法的财产权，后者在同一块土地上拥有衡平法上的财产权。② 同一土地同时拥有两种平行的权利于我们而言难以理解，但以英美财产法观念来看，重要的是权利所包含的内容以及如何保证其得到有效救济，至于实体物本身从来都不是权利价值的落脚点；同时，衡平法与普通法之间能够并行的原因在于，第一，衡平法审查的是审判方式，而不是实质问题，并且它总是在法律之外进行审查，因此判决之后向当事人发布的命令与诉讼前，或者对根据普通法不能进行诉讼案件发布的命令没有什么区别，两种制度在不同层面上运行。第二，衡平法在发展中予以规范化从而克服了其不确定性，尽管衡平法着重于所谓法律的"良心"，但这种良心更多强调的是法律规定而不是当事人的良心。在道德与法律的对话过程中，在公平正义与法律确定性的博弈中，最终导致"出现了两种确定性，即两种法律体系"③。

信托作为英国地产权发展的产物，具有特殊社会历史轨迹和规律，无法重现复制。具体采纳财产法观点进行历史溯源考察可见，单独拆分而言，普通法所有权即受托人所有权类似于限制物权，而衡平法所有权即信托人受益权则类似于债权。随着就受益人权利救济方式丰富与加

---

① 显然，这种"无法管辖"是指信托内部关系中受托人对于受益人权利的侵害，因为外部法律关系通过普通法所有权的特殊占有，已能够得到充分保护。
② 汪其昌：《信托财产权的形成与特质》，中国财政经济出版社2011年版，第125页。
③ 参见［英］S. F. C. 密尔松《普通法的历史基础》，李显东等译，中国大百科全书出版社1999年版，第93—95页。

强，受益人有权追踪信托财产，尤其在当代信托具体形式应用丰富后（如推定信托、慈善信托），受益人所谓"债权性"受益权出现有很多物权性特征。对于大陆法系国家而言，单独接受限制物权与债权物权化都不存在理论与技术问题，但是难以复制的土地保有权、财产观念以及平行的两种同时确定的法律体系，如何在立法体系与技术层面予以解决，这才是解析信托财产权本质的关键所在，这就需要在理论层面将前述两种权利通过某种学说媒介予以沟通，使之统一在大陆法系财产法观念及法律体系内，充分发挥信托丰富的制度功能，实现对受益人权利的切实保护。

四　信托财产（权）本质：法律主体的表彰形式与权利结构

信托财产的本质单纯用物权或债权都可以予以部分解释，但都存在理论上无法自圆其说的根本缺陷。信托财产权对外具有类物权效力，对内具有类债权效力，是多重契约组成的权利义务复合产物。穷尽组合则信托财产的双重所有权于大陆法系立法而言，具体处理操作应存在如下情形：将信托财产权分别完全赋予受托人、受益人或委托人；或者规定受益人与受托人分别享有附条件所有权；或者将信托财产视为独立拟制体，赋予其独立法律人格。由此最优路径应是从理论方面对于信托财产应当分层理解，转换视角将信托财产视为物权层面、债权层面以及主体组织层面的复合体。其中起到决定统领作用的应当是对信托财产主体拟制组织层面的理解，至于信托财产的或物权或债权或二者复合性都派生于此，在商事信托中尤其如此。

对于信托财产本质存在诸多学说解读与争议，但关于信托财产、商事信托之基本特性存在着较为一致的认识，即信托财产的独立性与商事信托的团体化特质。由此出发对于现实经济生活中的商事信托其实可以分为两类模型：一类是单一性商事信托，受托人面对单一委托人和受益人，（且通常后二者身份重叠）典型如单一资金信托计划、银行针对客户的专户理财产品；一类是团体性商事信托，由受托人面对复数的委托人和受益人，典型如证券投资基金、集合资金信托计划。这两种分类都遵循信托财产独立的基本特性，单一性商事信托模型中，是典型信托理论构造，法律关系相对而言较为明确，并可在信托合同中对双方权利义务进行具体详尽规定。然而，即便是单一性商事信托其实践运作方式多表现为银信合作[①]或各类组织与信托机构之间的信托制运用，所募集资金来源或组织财产（如股权）仍然呈现有相当的团体色彩。至于团体性商事信托关系较为复杂，公众信托受益权证持有人与信托基金管理人、托管人以及后二者之间的权利义务法律关系需要一一加以明晰。可见，实践中所有商事信托财产都呈现出一定独立化与团体性特征，"虽然在目前立法上，信托财产没有独立的人格，但它常常独立化运作"[②]，因此，把握信托财产（权）双重构造的核心其实是对私权利团体化、拟制化的认识。信托投资者基于营利目的加入信托形成非特定群体，财产权利、关系组合的拟制团体是商事信托实际运行的客观表现，"团体本位是一种法律价值观，即追求团体及其成员整体利益的最优化。在此意义上，团体本位是对个人本位的延伸和修正……但它却没有废弃私法自治"[③]。经由此种现代私法基本理念，商事信托财产（权）的拟制团体本质具有当然的理论支撑。同时，相关实践立法也客观存在：加拿大魁北克省在1991年制定的《民法典》第四编第六题（Title）将信托和基金会认定为"目的财团"（Patrimonies by appropriation），[④] 同时根据该法第1261条，信托财产独立性不仅表现为其独立于信托各当事人，还通过目的财团方式赋予其法律实体地位以彰显其拟制团体属性。[⑤]

在英国信托制起源之初，以衡平法、普通法之双重所有权构建出较

---

① 亦可视为挂钩信托类银行理财产品，商业银行为突破分业经营的限制而使得投资者面临一系列合规、衔接或补偿类的风险。
② 施天涛：《商事信托：制度特性、功能实现与立法调整》，《清华法学》2008年第2期。
③ 叶林：《私法权利的转型——一个团体法视角的观察》，《法学家》2010年第4期。
④ 李清池：《作为财团的信托——比较法上的考察与分析》，《北京大学学报（哲学社会科学版）》2006年，第43卷第6期。
⑤ 此外法国在移植引入信托制过程中，其核心理论根据其实也源自于此，只是由于大陆法系法制体系统一需要，最终未在信托法典中就此进行明确的立法语言表述而已。

为完备的当代信托雏形，但其对信托拟制团体性认识的缺失既令人遗憾又不足为奇，缺乏法律思考支持的政治思考是毫无意义的，由于未形成团体生命理念，在英国就没有"公法"学说，也就没有手段用来勾连专注私法的法律人对实际事务的关心和众多道德哲学家的宏大理想。①大陆法系移植引入信托制既面临困境，但亦有优势。德国法学家及法律史学家奥托·冯·吉尔克的《德国合作组织法》通过描述并认识团体生命在德国的历史，明晰了团体生命、拟制团体与形形色色的各类组织形式的法律、政治、哲学的历史关联，使得大陆法系法理学说有效沟通了团体法律行为与政治哲学学说二者的联系，这恰是英国法所缺乏的。最显而易见的是所有法律拟制都必须建立在这样一种预设之上，即团体的持续生命取决于国家的认可，他们所采取的方法是在坚持该学说的同时还采纳了一些与之相争的旨在促进法人身份的法律技术。最终信托关系的本质在英国无法通过团体主义思维予以确立，无法作为识别身份的一般性标志，被"实用性"的表述为，信托本来就只不过是记录信托内容的文件而已。②德国法律作为大陆法系的重要代表，通过权利能力概念维护奠定了各类团体的法律地位。因此，将信托财产视为拟制团体（即法律主体）在大陆法系法律观念中并无障碍，需要考虑的只是立法技术与现有整体法律体系结构的合理性。

对信托财产本质认识前提以拟制团体为出发点，如下命题需要明确：第一，信托财产的拟制团体性与美国商业信托实体地位并非完全等同，后者是前者的特性在美国法律体系中的具体化，也为我们认识商事信托视角转换提供了实践素材。但信托财产拟制团体性在大陆法系国家信托实务中具体载体何在，如何予以彰显仍有待思考；第二，商事信托财产拟制团体化，则它在信托制中处于何种地位角色，或者说围绕其具体信托法律关系究竟如何；第三，将信托财产视为拟制团体，对大陆法

---

① ［英］F. W. 梅兰特著，［英］大卫·朗西曼、马格纳斯·瑞安编：《国家、信托和法人》，樊安译，北京大学出版社2008年版，第6页。
② 同上书，第7—21页。

系继受信托财产双重所有权的意义功能何在？

拟制团体性是信托财产特征的统领，由此出发则有关物权、债权或权利复合层面倾向能够予以明确理解。问题关键在于理论研究结合我国信托实践予以分析，需要寻找工具载体予以现实化，否则将过于抽象而滞于纯理论层面。以商事信托及商业信托发达的美国法为例，"商业信托受托人的此等商事交易安排使缺乏法律人格的商业信托具备事实层面的责任主体地位，加上马州制定法商业信托诉讼主体地位与商事交易主体地位的享有，马州制定法商业信托具备事实层面的法律人格"[①]。美国商业信托与普通信托相比，主体特性体现为诉讼主体地位与交易主体地位，并在商业信托设立时进行登记管制。从功能角度分析，商业信托实际已获得美国法之法律实体地位，在某种程度上可以获得同公司、合伙一样的同等待遇。[②] 可见，美国法律虽然在事实上承认了商业信托的实体地位，但并未在实际立法中明确赋予商业信托之真正法律人格。我国信托制、信托业相较于美国仍处于较落后的发展阶段，对信托财产主体地位的理解认识从何入手，更需要寻找某种具体表彰形式与载体。为保证信托财产的独立性，我国信托相关法规都明确要求为信托财产单独记账造册，商业银行充当信托财产的托管人或保管人时，必须单独设立信托财产账户，不但与自有财产分离，且不同信托业务之间要保证独立，分别记账造册并设立不同账户。[③] "法学界习惯了传统的法律术语，很难接受将证券与证券账户连接起来的观点。然而，证券无纸化的核心，就是以证券账户替代纸质证券，成为证券权利的主要表彰形式"[④]。若证券账户可作为证券权利的具体表彰形式，对于商业社会中的商事信

---

① 刘正峰：《美国商业信托法研究》，中国政法大学出版社2009年版，第146页。

② See: EEWARD HALBACH, Jr., "Significant Trends in the Trust Law of the United States", 32 *Vanderbilt Journal of Transnational Law* 531, 1999. 转引自李清池《作为财团的信托——比较法上的考察与分析》，《北京大学学报（哲学社会科学版）》2006年第43卷第6期。

③ 具体法律规定可见于：《中华人民共和国信托法》第29条，《信托公司集合资金信托计划管理办法》第19、21条，《中华人民共和国证券投资基金法》第25、29条，《信托公司管理办法》第29条。

④ 叶林：《无纸化证券的权利结构》，《社会科学》2009年第3期。

托财产而言，其权利载体的表现彰显形式应当是信托财产账户。广义上的证券无疑应当是包括信托财产的，只是信托财产账户法律关系相比较典型证券更为复杂而已。① 拟制团体性的信托财产以账户为载体作为事实法律主体，为围绕信托财产展开多重法律关系的分析提供了前提与可能。

探讨无纸化环境下的证券权利结构、无纸化证券权利的法律保护，是我国证券市场投资者利益保护的基本前提。② 那么，探讨拟制团体性信托财产账户权利结构与法律关系，就成为商事信托受益人权利保护的基本前提。以典型商事信托（如集合资金计划或证券投资基金）并结合我国相关法律规定为例，考察信托账户与信托当事人之间的关系主要包括有：信托账户与受托人（如信托公司、基金公司）之间的权利义务内容是，信托账户得依照受托人意志进行交易转让，即信托账户内权利、利益的分割与让渡。当受托人就信托财产进行管理处分时，信托账户有义务支持受托人的基于合理、谨慎的商业判断，拨付财产支持具体受托人以自己名义所进行的具体交易。③ 信托账户依据交易规则，就受托人所用以交易的份额或财产权益，有要求受托人将交易对价所得，全部、及时归入信托账户的权利。此外受托人对信托账户所负担的义务还应包括，不得将自有财产（包括一切非以信托受益人利益所发生的债权、债务）与信托账户内记录的财产权利相混同；信托账户与账户托管人（多为商业银行）之间，因为现行信托模式多为信托公司、基金公司、证券公司将其所募不特定来源资金在商业银行内设立单独专户，是一种证券或权利的间接持有方式，由商业银行作为托管人直接面对信

---

① 典型的证券账户信托法律关系可表述为，"证券账户系依照信托关系建立的财产或者金融账户。在此信托关系中，投资者系委托人和受益人，受理投资者委托并为其开立账户的证券公司系受托人"。参见叶林、张昊《无纸化证券的内涵与法律地位——兼谈证券的基本属性》，《河南大学学报（社会科学版）》2009 年第 49 卷第 2 期。

② 叶林、张昊：《无纸化证券的内涵与法律地位——兼谈证券的基本属性》，《河南大学学报（社会科学版）》2009 年第 49 卷第 2 期。

③ 具体交易方式依据信托文件约定与相关法规规定，可以是投资、出售、租赁、贷款等多种方式。

托、基金或证券公司等金融机构，由此形成双层信托关系。以信托账户视角而言，能够将这种复杂的双层信托关系予以明晰和简化，信托账户对账户托管人的权利主要有，依据委托人（金融机构）与商业银行签订的协议，要求账户托管人妥当、安全进行信托财产保管，单独造册核算，协助受托人（金融机构，但角色不同）完成执行管理处分信托财产的指令。信托账户对账户托管人所负的重要义务是，依据要求及时通告信托账户内交易记录、资金和财产账目，使得账户托管人能够为信托制所要求信息披露提供支持，并为可能存在的信托监察人履行职责提供便利；信托账户与受益人之间，信托账户的主要义务在于将受托人管理处分信托财产所得收益按约定及时偿付给受益人，履行受益人大会决议与之有关的义务。信托账户对受益人的权利在于，信托账户不接受受益人的指令，其账户内财产独立于信托受益人及其债权人，除非信托结束时约定按信托法规定，信托财产归属于受益人；信托账户与委托人之间，委托人有权了解信托财产的管理运用、处分及收支情况，有权查阅、抄录或者复制与其信托财产有关的信托账目以及处理信托事务的其他文件，信托账户有义务予以配合，该权利按我国现行信托法的规定受益人也同样享有。信托账户对委托人的权利在于，信托账户在信托成立后不再接受委托人的指令，其账户内财产独立于信托委托人及其债权人，除非信托结束时约定按信托法规定，信托财产归属于委托人。

上述以信托账户为信托财产拟制团体化的彰显形式，仅是在典型信托模式下，对信托账户与信托当事人之间的权利义务关系进行的简要分析，有关内容分析或许不够全面、精准，但其意义在于：第一，当在理论观念范畴内为信托财产（权）的主体特性找到依托时，则对应分析它与信托当事人之间的权利义务内容后，使我们明确信托财产本质的诸多层面认识里，最重要的是它是信托法律主体，能够与信托当事人乃至其他第三人之间，依照法律规定或者约定，产生各类具体的法律关系，当代商事信托财产的本质在于其具有法律主体性。该认识的做出，是结合两大法系财产法的特性,在考察信托实践运行过程中得出的客观结论。作为信托制中各类法律关系或权利义务承担者的法律主体,其客体指向既可能是某种行为结果,[①] 亦可能是包含在信托财产内部本身的财产权利束之一的财产性权利。[②] 将信托财产视为法律主体,有助于我们充分理解信托弹性灵活的精髓,挖掘信托蕴藏的制度功能资源;第二,将信托财产视为拟制团体化组织,则信托账户作为信托法律主体彰显形式的另一重要意义在于,它自身成为法律关系主体需要的权利能力、行为能力以及责任能力应如何认识,如何不至颠覆现有法学、法律体系中关于民商事主体、物权债权二元体系结构等规定? 仅从这个角度出发,在我国现有民商法体系内,将信托财产直接通过立法赋予其法律人格或权利能力,仍有太多难以逾越的困境。但实定法难以认定的困境,却不能阻止我们运用主体观念、拟制观念去进行理论诠释解读,将信托财产视为拟制团体组织,是对"双重所有权"客观有效的理论解释途径,符合信托制原貌又能与大陆法系传统理念衔接,能够使我们真正把握信托、信托财产乃至受益权的本质但又不至于走得太远,毕竟"通过相似概念,来彻底转化信托概念是不可行的,大陆法系国家的法律体系即便在没有衡平法的情况下也是完善的"[③]。

在实践中明晰信托财产法律主体观念,对于受益人权利保护亦非常重要。因为在我国现实经济生活中,由于银行参与信托事业现象的广泛存在,使得广大普通金融消费者经常将此类信托产品信用风险与银行信

[①] "如果把法律关系理解为权利与义务关系形式的一种特殊社会关系,则社会关系——满足一定利益的行为是法律关系的社会内容,权利与义务是其法律形式(内在的法律结构),而行为结果是法律关系的客体……"孙国华、朱景文主编:《法理学》,中国人民大学出版社1999年版,第374页。

[②] "英美普通法至今认为,财产是一组权利。这些权利描述一个人对其所有的资源可能占有、使用、改变、馈赠、转让或阻止他人侵犯。这里财产也是作为法律制度上的财产权使用。"马俊驹、梅夏英:《财产权制度的历史评析和现实思考》,《中国社会科学》1999年第1期。

[③] [英]海顿:《信托法》,周翼、王昊译,法律出版社2004年版,第14页。

用联结起来,① 再加上有关信托登记和信息披露制度不健全,可能使投资者承担超过其预期的风险。实际立法方面,我国《信托法》第34条、37条有关信托财产"有限责任"的法律规定,其实也隐含有信托财产法律主体地位的观念。总之,通过对信托财产权本质分析,在认可信托财产具有观念法律主体的拟制团体特性后,必然涉及信托内部治理问题,涉及受益人权利界定与对应的受托人信义义务,而这对本书所试图揭示的核心命题——信托受益人权利保护,是非常重要的思考分析视角。唯有此,探讨信托财产本质也才具有实践意义。

第五节 小结：信托法律关系抑或信托法律事务

纵观信托制起源及其发展,令人印象最为深刻的莫过于信托制的弹性灵活与它在当代的功能演进,这促使世界主要国家都纷纷引入信托并加以法律规制。早期用益制功能主要体现为信托财产权利的移转与保有,受托人角色定位主要是对土地产权财产名义的消极持有,实现财产保全和权利最终移转的目的。伴随商业经济发达与社会性私权利团体组织发展,信托制获得了更为广泛的应用空间,其制度功能潜力得以充分发掘,在商事领域内主要表现为金融服务功能、多样化融资交易分散借贷风险以及结构性融资交易功能,受托人由早期的财产消极保全持有,转变为专业型管理、处分财产的积极角色。信托制还弥合了因为私权利组织化、团体化所产生的团体成员之间以及成员与团体之间的不信任,保障团体成员私益和团体组织整体利益；通过信托财产的独立与有限责

---

① 典型例如,"虽然不动产信托之信托财产委托人系另有其人,而银行乃居于受托人之地位,为不动产证券之发行机构。然此作法却可能使一般大众直觉地认为银行方为真正的主体,以及实质上提供财产之人,产生混淆与误认。其实,实际上该不动产投资信托之信托财产并非银行之自有资金,两者分别独立,互不相干。一般投资大众可能因信赖发行机构(银行)之自有资金及资产信用,而投资其发行之不动产有价证券,但实际上该自有资金并不提供该不动产投资信托任何的担保,即使日后该不动产信托发生破产等情事,发行银行之自有资金对此亦不负任何责任"。王文宇：《信托法的分析架构及可行的发展方向——以台湾地区法制为例》,《北大法律评论》第9卷,2008年第2期。

任制，信托财产逐渐取得了商事法律主体地位；通过推定信托、回复信托的发展，使得信托制具备了权利救济功能；在法律实践运用中，通过信托的弹性灵活能够有效实现合理避税、破产隔离等重要功能；最后，大陆法系国家通过引入信托制及信托观念，扩宽法律视野使信托具有了重要的法律解释功能，尤其是在商法领域内，例如公司法（典型如公司治理之董事信义义务）、证券法以及破产法等领域中，通过信托观念、制度具体运用，为我们认识分析私法领域内某些现象、事务，提供了一种与传统民法理念所不同的理解、诠释角度。在民事信托向商事信托的嬗变过程中，与受托人权力积极扩张相对应的是对受益人权利保护之隐忧，在我国实行分业经营、监管背景下，厘清区分有关民事信托、商事信托、信托、信托财产等基础概念与本质，是有效保护信托受益人权利的重要前提。

　　由于对信托制这一"舶来品"的陌生及缺乏相应历史、法律文化传统背景，关于信托基础理论问题的研究，在我国学界呈现出繁荣且"混乱"的局面。本章在梳理信托基本历史发展过程后，对信托相关概念予以实定法、学理分析，对信托本质、信托财产权本质以及受益权本质进行明确区分，认为三者属于不同范畴现象的规律性总结而不应混淆。信托的本质是基于信任所发生的法律关系；信托财产权的本质是对英美法系双重所有权的理解和改造适用，单纯复制英美衡平法的土地保有权、财产观念以及平行的两种同时确定的法律体系（衡平法与普通法）不可行。通过对英美信托法、财产法视角分析，信托财产权于大陆法系概念体系和语境中，应当区分特性加以认识，它是具有物权层面、债权层面的以及组织层面的多重复合体，信托财产（权）本质是信托法律主体，以信托财产账户作为拟制团体的载体与表彰形式；至于受益权作为英美衡平法之衡平法所有权的对称，本质是对信托财产的未来性权利，因其"时滞"性和受托人信义义务在普通法中之缺陷，亦可视为信托制的救济方式，是信托财产权利束的组成部分。唯其在大陆法系信托立法中多表现为类债权性权利，同时具有很多物权性特征，[①]需要结合具体事实逐一辨析。

在英美法中信托理念不仅关涉及财产法，而且是渗透于整个私法理念的重要法治理念，甚至向公法领域延伸发展，如环境权公共信托。信托的弹性灵活是其重要制度优势，与此同时又是它在英国法史发展中一大障碍缺陷。英美法之信托适用领域范围之广令人咋舌，"在英国法中，法官对受信任关系的认定非常宽泛，除了几种典型的关系，如代理人与本人、合伙人之间、按揭人与按揭权人、律师与当事人、医生与病人等，还会根据案件的具体情况来判断当事人之间是否存在受信任关系，甚至连英美学者对信托复杂法律关系大呼难懂"[②]。厘清信托法律关系，以前述信托账户与各信托当事人之间权利义务内容来看，的确过于纷繁复杂而难以确定，无法给予程式化定论。从商事信托法律主体认识角度出发，其内在关系特质在于"商事信托最为重要的内容在于其管理机制的组织化特征"[③]。而信托外在关系特质实为商事法律关系，因为信托与现代商行为具有天然的契合性，无论商事信托的内在管理机制还是外在商事关系，都是商人基于营利性目的自治行为。与民事法律关系不同，商人出于营利需求会刻意规避法律风险，例如为避免类型化合同的风险，商人有意识地混淆各种合同的性质，或者基于营业目的而淡化合同性质的法律意义。试图完全用民法思维的严谨法律学说去逐一分析信托法律关系，或许充满学术乐趣。但由于分析链条过长或过于复杂，因此该方法是否完全有益，或是否容易出现逻辑判断失误、范围囊括不周延之虞，是值得商榷的。着重法律关系的属性分析，还是努力发

---

① 信托在英国的发展历程亦佐证了这一点，"……御前大臣自就任以后似乎就致力于尽可能地把这些衡平法上的权利变得不同于纯粹的对人权而类似于对世权"。[英] F. W. 梅兰特著，[英] 大卫·朗西曼、马格纳斯·瑞安编：《国家、信托和法人》，樊安译，北京大学出版社 2008 年版，第 68 页。

② 冯兴俊：《私益信托的移植与本土化》，武汉大学博士学位论文，2005 年，第 39 页。

③ 王文宇：《信托法原理与信托业法制》，《月旦法学杂志》2000 年 10 月号。

现隐蔽在其后的真实利益安排，成为商事审判的要点。[①] 这既是商法理念的要求也是商事信托的理念要求，民事法律关系着重调整人与人之间的关系，若将商事信托视为拟制团体，则信托法律关系除了信托当事人之间的关系外，还包括有信托当事人与信托财产的支配管理关系、信托内部治理关系等。在坚持民法经典分析理论工具前提下，对于信托制度、信托法律关系的认识必须面向商事信托实践，"一个正义的法律，是关系模式中所固有的，人们可以从商业环境中记录或观察该关系模式"[②]。由这个角度来看，信托法律解释的作用并非是演绎而是归纳，是对信托实际运行复杂关系、默认规则的观察与总结，完整的信托内容确定是一种组合策略的产物，包括成文法、具体协议、行业习惯、当事人通常做法与履行合同经验的组合。与其说商事信托是围绕信托财产发生的法律关系综合，不如说是围绕信托财产发生的各类事务的综合，这是功能主义复兴的要求与体现，商事信托受益人权利保护法律问题研究，应当在这一基本思路上予以展开。

[①] 叶林：《商法的理念与商事审判》，《法律适用》2007年第9期。
[②] [美] 乔迪·S. 克劳斯、史蒂文·D. 沃特：《公司法和商法的法理基础》，金海军译，北京大学出版社2005年版，第211页。

第三章 商事信托受益人权利：
多层次视角的观察与归纳

第一节 信托受益人法律地位的实证分析

一 信托受益人界定：要件构成

信托受益人（Beneficiary 或 Cestui que trust①）概念界定并不统一：有观点认为信托受益人是指"享受信托利益的主体，受益人要素和受托人要素和信托财产要素构成信托的基本要素，一般原则是受益人不存在，信托就不存在"②；有观点认为信托受益人是"委托人欲使其享有信托利益者或其权利的继受人"③；有观点认为，信托受益人是"信托产生的经济利益的直接享有主体"④；我国台湾地区学者认为信托受益人是"依信托本旨就信托财产及其管理、处分利益的全部或一部分，

---

① One who possesses equitable rights in property, usu. receiving the rents, issues, and profits from it; BENEFICIARY. — Also termed fide-commissary; fidei-commissarius, p. 1. cestuisque trust or (erroneously) cestuis que trustent.
Black's Law Dictionary, 8th edition, Bryan A. Garner (Editor in Chief), West Group, St. Paul, Minn. 2004, p. 686.
② [日] 能见善久：《现代信托法》，赵廉慧译，中国法制出版社 2011 年版，第 183—184 页。
③ [日] 四宫和夫：《信托法》，有斐阁 1994 年版，第 307 页。转引自徐孟洲《信托法》，法律出版社 2006 年版，第 113 页。
④ 中野正俊、张军建：《信托法》，中国方正出版社 2004 年版，第 53 页。

享有受益权者或其继受人"①;"委托人所意图给予信托利益之人及其继承人"②;"基于信托契约而享有信托利益的人,该信托受益人乃因信托的成立即享有信托利益,但信托行为另有订定者,不在此限"③;我国学者就信托受益人概念界定代表性观点有:"信托受益人是依据信托文件享受信托利益的人"④;"信托受益人是委托人设立信托时意图给予利益之人,是在信托中享有受益权之人"⑤ 等。上述观点可归纳为学理研究观点,其取向基本一致,认为信托受益人是信托利益的享有者,只是在具体要素构成和范围界定方面表述有差异,原因在于对信托本质以及各国或地区对于信托立法的法律规范理解不同。其中,英美法系学者因为对信托财产权利解读方式、双重所有权解读范式不同,故关于信托受益人概念界定多从信托受益人所享有的权利、义务或特征出发,很少直接给出关于信托受益人的定义描述。

考察不同国家、地区对于信托受益人的法律界定,亦存在有差别:《日本信托法》第2条规定,本法所称受益人是指享有受益权的人;《韩国信托法》规定,根据信托行为被指定的人是信托受益人⑥;美国统一《信托法典》中规定,信托受益人是指某人或者于某一信托中拥有现实的或未来的利益,该信托利益可以是法定的也可以是附条件的,或者某人处于非受托人地位,但对信托财产拥有指示权。上述两个情形都可以视为受益人成立的要素条件⑦;《美国信托法重述(第二版)》

---

① 赖源河、王志诚:《现代信托法论》,中国政法大学出版社2002年版,第96页。
② 徐国香:《信托法研究》,台湾五南图书出版公司1986年版,第117页。转引自白玉璞《信托受益人研究》,吉林大学博士学位论文,2008年,第8页。
③ 陈春山:《证券投资信托专论》,台湾五南图书出版公司1997年版,第398页。转引自白玉璞《信托受益人研究》,吉林大学博士学位论文,2008年,第8页。
④ 周小明:《信托制度比较法研究》,法律出版社1996年版,第10页。
⑤ 何宝玉:《信托法原理研究》,中国政法大学出版社2005年版,161页。
⑥ 《韩国信托法》第51条第一款规定:"根据信托行为而被指定的信托受益人,可视为承诺享有信托利益并享受信托的利益。但信托行为另有特别规定,则按其规定处理。"白玉璞:《信托受益人研究》,吉林大学博士学位论文,2008年,第8页。
⑦ "Beneficiary" means a person that: (A) has a present or future beneficial interest in a trust, vested or contingent; or (B) in a capacity other than that of trustee, holds a power of appointment over trust property.

(*Restatement of the Law, Second, Trusts*) 第 3 条规定[1], 信托受益人是指在信托中享有财产利益收益的人; 我国台湾地区信托法将受益人界定为通过信托成立而享有信托利益的人, 除非在信托行为中有例外性规定; 我国信托法第 43 条规定, 受益人是在信托中享有信托受益权的人。

英美法系有关概念界定采纳目的导向的实用主义, 大陆法系国家在概念界定时多以要件构成作为成文法的裁判解释依据, 在分析信托受益人概念含义时, 其所包含的要件就成为需要考虑的重要因素。我国现行信托法与诸多成文法国家、地区有关信托立法比较, 有关信托受益人要素的共同点在于都将信托利益、信托受益权作为构成要件之一加以明确, 不同点在于就受益权的产生与存在方式规定较为原则泛化。由于对信托本质理解的争议, 我国信托法制定时较多采取回避态度, 如对于信托财产权属规定、信托行为等未在信托法中予以明确规定。按信托产生成立方式不同, 信托除可以通过委托人意思表示设立外, 尚可能包括依据法律规定直接设定的法定信托、依据法院推定设立的回复信托以及以公益为目的的公益信托等。

周延信托受益人构成要素应包括有: 信托行为(包括委托人与受托人意思表示一致、遗嘱行为以及委托人单方意思表示设立)、信托利益、信托文件。受益人是依据信托行为直接享有信托利益, 同时根据信托文件强制受托人履行义务的人。信托利益产生是基于信托行为, 由受益人直接享有, 此种利益的享有途径是存在有可以依据信托文件强制受托人履行义务的受益人。"毕竟, 信托的实质在于, 存在可以强制受托人履行其义务的受益人。如果委托人过多的免除了受托人对受益人的义务、责任, 法院将因为受益人没有任何可以强制受托人履行其义务的权利, 视受托人为委托人的受托人或他们自己的受托人。"[2] 可见, 受益人作为信托法律关系的重要组成部分, 界定标准应包括信托利益以及对应受托人的义务与责任, 其利益享有依据在于信托文件。商事信托多为

---

[1] The person for whose benefit property is held in trust is the beneficiary.
[2] [英] 海顿:《信托法》, 周翼、王昊译, 法律出版社 2004 年版, 第 35 页。

自益、私益、团体信托，明确前述信托受益人要素有助于区分受益人与委托人在具体信托关系中的角色定位不同，同时对如何强制受托人履行其义务、实现信托目的予以特殊考虑和制度安排。

二 信托受益人资格简论

依据我国《信托法》第 43 条之规定①，有关受益人资格的下述问题需要探讨明确。

第一，自然人、法人和其他组织成为受益人是否应当有资格限制。我国包括世界其他国家的单独信托立法中，对于受益人资格多无限制，但考察我国具体其他法律法规需要注意，配套法规中有关民商事主体的经营身份限制、持股比例限制、经营状况以及净资产规定限制等，需要与信托法受益人资格限制结合予以考量，以维护法制的统一权威。"任何人，只有当法律允许其对作为某一具体的信托关系之标的的某种特定类型的财产（如某种动产、不动产、货币或有价证券等）享有所有权，其对由这种财产所派生的信托利益的获取才具有合法性。"② 例如由商务部颁行的《外商投资产业指导目录》规定有限制外商投资产业目录、禁止外商投资产业目录等，在此类行业内由于信托之灵活弹性，不排除外商通过信托制由受托人或受益人身份转换实际突破该规定的限制。类似限制情形在公司法、证券法及金融法制领域内也都存在，出于法制完整统一要求，应当就类似限制予以立法表述。

第二，关于胎儿与死者能否成为信托受益人。根据信托法的规定受益人可以是自然人，按照我国民法及民事主体相关规定，胎儿的法律关系主体地位较为特殊。自然人因出生而具有权利能力，胎儿因未出生不

---

① 《中华人民共和国信托法》第 43 条："受益人是在信托中享有信托受益权的人。受益人可以是自然人、法人或者依法成立的其他组织。"

委托人可以是受益人，也可以是同一信托的唯一受益人。

受托人可以是受益人，但不得是同一信托的唯一受益人。

② 张淳：《信托法原论》，南京大学出版社 1994 年版，第 185 页。

能享有权利能力。各国民法多对胎儿利益进行特殊规定，其立法目的旨在保护胎儿形成中的生命及其利益，例如法国、德国民法典对于胎儿在接受遗赠和继承方面，视同为已出生。我国台湾地区"民法典"第7条规定，胎儿以将来非死产者为限，关于其个人利益之保护，视为已出生。学者考察世界各国有关胎儿权益及立法模式，主张我国民法对于胎儿权利能力认识，在民法采取总括保护主义基础上，就其权利能力应采纳法定解除条件说，即凡涉及胎儿利益保护者，视其具有权利能力。①由此胎儿作为受益人获得理论支持，特别是发展丰富民事信托，委托人为尚未出生的后代设立信托，在英美法系国家极为常见。关于死者的权利能力依据我国民法相关规定，自然人死亡意味其权利能力消亡，同时依据我国现有信托立法对于受益人确定性规定，死者不能成为信托制中之受益人。例如在遗嘱信托情形下若受益人先于遗嘱人死亡的，遗嘱信托因目的落空无法实现应归于无效。

第三，信托受益人原则与例外。信托要求有确定的或者可以确定的受益人，否则信托不能成立，这就是英美信托法受益人原则，也称为信托受益对象的确定性要求。② 与此相对应，信托在发展过程中为尊重满足委托人特定要求，就信托受益人原则也有例外情形，即通常所说的目的信托或不完全义务信托。该种信托类型是指委托人为特定动物利益、无生命物体的维护照顾等特定目的所成立的信托，此种信托法律关系中由于缺乏能够做出恰当意思表示的受益人，也没有适格主体能够强制受托人履行信托义务，因此受托人承担的义务是不完全的，此种信托能否实现完全依从于受托人之道德良心。目的信托在英美国家不仅得到法院判例支持，更由于其实际施行状况和信托观念深入，在实践中较为常见。例如美国统一《信托法典》第404条说明指出，……依据本法典第402条（a）之规定，信托必须有可以确定的受益人，除非该信托就

---

① 尹田：《论胎儿利益的民法保护》，《云南大学学报（法学版）》2002年第15卷第1期。
② 何宝玉：《信托法原理研究》，中国政法大学出版社2005年版，第165—166页。

一般观念而言是属于无特定受益人的类型，例如公益信托第408、409条所规定的有关照顾动物或其他有效的非公益目的信托。[①] 日本新信托法修订时在第十一章"未定有受益人信托之特别规定"中，承认未设定有受益人的目的信托。依据我国《信托法》第9条与第11条条文规定，要求信托设立必须记载有受益人或受益人范围，否则信托无效，可以看出我国目前立法严格遵循信托原则并未承认目的信托。特别是我国现阶段信托观念尚未深入人心，信托立法对于信托本质、信托财产权属规定模糊的情形下，不宜对《信托法》第2条所规定的"特定目的"进行任意扩张性解释。前述美国统一《信托法典》将公益信托视为信托原则之例外，在我国学界也曾存在有争论，只是从信托受托人能否被强制要求履行义务角度而言，我国的公益信托监察人可享有此项权利，似可认为公益信托与受益人原则并不矛盾。[②] 至于商事信托是以信托财产为中心、以受益人利益为目的的财产管理制度性安排，故须严格遵循受益人原则，否则设立信托的目的将无法实现而不可能或没有必要存在。

三 信托受益人之法律地位：实证立法的考量

对受托人的法律地位进行考量，仍然关涉对于信托本质的认识。从信托本质究竟是契约、财产抑或法律关系的争论，在前述内容中已有论述，理论研究视角而言各学说都有其合理之处，问题的关键在于如何结合各国具体法律文化传统、法制体系与社会经济发展阶段，选择恰当理论对信托本质予以认识。扩展至世界范围，《关于信托的法律适用及其承认的海牙公约》的官方报告解释早已指出：许多国家民法制度中，通过创设例如寄托（deposit）和授权书（mandate）二者相结合，能够实现类似信托的目的，其相似之处甚至比第三人利益合同更多。尽管如此，报告进一步明确大陆法所言合同具有纯粹的契约性质，因而无论是

---

① Pursuant to Section 402 (a), a trust must have an identifiable beneficiary unless the trust is of a type that does not have beneficiaries in the usual sense, such as a charitable trust or, as provided in Sections 408 and 409, trusts for the care of an animal or other valid non-charitable purpose.

② 何宝玉：《信托法原理研究》，中国政法大学出版社2005年版，第167页。

受托人还是保管人都不可能得到类似英美信托制中与财产相关的"所有权",大陆法系某些合同安排和结合与英美信托的相似只是部分重叠,不可能完全替代信托制的功能与目的,但是这些类似合同制度安排被广泛运用于民法体系中。[①] 法律惯性思维与维护法制统一的基本理念,引致成文法系国家在导入英美信托制时,更倾向于就原有的法律资源进行改造或寻求答案,典型例如日本、瑞士、列支敦士登、俄罗斯、法国、菲律宾等国家在其立法实践中,都将信托列入债法或合同法相关内容中。[②]

考察我国信托法律规定,一方面由于信托制引入是一种典型强制性制度引入与变迁,是在相关理论研究尚不成熟且没有信托文化传统情形下进行的,故法条有关规定在某些方面刻意予以模糊化表述[③];另一方面我国信托法中未列明信托行为的相关规定,按照民法理论解释:信托行为应当是民事法律行为的一种,其强调意思表示为核心,认为意思表示是法律行为的核心、是法律行为不可或缺的构成要素,[④] 信托行为是产生信托制所涉及各方主体的权利义务内容的原因。根据我国《信托法》第2条、第3条以及第8条的规定,我国法律认可的信托类型其实只包括有契约信托、遗嘱信托以及公益信托,至于学理上之法定信托(典型如回复信托、推定信托)、宣言信托等类型,现阶段并不能够适用于我国信托法或实践可操作性不足。如法定信托依据我国《信托法》第54条和55条的规定,[⑤] 进行字面文义解释,是指当某信托终止时可

[①] 张敏:《论信托受托人的谨慎投资义务》,上海交通大学博士学位论文,2008年,第99页。

[②] 参见徐卫《信托受益人利益保障机制的分析与构建》,厦门大学博士学位论文,2007年,第21页。

[③] 典型如我国信托法对于信托财产权属认定模糊化,依据我国信托法第2条规定,似可认定法律倾向于信托财产权属应属于委托人。但依据信托法第54、55条的规定,似乎又倾向于信托财产属于受益人。考察我国信托法全文,无法找到明确的法律条文表述、规定信托财产的权属。

[④] 王利明:《民法总则研究》,中国人民大学出版社2003年版,第511页。

[⑤] 《中华人民共和国信托法》第54条:"信托终止的,信托财产归属于信托文件规定的人;信托文件未规定的,按下列顺序确定归属:(一)受益人或者其继承人;(二)委托人或者其继承人。"第55条:"依照前条规定,信托财产的归属确定后,在该信托财产转移给权利归属人的过程中,信托视为存续,权利归属人视为受益人。"

能是因为委托人对于受托人不再信任,故终止信托,而《信托法》第55条将信托视为存续是由法律规定所产生,但此种情形下显然与我国《信托法》第2条关于信托基本定义不相符合,即"委托人基于对受托人的信任"的规定相矛盾。通过对我国信托法法条的实证分析,目前信托法实际只适用于契约、遗嘱信托和公益信托,其中又以契约信托最为典型,相关法律条文基本规定都是围绕契约信托进行表述。因此无论是从信托成立原因的信托行为法理解释角度,还是我国信托法的实际法律条文规定来看,我国立法者在对信托本质进行解读时更倾向于将信托本质视为一种法律行为,强调意思表示要素前提下,以契约作为信托立论的基本理论工具以及实际法律适用思路。完全采取信托本质契约认识论之弊端前文已有述及,[①] 除无法囊括全部信托类型、无法解释信托财产独立性外,在出现信托违反情形时有关救济途径过于狭窄,与信托司法实践相脱节。事实上,即便是在主张信托本质是契约的学者眼里,也从来没有将信托与契约、合同完全等同,其更多强调的是应在信托观念中给予契约主义原则的基本元素以应有的待遇地位,这些信息就是合意信息与合意条款。[②][③]

依据我国信托实际立法规定,将信托本质视为法律行为并以契约思维主导解读信托,会产生如下推论:第一,信托受益人是信托关系当事人,并非信托行为当事人,尽管在商事信托中受益人与委托人身份经常重合;第二,信托成立后包括有委托人将财产所有权转移行为(委托给)和受托人管理处分信托财产两个基本行为。那么信托实践中,受

[①] 需要明确对于我国信托法文义解释所得结论,无论何种结果笔者始终认为我国信托法是在当时环境背景下有益创新与探索,对于相关基本理念、条款的模糊化处理是符合当时客观历史、经济条件的适当选择,其有效促进了我国信托、信托业的发展,亦为我们考虑如何完善信托法制体系、信托法相关规定预留有理论分析与讨论的空间。

[②] John H. Langbein, "The Contractrian Basis of the Law of Trusts", *Yale Law Journal*, December 1995, p. 672.

[③] 只是这种理论困境或学术争议,在面对我国实际信托立法模式时,其价值与意义应如何体现?即在必须选择某种模式进行信托立法时,对该模式所可能产生的弊端在立法时应如何予以完善,或许更为重要。对此下文相关内容会进行阐释。

益人作为信托法律关系当事人除依据契约所享有的权利义务内容外,其他权利义务内容无法获得完满解释,如信托还包括有当事人之间其他权利义务的法律关系,其行为是基于权利义务履行而发生,核心是受托人负有衡平法义务。上述推论构成了对受益人法律地位分析的立法实证考量前提。依此思路予以进一步分析:从信托财产权实际管理处分以及监督来看,受益人既不直接掌握信托财产,无法像诸如信托基金托管人那样充分了解信托财产运用具体方式、途径,进而对信托财产运营状况进行直接监管。与受托人比较而言,他并不享有对于信托财产的管理处分权,只是在法定条件下保有针对信托财产不当行为的撤销追索权,要求受托人予以赔偿或回复信托财产原状。商事信托多为自益信托,受益人同时作为委托人情形时,所面对的信托行为当事人,多是一些专业性信托、基金机构,其缔约谈判能力实际处于不平等地位,在信托文件起草和签订过程中,"无实质内容的模糊和神经过敏地过多使用同义词都是为了解脱信托法的历史,挡住法院的权力,阻止受益人的起诉"[①]。即便与委托人相比较,受益人并非信托文件签订者,所以对其自身利益风险的事先控制能力相比较于委托人较弱。而且考察我国信托法立法体例,至少从条文体系顺序安排来看对于委托人权利保护重视程度似超越受益人。[②] 我国《信托法》第 49 条规定受益人角色只是可以行使前述法条第 22、23 条所列的委托人权利。从信托行为角度观察,信托行为主要由两个行为组合而成,其一为"财产的移转或其他处分"的行为,属处分行为,其二是"形成受托人就该财产为一定目的的管理或处分义务"的行为,属负担行为或债权行为。[③] 无论对信托行为性质进行何种法律认定,受益人显然并非是信托行为的直接参与者与当事人,但由于信托行为,受益人成为信托受益权的享有者,是信托设立以及信托行

---

① [美]劳伦斯·M. 弗里德曼:《法律制度》,李琼英、林欣译,中国政法大学出版社 2004 年版,第 311 页。
② 其根本原因也许在于立法者原意还是试图隐晦地将信托财产权归属界定为委托人。
③ 赖源河、王志诚:《现代信托法》,中国政法大学出版社 2002 年版,第 49 页。

为目的的直接指向者。特别是由于履行信托的行为，决定了受益人在信托关系中权利义务的主要内容，但信托行为作为信托发生成立的原因行为，排除受益人的参与，使得受益人在信托成立之初与受托人（或委托人）相比较就欠缺事先控制风险的能力，这其实也是关于信托行为性质争论的根本原因所在。

将信托行为划分为物权行为与债权行为的复合状态，表面是符合英美信托制的大陆法系概念解析，由受托人在管理处分财产时受受益人利益目的的限制，但这种划分的实际结果却不是保护委托人或受益人权利，只是为了保护善意第三者以期确保交易的安全;[1]"正义原则要求得到全部财产利益的信托受益人应当承担债务，除非他能出具充分理由说明受托人应该自己承担"[2]。实际商事信托运行过程中，由于其多为自益、私益型信托，则对于受益人取得受益权而言并非只享有权利而排除义务，典型为受托人报酬给付请求权对应委托人（多与受益人身份重叠）的义务，同时根据我国信托法第9条的规定，[3] 委托人当然可以在信托文件中规定受益人取得信托利益所应负担的义务，以及针对受益人或受托人其他义务进行设定。至于有些信托类型，如企业养老金信托、付担保公司债信托等，本身就要求受益人支付相应对价和负担义务。

前述情形下信托受益人法律地位表现为：是信托当事人但并非信托行为当事人，但由于信托行为成立以及受托人履行信托义务可能负担其他义务，其享有信托利益不是完全无义务无条件获得。受益人与其他信

---

[1] 中野正俊、张军建：《信托法》，中国方正出版社2004年版，第46页。

[2] See: WORTHINGTON, SARAH. "The Commercial Utility of the Trust Vehicle", HAYTON, DAVID, *Extending the Boundaries of Trusts and Similar Ring-fenced Funds*, London: Kluwer Law International 2002, p. 156.

[3] 《中华人民共和国信托法》第9条："设立信托，其书面文件应当载明下列事项：（一）信托目的；（二）委托人、受托人的姓名或者名称、住所；（三）受益人或者受益人范围；（四）信托财产的范围、种类及状况；（五）受益人取得信托利益的形式、方法。除前款所列事项外，可以载明信托期限、信托财产的管理方法、受托人的报酬、新受托人的选任方式、信托终止事由等事项。"

托关系当事人相比较，就信托财产的管理处分、监督权限而言，处于完全消极被动的弱势地位。由于我国信托立法模式主要采用契约式思维对信托予以法律调整，加之对于信托财产的权属没有进行明确规定，因此我国信托立法实际上进一步加剧了信托结构中受益人被动消极的"弱势"地位。

信托不同于第三人利益合同的观念已为大陆法系国家普遍接受①，否则有关国家引入信托制无意义可言。我国信托法中对信托财产权属进行模糊化处理，对信托行为则没有进行规定，在商事信托多以契约型信托形式出现的时候，其弊端日益突显。完全以法律行为、契约观点思维审视信托，对于受益人权利保护至少在救济途径方面过于狭隘亦不符合信托本质要求，同时分析我国信托法实际条文规定，在已隐含契约思维、当事人意思自治规制信托制同时，缺乏对受托人与受益人连续性关系的立法思想表述，而这应当是构成信托法律关系的基础。"尽管受益人没有支付对价，也不是信托文件的当事人，但是委托人和受托人在信托文件中所做的一系列安排……赋予了受益人可以要求受托人履行其义务的权利，而且这些权利是非常广泛的。"② 因此，我国信托法无论是立法指导思想、表述语言还是体系结构安排都不利于受益人权利保护，受益人与其他信托关系当事人相比较明显处于弱势地位。私法领域内法律的目的在于：以赋予特定利益优先地位，而他种利益相对必须作出一定程度退让的方式，来规整个人或社会团体之间可能发生的利益冲突。③ 委托人、投资者利益保护命题单独提出于市场经济、资本市场而言完全正确，只是在信托领域内，信托制历史沿革的根本结论就是衡平法对受益人权利的保护与彰显，尽管多数商事信托由于身份重叠在一定程度上缓和了受益人权利保护，但赋予受益人权利以特殊优先地位本身是信托法制自身历史发展的结果，投资者利益保护的本源应该是基于受

---

① 参见何宝玉《信托法原理研究》，中国政法大学出版社2005年版，第21—24页。
② ［英］海顿：《信托法》，周翼、王昊译，法律出版社2004年版，第7页。
③ ［德］卡尔·拉伦茨：《法学方法论》，陈爱娥译，商务印书馆2003年版，第1页。

益人身份而非委托人身份。

第二节 信托受益人权利：来源与类型

信托受益权在大陆法系中有广义与狭义的区分，狭义信托受益权专指受益人依据信托文件取得信托利益的权利，① 即取得基于受托人管理处分信托财产所得利益的权利。广义的受益权是指受益人享有的各项权利的总称，包括依据信托文件以及信托相关法规所规定享有的权利。狭义受益权是信托受益人权利的核心与基础，其他受益人权利都由受益权派生、衍生而来，广义的信托受益权与受益人权利实际上指称一个范畴。② 信托受益权性质是信托法理论的重要基础和学界争议热点，但诚如前文所述，由于经常混淆信托、信托财产与信托受益权的本质界限区分，这就要求对信托受益权内容、本质进行溯源分析。同时，信托受益人权利范围广泛、各项权利交织引致其性质较为复杂，因此在对信托受益人权利来源进行考察分析的基础上，还有必要对受益人权利进行多层次的结构解析。

一 信托受益人权利来源与发展

广义信托受益权或者说信托受益人权利是类似于英美信托法中之衡平法所有权的对称。衡平法以公平正义的良心道德哲学为基础，具有高度实用主义色彩，不遵循逻辑和抽象原理，着眼于解决具体问题。③ 信托由土地用益权发展至受益权，受益人所享有的权利是来源于委托人对于地产权的分割，其权利针对对象仅是受托人本人的"对人权"，法律

---

① 何宝玉：《信托法原理研究》，中国政法大学出版社2005年版，第168页。
② 出于叙述论证方便以及尽量与相关著述联系，除非特别说明，书中所称信托受益权都是指广义范围内的信托受益人权利。
③ [英] P. S. 阿蒂亚：《英国法中的实用主义与理论》，刘承伟、刘毅译，清华大学出版社2008年版，第5页。

认为需要通过保障受托人履行道德良心义务，方能使受益人的权利得到保障。随着用益制发展，土地法上被受托人占有的土地上出现有两种财产权利，以土地占有为基础的普通法土地保有权和受益人享有的由大法官法院管辖的衡平法上的土地用益权。① 此种衡平法上的用益权因为仅对应于受托人，且片面强调受托人的道德义务，使得受益人权益难以得到有效保障，被置于不利的法律地位。典型如受益人无法针对非用益关系的其他受让人主张权利，受益人除享有要求受托人履行信托义务的请求权外，其权利范围狭窄且无法得到及时、有效救济。其次，在近现代信托沿革过程中，在民事信托向商事信托的嬗变过程中，受托人由早期的财产消极保全持有，转变为专业型管理、处分财产的积极角色。当代信托强调专业性投资、管理功能，要求受托人拥有主动积极的裁量权以适应市场的变化，最初这种权力的扩张体现在由专业人士起草的信托协议中，随后以美国《统一受托人权力法》、英国《1925年受托人法》《受托人投资法》等为标志，赋予受托人从事各项营利活动的权利（力），意味着受托人权力在信托结构，在与其他信托当事人之间的关系中得以扩张。与此对应，为实现信托当事人权利义务配置适当、均衡，保障受益人在信托结构中应有的权益不受侵害，受益人权利内容与保障措施途径得以丰富、发展。

早期受托人权力限制表现为，在缺乏立法的情况下，受托人不能从其地位推导出他享有任何权力，他的权力来自于信托文件中明示或默示的条款。② 从受托人角度对受益人权利予以保护的主要依据，是信托法的忠实义务规则与谨慎义务规则，传统谨慎义务规则通过1830年的 Harvard College v. Amory 一案得以确立，要求在管理信托过程中，受托人负有运用通常谨慎人处理自己财产时所应具有的谨慎注意义务；1726年的 Keech v. Sandford 一案确立了传统的忠实义务规则，要求禁止受托

---

① 汪其昌：《信托财产权的形成与特质》，中国财政经济出版社2011年版，第149—153页。
② Fratcher, "International Enclopedia", §81, p. 66, *Restatement of Trusts* (2d), §186 (1959).

人从事与受益人利益相冲突的交易，以防范受托人为自己获利的风险、企图，从而确保受益人权利。[1] 伴随信托发展与受托人权力扩张，各国信托法在赋予受托人以灵活经营处分信托财产权的同时，都将信义义务作为信托运作与信托立法的基础，从单纯限制受托人行为方式、自由的受益人利益绝对保护思路，转向寻求受托人义务与受益人权利相互均衡、配比适当。在此背景下，为保护受益人免受受托人滥用权力的损害，信义义务作为衡平法的灵魂核心得以进一步发展，这一发展的客观结果是受益人权利在与受托人权利、权力的博弈过程中，范畴得以拓展，并非仅限于早期用益制中的单纯"对人权"，而具有多种复合权利属性，这是信托经验主义发展的产物而非逻辑推理的产物。因此有必要明确衡平法所有权，即受益人权利在衡平法中所含利益内容，受益人权利与受托人义务之对应性，以及从大陆法权利概念体系对受益权予以解析，实现对信托受益权人权利的多层次、多面向的解构，明晰受益权的层次结构、权利来源与类型划分。

二 受益人权利的层次结构

（一）受益人权利的衡平法层次

英美财产法关注人与物之间的实际利益关系，因此它与大陆法系财产法概念的重要区别在于，英美法给予抽象物比有体物更多的关注，法律常常倾向于像对待抽象物那样对待有体物。[2] 英美法中有关信托财产权、普通法所有权、衡平法所有权其实是统一且独立的，各类抽象物权利被不同主体拥有时，法律更着重于对主体实际利益体现如何予以承认保护，而不是权利属性与主次或依附地位划分。在引入信托过程中，为解决普通法与衡平法并行权利融合困境，大陆法系国家通常做法是将信

---

[1] 陈雪萍、豆景俊：《信托关系中受托人权利与衡平机制研究》，法律出版社2008年版，第23页。

[2] ［英］F. H. 劳森、B. 拉登：《财产法（第二版）》，施天涛译，中国大百科全书出版社1998年版，第15页。

托财产权分解为受益权（equitable interests）与受托人所有权（legal title）予以理解分析，这是大陆法系引入信托并予以法律规范的唯一可行出路，尽管它受到很多批评与质疑。只是从衡平法角度理解信托受益权的层次内容时，需要注意关于信托财产之双重所有权，本意实为表述权利束内部利益构造和救济方法，并非是对信托财产权具体内容的界定与划分。信托受益人权利的衡平法层面内容主要有：第一，信托受益人对信托财产所产生的实际经济利益的权利，即狭义受益权。受益权作为大陆法系信托法概念，并非是英美信托法特定概念的对称，狭义受益权由信托受益人衡平法所有权具体权利构造的实际利益组成，包括运用信托财产进行投资所得经济实益，以及信托财产的资本收益等；第二，有关信托财产在信托终止后的权利归属。信托文件没有对信托财产所有权进行约定时，当信托终止后，由受益人享有信托财产的最终完全所有权。英美法禁止信托永续原则要求，信托财产必须在信托生效后存活的受益人加上21年的期间内归属于受益人，且根据判例Saunder v. Vautier案确立的规则，成年受益人享有全部信托利益的受益人有权终止信托，取得信托财产。[①] 当代商事信托中一般都要求信托须设定有期限，同时对于信托终止信托财产权利归属亦有明确规定[②]；第三，对于受益人进行衡平法上的救济，亦是受益人权利的衡平法体现。这种信托衡平法的救济主要对应受托人的信义义务，它既是对受益人财产权利的保障又是受益人权利内容的具体体现。当受托人违反信义义务对信托财产或受益人权益造成侵害后，受益人不仅对受托人享有损害赔偿请求权，而且对信托财产具有追及权，因此受益人权利既具有对人性又具有对世性特征。此外受益人衡平法上的救济还有特别履行令、禁令、更正、撤销、

[①] 汪其昌：《信托财产权的形成与特质》，中国财政经济出版社2011年版，第156页。
[②] 例如我国的《信托公司集合资金信托计划管理办法》第12、13条要求信托计划书、信托合同中必须载明信托计划的期限。又如根据我国信托法第54条的规定当信托终止时信托财产的归属顺序，在没有约定的情况下由受益人或其继承人排在第一顺位。

记述、任命接受者、文件的交付和撤销以及发现等，① 使得受益人权利束在衡平法层次得以具体丰富并有相应的法律救济保障。

（二）受益人权利与受托人义务的对应

受益人权利或曰受益权本质的各种学说，诚如前文所述争议较多，单纯孤立地试图用某种大陆法系概念学说完全解释受益权无法成立。有关权利的概念和实质，中外有诸多学说，这些学说大都认为权利是由法律赋予的，并由法律强制力予以保护。② 权利存在的根本目的是使得处于权利理论中心的个人，通过他人的服从行为受益的个人，义务理论是以个人行为的道德质量作为服从目标，③ 由此使得权利义务在法律中相互对立统一。关注受益人权利在当代商事信托中的实现与保障，有必要就其与受托人对应义务之间的关系进行梳理，受益人权利是否通过受托人的服从行为予以实现，此种私法解释途径，能够突显出信托法的私法本质属性，注重当事人之间的意思自治，并在一定程度上契合受益权作为双重财产权组成部分的理解路径，即进行权利表述、界定时是以受托人的义务作为参照系。英美信托法中受益人权利内容非常丰富，④ 在大

---

① 参见汪其昌《信托财产权的形成与特质》，中国财政经济出版社2011年版，第156页。
② 马俊驹、梅夏英：《财产权制度的历史评析和现实思考》，《中国社会科学》1999年第1期。
③ [美]罗纳德·德沃金：《认真对待权利》，信春鹰、吴玉章译，中国大百科全书出版社1998年版，第230页。
④ （1）有权利使受托人持有和控制信托财产，但是该信托财产独立于受托人的个人财产或受托人持有的其他任何财产（除非受托人被授权对财产进行"共同"处理，这样就产生了一个独立的、由许多无形财产组成的财产共同体，其中的财产按比例属于多个信托，或属于受托人的个人财产和多个信托）；（2）有权利使信托基金被进行适当的投资，并在所有受益人之间保持利益上的平衡；（3）有权利查看信托账目，并不时地检查他们，以及要求受托人对应属于受益人的收益进行解释；（4）有权利要求受托人考虑是否应履行他们的自由裁量权，并对明显以任性、鲁莽或错误的方式行使的自由裁量权行为提出异议；（5）有权利要求受托人对任何违反信托的行为进行补救，对由受托人的不诚实或不可免责的能力欠缺而引起的收益或本金损失进行赔偿，并且对任何他们可能从信托中未获授权而取得的利润进行赔偿；（6）有权利向法院提出申请免除不令人满意的受托人，或者就影响他们权利的某个问题要求法院的特别指导，或者向法院申请任命司法托人，或由法院管理信托；（7）有权利作为原告对侵权人或违约人提起诉讼，并将受托人列为共同被告，使之加入到诉讼中来，但这仅仅只能发生在受托人不当地拒绝原告代表信托。要求有过错的侵权人或违约人进行损害赔偿的情况下；（8）如果全部受益人都健在，且成年、神智正常，那么他们有权利集体终止信托，并指示受托人按照他们的要求处置信托财产；（9）有权（转下页）

陆法系信托法中，受益人权利从与信托受托人义务对应的角度可以区分为，对应信托受托人义务的权利以及非对应受托人义务的信托受益权。首先，对应信托受托人义务的信托受益人权利主要包括有：信托财产利益给付请求权，其对应于受托人的给付义务；受益人知情权对应受托人的信息提供义务；受益人解任权对应受托人管理处分财产的注意义务及信息告知义务；信托事务履行请求权，其对应于受托人信托违反的各类行为，例如忠实义务、谨慎投资义务、自己执行信托事务义务、分别管理信托义务、公平处理信托事务及对待受益人义务等。该类权利义务实际构成了信托事务中最为实质和根本的法律适用难点，因为对受托人信托违反的各类行为如何认定，这只能在个案中根据信托文件和其他事实，由法官逐一对受托人的权限范围以及义务内容来具体进行判断。受益人在受托人信托违反之后，所享有的应当是请求权而不是指示权，特别是在商事信托中受益人与委托人身份重叠是常态，尽管受益人身份并非信托合同直接主体，但合同条款中诸多内容都与受益人身份直接密切相关，因此没有理由否认受益人针对受托人不履行、不适当履行债务的请求权。其次，受益人权利不与受托人义务直接对应的权利主要包括有：选任受托人的权利、撤销权、回复原状请求权、赔偿损失请求权等。其中，撤销权是指当信托受托人违背信托目的或约定对信托财产进

（接上页）利代表潜在的受益人，要求法院根据《1958年信托变更法》许可变更某些信托条款，如果该变更将使那些潜在的受益人受益，这些受益人由于未出生、无行为能力或不确定而无法作出同意的表示，而其余的受益人（除了某个保护信托下的临时的自由裁量受益人）同意进行变更；(10) 有权利将他们自己根据信托（如果以满足《1925年财产法》第53条(1)(c)书面签署方式，或者一个CRSET免责的处置方式）而享有的受益权出售、赠与或进行其他处置；并且受益人有权利在他们的利益范围内同意违反信托的行为，或者授权同意其他可能构成违反信托的行为。尽管如果受托人因上述违反信托的行为而对其他的受益人负责，那么根据《1925年财产法》第62条，法院享有自由裁量权，这很可能会使这些受益人的利益被受托人扣押；(11) 有权利追踪信托财产，并由此从信托财产或其可追踪的物品中获得衡平法上的留置权（或质押）或相当比例的衡平法利益。如果这些财产或物品不当地落入任何非善意、对信托财产普通法的所有权支付了对价且对违反信托行为不知情的买受人的手中；(12) 如果第三方不诚实地帮助违反信托，或不诚实地为了自己的利益处置了信托财产，那么受益人有权起诉第三方，使之与受托人承担共同连带责任；(13) 有权利起诉第三方，以防止其以受益人的损失为代价通过违反信托而不当得利。参见 [英] 海顿《信托法》，周翼、王昊译，法律出版社2004年版，第167—169页。

行处分的行为，可由受益人单方面宣布或申请法院予以撤销的权利；回复信托财产原状与赔偿损失请求权，该权利与撤销权一道共同构成了大陆法系国家对于受益人权利保护重要的救济途径，尽管其权利行使与受托人行为有关联，但该权利本质是为了保护信托财产独立、信托财产经济利益不受侵害的救济性权利，而不是可以向受托人提出请求就受益人自身的损害予以损害赔偿或返还的权利，从而确保信托制与信托事务的正常运作。上述权利是请求向信托财产予以赔偿或返还，从这个层面上来说它们更像是受益人监督信托的权利。

（三）信托本质视角下的受益人权利

信托的本质是一种特定的法律关系，该法律关系以信任为基础，以信托财产为中心，以当事人之间约定、推定或法定的多重权利义务为具体内容的法律关系，从信托本质出发梳理受益人权利以及受益人与信托各方当事人之间的关系，有助于我们厘清受益人法律定位和受益权的来源、特性。

就信托当事人之间的内部关系而言，其中最为重要的是信托受益人与受托人之间的法律关系。商事信托的规模化决定有关受益人与受托人之间的契约法律关系多为格式化条款规定，信托法的主要目的是提供一套标准化规定，就受托人在信托法律关系中予以承担的信义义务（fiduciary duty）进行明确。受益人可以依据信托法的规定以及信托文件的约定，对于受托人的义务对应享有权利，如信托利益给付请求权、信托事务履行请求权。此外受益人还享有一些虽然不与受托人义务对应，但由信托法规定而享有的权利，如撤销权、回复信托财产原状与赔偿损失请求权等。受益人与委托人在商事信托典型模型下身份重叠，但在他益信托情形下则存在有信托基础法律关系之外的原因关系。我国信托法要求公益信托必须设置信托监察人，基于契约自由与意思自治原则，并不排除在信托合同文件中约定商事信托可以设置信托监察人。信托监察人应是独立于各信托当事人，以自己的名义为受益人利益而为诉讼外或诉讼上行为的人。由于我国信托法规定缺失，实践中有关商事信托监察人的实例付诸阙如，但于法理分析其与信托法律主体之间应存在有类似民法之委任关系。

从信托外部关系而言，对于信托受益人及信托受益权而言，至为重要的是受益人与受益人债权人之间围绕信托财产及利益的法律关系。依据信托法理、我国信托法规定及文义解释方法，其主要法律关系如下：信托财产如果是受益人享有全部信托利益的自益信托情形下，受益人可以解除信托[1]，用全部信托财产来偿还债务，具体方式可以依据债权人的申请由人民法院作出裁判；如果属于集合信托，受益人人数众多的情况，受益人债权人只能请求或申请由受益人享有的受益权偿还债务，[2]而不能申请解除信托；他益信托中，受益人债权人只能请求或申请由受益人享有的受益权清偿债务，除非信托当事人一致同意否则不得申请解除信托，这是由信托财产的独立性决定的。上述法律关系适用于信托当事人之间没有特别约定的情形。

（四）信托财产（权）本质视角下的受益人权利

信托财产本质或信托受益权本质法律属性探讨在信托相关著述中几无遗漏，如前文所述问题关键在于：大陆法系移植信托制的理论难点与困境在于信托财产权属性界定而非信托受益权，所谓信托财产权利与分解至普通法所有权、衡平法所有权之间，三者在逻辑体系划分上是同一种属，强调对权利的救济方法与实际利用，而不关注权利具体属性界定，但前者又包含后两者主要内容范畴，认识分析信托财产权、受益权以及受托人权利时，起到决定意义的应当是对信托财产权利本质的法律界定。信托财产的本质单纯用物权债权都可以予以部分解释，但也都存在理论上无法自圆其说的根本性缺陷。信托财产权对外具有类物权效力，对内具有类债权效力，是多重契约、法律关系组成的权利义务复合

---

[1]《中华人民共和国信托法》第50条："委托人是唯一受益人的，委托人或者其继承人可以解除信托。信托文件另有规定的，从其规定。"

[2]《中华人民共和国信托法》第47条："受益人不能清偿到期债务的，其信托受益权可以用于清偿债务，但法律、行政法规以及信托文件有限制性规定的除外。"

产物。由此对于信托受益权性质在信托财产权本质视角下，同样可以区分为物权层面、债权层面以及组织层面的认识路径。有关信托受益权本质属性分析的著述较为丰富，笔者无意赘述，仅以归谬法为范式予以反证：若认定受益权是纯粹的债权则无法解释受益人对于信托财产的追索、回复原状的权利；若认定受益权是纯粹的物权则无法解释受益人针对特定受托人所享有的给付请求权利，以及受益人无法直接对信托财产进行支配并对抗第三人。试图厘清信托受益权本质法律属性的本意，在于明确如何对受益权予以更好的法律规范和保护，促进信托制的发展。因此在不可能用单一属性界定信托受益权的情况下（由前述简单的归谬法可见），采用各类理论学说"曲折解说"受益权性质的意义究竟何在，反倒值得商榷。[①] 在已有法律体系和信托法制环境内，对受益权具体内容从不同层次、角度予以分析，考虑如何完善信托法及相关配套法律的规定，对不同类型层次的受益权予以相应法治完善，是探讨受益权性质与受益人权利保护的核心目的所在。

信托财产的基本特性是其独立性，而商事信托财产或曰商事信托财产权本质是以信托账户作为主体彰显形式的拟制团体化组织，将信托财产视为拟制团体化组织在我国现阶段法制环境中，更多的是一种观念拟制，通过对信托财产本质的拟制团体解读路径，可有效规避物、债二分法造成的直接或潜在的理念窠臼，使得我们能够从物权、债权以及组织层面对信托财产、受益权等具体内容与特性进行综合考量，并予以立法保障和体现。通过信托财产拟制团体化，对于信托的分析须以"观念性拟制团体组织加治理结构"展开，信托是以权、利分离为基础，连接并规范有关信托当事人围绕信托财产之间的权力、利益、责任关系的

[①] "另须注意者，乃受益权性质究为债权或物权的争议，在台湾是否有其实益，诚值怀疑。"赖源河、王志诚：《现代信托法》，中国政法大学出版社2002年版，第99页。"受益权的性质是债权还是物权，在现在仍然是一个重要的问题，不过在信托法的规定已经解决的范围内并没有进行讨论的必要。"［日］能见善久：《现代信托法》，赵廉慧译，中国法制出版社2011年版，第191页。

系列制度安排。信托受益人权利与股东权类似，不仅仅是债权或物权，而是一种特殊类型的权利。由此在商事信托中，受益人受益权性质的核心进一步衍生为：对于受益人权利依据其能否直接产生受益人所期待的法律效果，可以分为个人权利与集体性权利，其中的难点与关键在于多个受益人之间的个人权利发生冲突后如何处理，以及集体性权利如何行使。判断个人权利行使是否发生冲突，需要区分信托受益人权利性质并逐一进行分析，例如信托事务说明请求权与受益人调整信托事务请求权，前者个人权利行使不存在有冲突可能，后者则存在有受益人意见不同进而发生权利冲突的可能。在信托受益人权利的个人权利行使发生冲突以及集体性权利行使时，是否需要受益人完全一致同意或引入多数决原则，这是信托内部的治理问题。观念拟制下的信托团体组织本身，在进行法律规制时应当考虑如何保护内部受益人的权利，使其免受来自于拟制信托组织、受托人以及其他人的侵害，这是由信托财产权本质的组织层面解读受益权的必然结论。对于此，本书将在下述相关部分中予以阐释并提出建议。

第三节　信托受益人权利内容

一　受益人权利：受益、决定与监督

受益人权利来源及类型可从不同层面予以概括，其权利内容结合有关法律规定及信托实践，在下文中分别进行阐述：

（一）信托利益给付请求权

委托人设立信托的目的是使受益人通过信托制度安排获益，同时受托人管理处分信托财产的目的是为了实现委托人的意愿目的，即受益人享有在信托存续期间取得信托财产利益的权利。信托终止后，信托文件如果未做其他特殊约定，信托受益人有权获得信托财产本金，这可被称为信托财产的本金受益人。也有学者将信托财产本金受益人称为信托财

产的权利归属人，对于信托财产权利归属人是否属于受益人存在有争议。① 信托受益人构成要素应当包括有信托行为、信托利益与信托文件，其中判定受益人实质标准在于他是否能够依据信托文件强制受托人履行义务。从构成要件来看，信托财产本金受益人所享有的获得信托财产本金的权利属于信托利益。信托利益方式灵活多样，其内容多由委托人在信托文件中进行规定，实际商事信托文件中关于信托财产本金的归属，通常约定由受益人享有，② 即本金受益人依据信托行为，可享有信托财产本金的剩余财产分配请求权，此种请求权实际是根据信托文件强制受托人履行相应义务。③ 在信托利益束中，信托财产本金归属权、所有权属于一种未来收益权，但它依然是根据信托行为所享有的信托利益，本金受益人可以依据信托文件的规定，直接要求受托人强制履行相应义务以实现他的剩余信托财产分配请求权。即本金受益人符合受益人构成要件，是可以强制受托人履行其义务的受益人。譬如《日本信托法》第183条第六款规定："归属权利人于信托清算程序中，视为受益人。"我国台湾地区则规定信托终止时，信托财产归属除非信托文件有特别约定，否则属于享有全部信托利益之受益人，这与《中华人民共和国信托法》第54条的规定几乎一致。类似立法例也存在于其他国家信托相关立法之中，如《魁北克民法典》第1296条规定，"信托因包括原本（本金）受益人或孳息和收益受益人在内的全部受益人放弃权利或权利失效而终止"④，从而认定信托本金受益人也是信托受益人。

---

① 参见中野正俊、张军建《信托法》，中国方正出版社2004年版，第56—57页；徐卫：《信托受益人利益保障机制的分析与构建》，厦门大学博士学位论文，2007年，第21页。

② 《信托公司集合资金信托计划管理办法》第32条规定："清算后的剩余信托财产，应当依照信托合同约定按受益人所持信托单位比例进行分配。分配方式可采取现金方式、维持信托终止时财产原状方式或者两者的混合方式。"

③ 当信托文件没有约定时，按照我国信托法第五十四条的规定，受益人或其继承人称为信托财产归属的第一顺位所有人。商事信托的规模化决定有关受益人与受托人之间的契约法律关系多为格式化条款规定，信托法的主要目的是提供一套标准化规定。

④ A trust is terminated by the renunciation or lapse of the right of all the beneficiaries, both of the capital and of the fruits and revenues.

同时根据我国信托法的规定，信托受益人还享有由信托受益权派生出的其他若干附随于信托受益权的权利，主要包括：放弃受益权的权利，我国信托法明确规定了受益人可以放弃受益权，[1] 根据私法自治原则，民事权利的权利人在行使权利的过程中，只要不损害他人利益和社会公共利益，就可以将其权利予以抛弃。[2] 但信托法中有关受益权放弃的时间、具体行使方式（受益人为多数人情况下）以及是否应当受到限制没有进行规定；转让受益权的权利，将信托受益权视为财产性权利，基本特性就在于它应当具备可转让的特性，否则财产性权利属性无法予以解释。我国信托法对受益权的可转让性有明确的规定，[3] 只是对于受益权的转让条件和具体程序的规定不尽完善，加之受益权凭证二级市场的实际缺失，使得此项权利行使的可操作性仍有待完善。

（二）受益人之信托相关事务的决定权

根据我国信托法的规定，受益人权利种类较为丰富而且性质复杂。其中，若从商事信托财产的拟制团体观念本质出发，受益人对商事信托这一拟制团体享有众多事务的决定权，主要包括：

第一，信托事务处理报告的认可权，根据我国《信托法》第39、41条的规定，[4] 在一定情形下受托人应作出处理信托事务的报告，报告须经委托人或受益人的认可，原受托人方可解除就报告中所列事项的责任。同理当信托终止时，受托人应当作出处理信托事务的清算报告，而

---

[1] 《中华人民共和国信托法》第46条第1款，"受益人可以放弃信托受益权"。
[2] 王利明：《民法总则研究》，中国人民大学出版社2003年版，第236页。
[3] 《中华人民共和国信托法》第48条："受益人的信托受益权可以依法转让和继承，但信托文件有限制性规定的除外。"
[4] 《中华人民共和国信托法》第39条："受托人有下列情形之一的，其职责终止：（一）死亡或者被依法宣告死亡；（二）被依法宣告为无民事行为能力人或者限制民事行为能力人；（三）被依法撤销或者被宣告破产；（四）依法解散或者法定资格丧失；（五）辞任或者被解任；（六）法律、行政法规规定的其他情形。受托人职责终止时，其继承人或者遗产管理人、监护人、清算人应当妥善保管信托财产，协助新受托人接管信托事务。"

第41条："受托人有本法第三十九条第一款第（三）项至第（六）项所列情形之一，职责终止的，应当作出处理信托事务的报告，并向新受托人办理信托财产和信托事务的移交手续。

前款报告经委托人或者受益人认可，原受托人就报告中所列事项解除责任。但原受托人有不正当行为的除外。"

此清算报告应当经受益人同意认可，受托人方可解除就报告中所列事项的责任，《日本信托法》第 184 条对此予以规定，其第二款要求"受益人等为前项会计表册之承认时，视为已解除清算受托人对受益人等之责任。但清算受托人执行职务有不正行为者，不在此限"。

第二，共同受托情形下，当受托人对所处理的共同信托事务无法达成一致意见时，受益人拥有决定权。当共同受托人处理信托事务时要求全体一致同意，如果相互之间意见不一致时，应当首先根据信托文件规定进行处理，若没有规定的话则由其他信托当事人予以决定，我国《信托法》第 31 条规定，"由委托人、受益人或者其利害关系人决定"。我国台湾地区"信托法"规定在此种情形下须征得全体受益人同意。依英美信托法，此时受托人应当申请法院给予指示或者由法院直接决定。

第三，委托人变更受益人或处分受益权时，受益人享有同意权，否则委托人不得进行前述行为。根据我国《信托法》第 51 条的规定，[①]委托人可以变更受益人或者处分受益权，其中非法定或约定事由时必须经过受益人同意。对商事信托而言，由于多为自益信托似乎此项规定适用范围狭窄，但考虑到商事信托的集合团体特征，复数受益人可以以委托人身份变更受益人或处分受益权，但是受益人大会就此相关事项的议事、表决规则尚待立法以进一步细化明确。

第四，受托人辞任的同意权。通常受托人是基于委托人信任而接受信托，为受益人利益进行信托财产管理、处分的主体，故受托人的能力、经验、知识等与受益人利益密切相关，其发生变更将对受益人的利益、权利产生重大影响。我国《信托法》第 38 条对受益人在受托人辞任时所拥有的同意权进行了规定，[②] 受托人接受信托后非经委托人和受

[①] 《中华人民共和国信托法》第 51 条："设立信托后，有下列情形之一的，委托人可以变更受益人或者处分受益人的信托受益权：（一）受益人对委托人有重大侵权行为；（二）受益人对其他共同受益人有重大侵权行为；（三）经受益人同意；（四）信托文件规定的其他情形。有前款第（一）项、第（三）项、第（四）项所列情形之一的，委托人可以解除信托。"

[②] 《中华人民共和国信托法》第 38 条："设立信托后，经委托人和受益人同意，受托人可以辞任。本法对公益信托的受托人辞任另有规定的，从其规定。
受托人辞任的，在新受托人选出前仍应履行管理信托事务的职责。"

益人同意，不得辞任。与前述受益人之信托相关事务的决定权类似，我国信托法对受益人所享有的受托人辞任同意权规定过于原则化与宽泛化，其立法设计模式是典型一对一的信托关系，而对于集团、自益商事信托之受益人如何行使此项权利，则无法根据相关法律直接得出结论。

第五，增减受托人报酬的权利。对于增减受托人的报酬，信托受益人享有决定权。我国信托法第 35 条第二款规定：经信托受益人与委托人、受托人协商一致，可以增加或减少受托人的报酬数额。依其他国家信托法，经法院批准的，可以增加、减少受托人的报酬。依英美信托法，经受托人要求，全体信托受益人一致同意的，也可以增加受托人的报酬。

第六，信托受托人的选任权。根据我国信托相关法规的规定，在两种情形下需要重新选定受托人：一种情形是在信托存续过程中，受托人辞任得到准许、受托人被解任或受托人依法终止其职责时；一种情形是遗嘱信托，当委托人指定的受托人拒绝或无力担任受托人时。归纳分析我国信托法第 13 条、第 39 条、第 40 条以及《信托公司集合资金信托计划管理办法》第 42 条规定，有关受托人的重新选任首先应当依据信托文件，若信托文件未进行约定时，单一信托情形下选任新受托人权利赋予委托人，委托人不指定或者无能力指定时由受益人指定；在遗嘱信托及集合信托情形下，选任新受托人权利直接赋予受益人。

第七，关于受益人的信托事务调整权。信托事务调整权也可称为信托财产管理方法的变更权。依据我国信托法第 21、49 条的规定，如果存在有设立信托时未能预见的特别事由，使得受托人对于信托财产的管理方法不利于实现信托目的或者不符合受益人利益时，受益人有权要求受托人调整该信托财产的管理方法。信托制的灵活弹性，使其不可能完全通过信托文件，对受托人进行信托财产管理的具体方式——进行详尽规定，当受托人对信托财产的管理方法不利于实现信托目的或不符合受益人利益时，信托受益人可通过一定方式对信托事务请求予以调整。在当代商事信托制中，投资工具日益多样化，新的衍生金融工具不断出现，信托文件所规定格式化、类型化之信托财产管理方法，既不能够适应受托人自主积极的自由裁量权灵活发挥，也不能够适应金融、货币市场的快速多样变化趋势，因此类似规定无论在英美法系还是在大陆法系立法国家都可找到依据。

　　一般而言依据英美法系信托法，信托当事人无权直接要求受托人变更信托条款，因情势变化确实需要改变信托财产管理方法的，当事人通常只能请求法院作出变更信托的决定。①《日本信托法》第150条规定的信托事务变更事由与我国信托法规定的基本相同，但要求信托事务调整、变更须经信托的委托人、受益人、受托人的申请，由法院依据信托当事人的申请作出变更信托的决定。《韩国信托法》第36条以及我国台湾地区"信托法"第16条亦有类似规定。我国信托法关于信托事务调整权的规定，应属于请求权，由受益人或委托人在符合法定条件或情形时，请求受托人对信托财产管理方法予以变更。在具体权利行使方面与其他多数国家规定不同，是由受益人或委托人直接向受托人主张；而其他国家包括我国台湾地区，信托事务调整权的行使应向法院提出申请，由法院作出是否予以变更的决定，同时信托事务调整、变更权的权利享有者是所有信托当事人，即也包括受托人，我国信托财产管理方法变更权则只能由委托人或受益人享有。英美信托法对此似无明确规定，但受益人对受托人报告存在有异议时允许其提起诉讼。②

　　尽管本书论述命题是有关受益人权利保护，但从商事信托运行实践及法理层面分析，若法律赋予委托人、受益人变更信托财产管理方法变更权的目的是为了更好维护受益人权益的话，受托人亦应享有该权利。因为关于信托实际状况以及信托财产具体管理方法是否妥当，何种方法更能充分实现信托财产利益最大化，受托人是信托当事人之中最了解实际状况的当事人。反向而言，通过赋予受托人信托财产管理方法变更

---

① 何宝玉：《信托法原理研究》，中国政法大学出版社2005年版，第192页。
② 同上书，第191页。

权,反而能够使得受托人行为得到有效约束,更好地实现其自由裁量权与信义义务之间的平衡。若赋予受托人信托事务调整权,实质是在尊重信托制、信托文件约定基础上,对受托人滥用管理信托财产权力之行为进行法律规制与约束,不仅不会对受益人权利造成冲击、减损,反而能够为受益人权利的法律保障增加有效途径。关于信托事务调整权的具体行使,我国信托法不要求通过法院而可由权利人直接向受托人主张,表面看似乎给予受益人更为宽泛的自由方式来保护自身权利,但由于缺乏配套明确措施,以及信托法法条规定的粗疏,实际权利实现难度增加且可能背离信托本质。其主要困境在于:第一,如何认定"特定事由""不利于实现信托目的""不符合受益人权利"等具体情形;第二,商事信托由于多是集团信托,受益人众多。在此情况下怎样由复数受益人决定如何提出变更信托财产管理方法,我国《信托公司集合资金信托计划管理办法》第42条规定,信托计划文件未有事先约定而要改变信托财产运用方式的,应当召开受益人大会审议决定。该管理办法第46条规定,受益人大会应当有代表百分之五十以上信托单位的受益人参加,方可召开,其中改变信托财产运用方式的应当经过参加大会的受益人全体通过,即有关变更信托财产管理方法实践中实行的是全体一致通过制。可见,一方面复数受益人信托事务调整权实际享有与行使难度较大,另一方面由于法律规定模糊、粗疏,委托人、受益人可能基于各种原因任意干涉受托人处分信托财产的权力,从而背离并降低当代商事信托的实际效能。

(三)受益人之信托监督权

信托受益人权利的法律本质属性难以直接套用成文法系固有权利体系予以分析,透过信托本质、信托财产本质及英美财产法特性进行多维度观察,或许是周延、把握多重信托受益权本质的较佳途径。将信托视为多重法律关系的特殊制度安排,受益人作为信托当事人逐一对应其他主体及第三人产生权利、义务关系,并对拟制团体观念的"信托组织"的某些事务拥有决定权。同时作为接受信托设立目的的受益人,为保障自己权益、促进信托顺畅高效运转，还拥有一系列权利以实现对信托的监督：

第一，强制执行信托财产的异议权。英美法系通过承认受益人对信托财产的衡平法所有权，能够实现对信托财产的有效追踪，故无须过分强调信托财产的独立性。以笔者目前所搜集到的立法例而言，英美法系中能够找到明确界定信托财产独立性的法律文件，目前似乎只有英国《1961年受托人投资法》第4条（信托财产和信托基金的解释）第二款的规定。① 大陆法系则大都在信托法中对信托财产的独立性予以明示，并辅之以较多配套法律规定以保障信托财产的独立性，以其中两个或许有些"极端"国家的立法为例：对待信托持保守态度的德国，联邦最高法院一开始也采用了普通法的信托原则，受托人自身债权人不能追索那些适当标识的信托财产；②《日本信托法》第16条第二款，通过整合信托法相关多项法律规定进而明确界定信托财产独立性，"第16条，除在信托行为中所订定之财产外，下列财产亦属信托财产：……依次条、第18条、第19条（包括因第84条规定改读适用之情形。以下于本款均同）、第226条第3项、第228条第3项及第254条第2项之规定，而成为信托财产者（包括依第18条第1项规定及同条第3项之准用规定而视为信托财产之共同持分者，与依第19条规定分割而属于信托财产者）"。从受益人权益保障救济角度而言，大陆法系有关信托财产的独立性主要通过赋予受益人强制执行信托财产的异议权、对受托人处分行为的撤销权予以实现。

关于信托财产的独立性学者认识理解略有不同，大部分学者坚持认为信托财产的独立性是指信托财产独立于信托所有当事人（委托人、

---

① "为本法目的，受托人以信托方式持有的财产将构成一项为信托而持有的信托基金，该信托基金在涉及受益人及其各自利益、信托目的、受托人权力等方面，与受托人手中持有的其他财产不能相互混淆。"转引自徐卫《信托受益人利益保障机制的分析与构建》，厦门大学博士学位论文，2007年，第46页。

② See: "GRUNDMANN, STEFAN. Trustand Treuhand at the End of the 20th Century: Key Problemsand Shift ofInterests", American Journal of Comparative Law, 1999（47）.

受托人、受益人)的固有财产,并在一般情况下不受信托当事人的债权人追索。[①] 我国信托法第 17 条规定有关信托当事人对信托财产强制执行的异议权,[②] 对该法条进行分析,可发现隐藏于其中的法理,即通过赋予有关主体对强制执行信托财产异议权,彰显信托财产独立性,实现"受益人只须与信托债权人'享有'信托财产"[③]。综合考察我国《信托法》第三章"信托财产"的法律规定,强调信托财产与委托人、受托人的固有财产相分离,但对于受益人没有进行正面规定,而是通过法条第 15 条对委托人设立自益信托情形下,有关信托财产与受益人固有财产相分离之原理予以辗转解释。[④] 信托财产免受委托人债权人、受托人债权人追索是信托财产独立性的重要表现,那么其是否应当免受信托受益人债权人追索?从商事信托财产拟制团体角度出发,信托财产自应免受受益人债权人追索,但由于信托利益附属于信托财产,故也可以认为信托财产可以被受益人债权人间接追索。因此如何在相应配套法规中(如民事诉讼法)就受益人所拥有的强制执行信托财产异议权,进行明确异议权执行以及针对信托财产保全的程序设计至为重要,这又关

---

① 徐孟洲:《信托法》,法律出版社 2006 年版,第 139 页;赖源河、王志诚:《现代信托法》,中国政法大学出版社 2002 年版,第 81 页;谢哲胜:《财产法专题研究(三)》,中国人民大学出版社 2004 年版,第 194 页;方嘉麟:《信托法之理论与实务》,中国政法大学出版社 2004 年版,第 30 页。

② 《中华人民共和国信托法》第十七条:"除因下列情形之一外,对信托财产不得强制执行:
(一)设立信托前债权人已对该信托财产享有优先受偿的权利,并依法行使该权利的;
(二)受托人处理信托事务所产生债务,债权人要求清偿该债务的;
(三)信托财产本身应担负的税款;
(四)法律规定的其他情形。
对于违反前款规定而强制执行信托财产,委托人、受托人或者受益人有权向人民法院提出异议。"

③ VERHAGEN, HENDRIK L. E., "Ownership-based Fund Management in the Netherlands", HAYTON, DAVID, Extending the Boundaries of Trusts and Similar Ring-fenced Funds, London: Kluwer Law International, 2002, p.110.

④ 《中华人民共和国信托法》第 15 条:"信托财产与委托人未设立信托的其他财产相区别。设立信托后,委托人死亡或者依法解散、被依法撤销、被宣告破产时,委托人是唯一受益人的,信托终止,信托财产作为其遗产或者清算财产;委托人不是唯一受益人的,信托存续,信托财产不作为其遗产或者清算财产;但作为共同受益人的委托人死亡或者依法解散、被依法撤销、被宣告破产时,其信托受益权作为其遗产或者清算财产。"

涉到对受益人债权人追索权进行适当限制。有关信托财产免受信托受益人债权人追索的立法例子，在美国统一《信托法》中有所体现，该法典第501条"受益人的债权人或者受让人（assignee）的权利"规定：受益人的债权人或者受让人（assignee）的权利，在受益人的权益不受挥霍条款（spendthrift provision）保护的范围内，法院可以授权受益人的债权人或受让人通过扣留（attachment）实时或未来分配给或属于受益人的利益或者其他手段，获得受益人的权益。法院可以视具体情况限定这种救济的授予。[1] 我国信托法对受益人债权人的权利也予以立法限制，信托受益权可以用于清偿到期债务，但要受到法律、行政法规或信托文件的限制。[2] 对于受益人债权人追索权的限制特殊性在于：首先，其对信托财产的间接追索可能破坏信托财产独立性，进而影响到受益人权利保护以及信托存在的根本前提；其次，受益人之受益权可能过于不确定（indefinite）或者具有或然性（contingent）[3]，为保证受托人自由管理处分信托财产权力，同时保证受益人权利目的，法律对于受益人债权人追索权应进行适当限制。例如法官基于自由裁量权，针对受益人及其家庭具体经济条件等情况可对债权人的权利予以适当限制。由于对受益人债权人追索权限制的法律原因、理论基础缺乏令人信服的统一认识，因此我国法律如何在特定情形下对受益人债权人权利予以限制，有待立法的进一步完善说明。同时对于受益人在信托利害关系人违反信托法禁止强制执行信托财产的有关规定时，如何提起诉讼或要求执行回转，委托人、受托人及受益人均有权向人民法院提出异议，他们之间是否可能存在有冲突以及受益人通过何种议事程序，以谁的名义向人民法院要求启动相应司法程序，也是增强禁止强制执行信托财产法律规定的

---

[1] *Uniform Trust Code* (amended in 2005), Section 501.

[2] 《中华人民共和国信托法》第47条："受益人不能清偿到期债务的，其信托受益权可以用于清偿债务，但法律、行政法规以及信托文件有限制性规定的除外。"

[3] See: *Restatement (Third) of Trusts* § 56 (2003); *Restatement (Second) of Trusts* § 147–149, 162 (1959). 转引自彭插三《信托受托人法律地位比较研究》，北京大学出版社2008年版，第209页。

可行性，保护信托财产独立性与受益人权利的要点之一。

第二，违反信托处分的撤销权。根据我国《信托法》第 22 条规定，[①] 在特定情形条件下，受益人同委托人一样享有撤销权，并要求受托人恢复信托财产原状或赔偿损失，对此一般称为受益人的撤销权。它具体是指当受托人违反信托目的处分财产、因处理信托事务不当或违背管理职责致使信托财产受到损失的，委托人有权申请人民法院撤销该处分行为，并有权要求受托人对受损信托财产予以赔偿或恢复原状。我国《信托法》有关撤销权规定的基本要点在于：撤销权行使的原因包括受托人违反信托目的处分信托财产，或者违背管理职责、处理信托事务不当等造成信托财产损失；信托受益人不能够直接向受托人行使撤销权，而需要通过诉讼方式行使该权利；受托人的处分行为被撤销后应认定自始无效，应恢复信托财产原状或予以赔偿，这些法律效果及于受托人，以及因受托人的处分行为而取得信托财产的受让人；有关撤销权的除斥期间为自受益人（委托人）知道或者应当知道撤销原因之日起一年内，逾期不行使的，撤销权归于消灭；共同受益人之一申请人民法院撤销该处分行为的，人民法院所作出的撤销裁定，对全体共同受益人有效。

受益人享有撤销权对应英美信托原型中受益人的衡平法追踪救济权，在英美法系中普通法的追踪救济具有相对性，而具有对世效力的追踪效力是衡平法上的追踪救济。受益人权利中追踪救济在英美法中拥有相当的对世效力，受益人有权利追踪信托财产，并由此从信托财产或其可追踪的物品中获得衡平法上的留置权（或质押）或相当比例的衡平法利益。如果这些财产或物品不当地落入任何非善意、对信托财产普通

[①] 《中华人民共和国信托法》第 22 条："受托人违反信托目的处分信托财产或者因违背管理职责、处理信托事务不当致使信托财产受到损失的，委托人有权申请人民法院撤销该处分行为，并有权要求受托人恢复信托财产的原状或者予以赔偿；该信托财产的受让人明知是违反信托目的而接受该财产的，应当予以返还或者予以赔偿。前款规定的申请权，自委托人知道或者应当知道撤销原因之日起一年内不行使的，归于消灭。"第 49 条："受益人可以行使本法第 20 至第 23 条规定的委托人享有的权利。受益人行使上述权利，与委托人意见不一致时，可以申请人民法院作出裁定。"

法的所有权支付了对价且对违反信托行为不知情的买受人手中。① 衡平法追踪救济作为衡平法救济组成的部分，同其他救济方式一样，"在保护受益人不受日益增长的各类人侵害方式的作用得到了扩展，受益人被授予各种权利，尽管这种权利是从对人权开始的，但是，这种权利几乎具有与对物权同等的效力"②。在英美法中如果信托财产不当地被第三人（非不知情的善意买受人）或受托人据为己有，只要该财产没有灭失，受益人可以基于衡平所有权将信托财产追回，或者要求恢复原状。大陆法系国家缺乏信托法观念与传统，为实现对受益人权利保护，针对信托财产的追踪权多规定有受益人撤销权及要求返还财产或恢复原状。其中尤以《日本信托法》规定得较为详尽，故作简介。《日本信托法》第27条第1项及第2项明确规定了受托人权限违反行为的撤销权：受托人为信托财产所为之行为不在其权限内，且有下列任一情形时，受益人得撤销该行为：（1）（一）该行为相对人于行为时，明知该行为是为信托财产所为者。（二）该行为相对人于行为时，明知该行为不属于受托人之权限，或有重大过失而不知者。（2）不论前项之规定，受托人对于信托财产（限于第14条得为信托登记或注册者）为设定或移转权利之行为不属于其权限时，以下列情形为限，受益人得撤销该行为：（一）于行为时，该信托财产已为第14条之信托登记或注册者。（二）该行为相对人于行为时，明知该行为不属于受托人之权限，或有重大过失而不知者。即受托人如违反信托权限而为的处分信托财产行为，虽然有效，但如果是信托登记制度规定下的财产，且该信托财产已办理有信托登记、注册，而行为相对人在受托人违反权限时又存在有恶意或重大过失时，可以根据受益人的意思表示撤销该行为。对于不属于信托登记要求的财产，如行为相对方知道该行为是围绕信托财产的行为，而且明知该行为是违反权限并存在有恶意或重大过失的，受益人同样可以行使

---

① [英] 海顿：《信托法》，周翼、王昊译，法律出版社2004年版，第168页。
② [英] F. H. 劳森、B. 拉登：《财产法（第二版）》，施天涛译，中国大百科全书出版社1998年版，第60页。

撤销权。此外,《日本信托法》第 31 条第 6 项及第 7 项还规定有受托人利益相反行为的撤销权,以及第 40 条规定的,当受托人怠于履行其职责义务时,在符合一定情形条件下的受益人之损失填补及恢复原状请求权。此外韩国及我国台湾地区的信托法就受益人撤销权亦有类似规定。

对比大陆法系国家与英美法系国家就此项受益人权利立法规定与理论基础,英美衡平法中受益人所享有的针对信托财产的追踪权,具有对世效力而类似大陆法系之物权救济方法。大陆法系国家因双重所有权之困境,所以通过赋予受益人以撤销权、返还财产及恢复原状,从而保障、督促受益人信托财产受益权的实现。撤销模式显然不是直接的物权性救济方式,而是"一种债权模式"的救济方式。[①] 信托受益人并非信托行为当事人,从表征考察受益人撤销权虽然与一般撤销权类似,尤其是债权人撤销权,但由于信托财产与受益权法律性质的模糊,仅能证明其是一种债权模式的受益人权利救济方式,而不是对受益人与受托人完全债权关系的承认,何况债权人撤销权法律性质本身在大陆法系国家就存在有争议。考察行使该权利的结果:可以将其理解成为在受托人违反一定法律规定情形下,赋予受益人就受托人不当处分的财产的追及救济效力,或者允许受托人、受让人以代位物充作信托财产。我国有关信托受益人撤销权的法律规定总体而言过于原则化,因此在实际商业环境中,与多种交易模式实际运作状况并不适应。例如如何平衡维护交易安全与受益人撤销权行使,缺乏体系化规定和具体法律条文指引,需要进行进一步的法律解释,尤其是应当明确界定撤销权的适用范围与适用条件。

第三,受益人知情权。所谓知情权,又称了解权、咨询权,是指获取信息的权利,是公民的重要权利之一,一般认为是由美国的新闻记者肯特·库伯在 1945 年的一次演讲中首次提出的。[②] 知情权在我国法律体系中更强调它是消费者一项重要权利内容,因为在消费市场交易过程中

[①] 王小川:《商事法学》,对外经济贸易大学出版社 2003 版,第 181 页。
[②] 董文军:《消费者的知情权》,《当代法学》2004 年第 3 期。

普遍存在信息不对称现象。通常认为信息不对称是由环境不确定性与市场不确定性引起，参与某一经济关系的双方各自拥有对方所掌握的部分信息，而对各自对手所具备的知识和所处环境则不完全了解。该种信息不对称现象在交易过程、环节中普遍存在，由于它的存在，占有信息优势一方可以在交易中获得更多的利益。信息不对称会影响交易双方的利益安排，损害交易以及市场公平、公正秩序。类似情形在信托制中同样存在，尽管受托人享有自由管理、处分信托财产的权利，但须符合信托设立目的或信托文件约定。有关信托事务处理及信托财产实际运用状况，与受托人相比较，受益人明显处于信息不对称境地，致使其权益可能受到侵害而不知情，无法实现对信托实然运行状况的了解与监督。商事信托受益人身份多与委托人身份重叠，自金融消费者权利保护角度出发，受益人享有知情权为题中应有之义。为平衡信托当事人之间的权益安排，各国信托法都规定受益人享有知悉、获取信托事务信息的权利，使得受益人能够督促受托人在处理信托事务过程中，有关管理、处分及运用信托财产等行为符合信托目的，或按照信托文件的约定管理信托事务。例如《欧洲信托法原则》第4条"为受益人或可强制执行的目的设立的信托"（TRUSTS FOR BENEFICIARIES OR FOR ENFORCEABLE PURPOSES）第3款规定，"任何受益人或目的信托的执行人，都有权利得到必要的信息，以保障其利益和确保受托人对其负责。"[1]《美国信托法重述（第2版）》第173条规定，"经受益人请求，受托人于合理期限内，负有提供有关信托财产数量及性质的完整、准确资料的义务，并且应当允许受益人或其授权的其他人检查信托财产实物、凭证、账册，以及其他有关信托的文件"[2]。《日本信托法》第36条规定，"委托

---

[1] Any beneficiary, or any enforcer of a trust for purposes, has a right to information needed to protect his interest and to ensure that the trustee accounts to him.

[2] The trustee is under a duty to the beneficiary to give him upon his request at reasonable times complete and accurate information as to the nature and amount of the trust property, and to permit him or a person duly authorized by him to inspect the subject matter of the trust and the accounts and vouchers and other documents relating to the trust.

人或受益人得请求受托人，报告信托事务之处理状况、信托财产与信托财产责任负担债务之状况"。此外，韩国、我国台湾地区信托法都有类似规定。

我国《信托法》第 20 条规定，受益人有知悉了解信托事务的权利[①]，主要包括两方面内容：一方面受益人（委托人）有权查阅、抄录或者复制与其信托财产有关的信托账目以及处理信托事务的其他文件；另一方面，有权了解信托财产在受托人控制处分下，具体的管理运用、处分以及收支等情况。受益人知情权对应受托人管理、处分信托财产的记录与报告义务，要求受托人在从事信托行为时，应当置备账簿并在受益人提出文件阅览、报告请求权时，予以告知。通过赋予受益人知情权，能够使得受益人及时了解信托财产的实际运行状况，可以相当程度地改善商事信托中客观存在的信息不对称现象，对受托人信托行为是否符合信托目的或信托文件约定予以监察、督促，进而有效地保障受益人信托财产受益权，使得信托存在有可以强制受托人履行其义务的受益人。强调信托受益人知情权同时必须明确，信托制中的信息不对称是由信托结构决定，具有客观必然性。同时伴随信托功能演进，受托人由消极持有信托财产向积极管理、处分信托角色转换，故有关信托受益人知情权的限制也构成受益权的重要内容，并为各国法律所明确。如英美法中规定，受托人有权拒绝信托受益人查阅受托人行使自由裁量权的情况，包括受托人为决定是否行使、如何行使自由裁量权与律师、其他共同受托人之间的通讯。[②] "如果受托人准备的某些文件中包含了他们行使自由裁量权的信息，并且这些文件中包含了某些材料，表明他们行使自由裁量权的原因，如果受益人提出披露这些文件的要求，那么这些文

[①] 《中华人民共和国信托法》第 20 条："委托人有权了解其信托财产的管理运用、处分及收支情况，并有权要求受托人作出说明。委托人有权查阅、抄录或者复制与其信托财产有关的信托帐目以及处理信托事务的其他文件。"第 49 条："受益人可以行使本法第二十条至第二十三条规定的委托人享有的权利。受益人行使上述权利，与委托人意见不一致时，可以申请人民法院作出裁定。"

[②] 何宝玉：《信托法原理研究》，中国政法大学出版社 2005 年版，第 192 页。

件是可以不被披露的。"[1] 大陆法系国家中,《日本信托法》就信托受益人知情权从受托人义务角度予以限制,其法条第38条要求受益人请求受托人报告信托事务处理状况,以及阅览、复制与信托财产相关的账簿、财产处分相关合同书时,请求理由必须明确,否则受托人可以拒绝,包括有:请求人是以确保和行使该项权利之调查以外的目的提出请求的;请求人处于经营和该信托业务有实质性竞争关系的事业,或从事该职业的;请求人提出请求的时间不当;请求人妨碍处理信托事务,或者以损害受益人的共同利益为目的提出请求;请求人通过前项规定下的阅览或誊写,为将其获悉之事实向第三人通报并从中牟利而提出请求等情形,[2] 属于受益人知情权应受限制的范围。总体而言,我国信托法中有关信托受益人知情权规定,对于受托人自由裁量权原因公开未作明确否定性限制,对受益人了解知悉信托事务请求权的理由亦未有明确规定,有关信托制运行过程中的持续性信息披露缺乏系统规定。

二 受益权之取得、变更与消灭

关于信托受益权取得时间的规定各国信托法大体相同。一般规则是,信托成立生效后,当然发生信托受益权;信托受益权一旦发生,信托受益人即自然地享有信托受益权,无须做出接受信托利益的意思表示。[3] 商事信托实践中多以合同形式设立,信托合同生效后,受益人当然享有信托受益权。与第三人利益合同不同,信托受益权的发生取得一般不需要第三人(受益人)做出接受同意的意思表示,[4] 除非在信托文件中有特别约定。信托受益人作为非信托合同的订立方,是信托关系当

---

[1] [英]海顿:《信托法》,周翼、王昊译,法律出版社2004年版,第170页。
[2] [日]三菱日联信托银行编著:《信托法务与实务》,张军建译,中国财政经济出版社2010年版,第75—76页。
[3] 何宝玉:《信托法原理研究》,中国政法大学出版社2005年版,第170页。
[4] 在两大法系国家,法律都将利益第三人对他人合同规定利益的同意看作是为他人利益合同对利益第三人产生效力的重要构成要件。因为此种同意的作出会产生重要后果,即合同当事人是否享有撤销合同、变更合同的权利。张民安:《论为第三人利益的合同》,《中山大学学报(社会科学版)》2004年第4期。

事人，若要享有信托受益权则需以信托的有效成立为前提。商事信托依据我国法律规定应采取书面合同的方式予以设立，有关信托合同的成立生效原则上应符合我国合同法关于合同成立与生效的一般规定，即合同自合同当事人意思表示一致时成立，如果合同符合国家法律规定生效的要件，合同成立且生效。[1] 涉及信托成立生效的例外性因素，在商事信托领域主要表现为信托是否附条件或期限、是否要求信托财产办理登记手续等。信托合同性质一般应认定为要物、实践合同，从信托基本法理而言，信托合同在信托财产交付后生效更为合理，因为信托本质是围绕信托财产、以信托财产为中心的特定法律关系与制度安排。此种认识也符合英美信托法的规定与认识，"英美信托法下信托可说原则上仅需委托人单方为信托之意思表示，加上信托财产转移之此一事实，信托即为成立"[2][3]。如果信托财产是需要办理登记手续的，应该依照法律、相关行政法规办理登记手续，否则不能产生效力，实践中此类信托财产类型主要是房产、股票等。取得信托受益权还应注意我国有关受益人主体资格限制，根据《信贷资产证券化试点管理办法》第 41 条的规定，[4] 资产支持证券可以向投资者定向发行，但定向发行的资产支持证券只能在认购人之间转让；根据《信托公司集合资金信托计划管理办法》第 29 条的规定，[5] 多个自然人无法通过拆分受让一个自然人受益人享有的信

---

[1] 《中华人民共和国合同法》第 44 条："依法成立的合同，自成立时生效。法律、行政法规规定应当办理批准、登记等手续生效的，依照其规定。"第 52 条："下列情形之一的，合同无效：（一）一方以欺诈、胁迫的手段订立合同，损害国家利益；（二）恶意串通，损害国家、集体或者第三人利益；（三）以合法形式掩盖非法目的；（四）损害社会公共利益；（五）违反法律、行政法规的强制性规定。"

[2] 方嘉麟：《信托法之理论与实务》，中国政法大学出版社 2004 年版，第 284 页。

[3] 我国信托法有关信托合同的性质，依据《信托法》第 8 条规定："……采取信托合同形式设立信托的，信托合同签订时，信托成立。"显然将信托合同性质界定为诺成合同，其利弊及原因下文将有讨论。

[4] 《信贷资产证券化试点管理办法》第 41 条："资产支持证券可以向投资者定向发行。定向发行资产支持证券可免于信用评级。定向发行的资产支持证券只能在认购人之间转让。"

[5] 《信托公司集合资金信托计划管理办法》第 29 条："信托计划存续期间，受益人可以向合格投资者转让其持有的信托单位。信托公司应为受益人办理受益权转让的有关手续。信托受益权进行拆分转让的，受让人不得为自然人。机构所持有的信托受益权，不得向自然人转让或拆分转让。"

托受益权，自然人无法受让机构所转让的受益权。

有关受益权变更，在商事信托实践中主要体现为受益人权利的转让与继承，其中受益权转让应作广义理解，既包括受益权直接交易转让又应当包括受益人债权人行使追索权。有关内容前述已有涉及，唯需注意交易转让应建设有健全、公正、透明的受益权凭证二级市场，并且受益人债权人行使追索权应受到适当限制。信托存续期间如发生受益人死亡则涉及受益权继承，在自益、集团特性的商事信托中，信托依然存续，有关受益权的归属与继承应按如下方式处置：首先，依据信托文件对受益权予以继承，如果信托文件就成为受益人还约定有其他资格或条件的，从委托人的愿望推断，似不应按照受益权继承处理；其次，如果信托文件没有规定受益人死亡后其权利的处置方法，按照信托文件和信托财产性质可以确定信托利益的，由其继承人继承享有确定的信托受益权。如果受益人并未确定地享有特定信托利益，例如受益人享有的是委托人自由裁量信托利益，则受益人死亡后其受益权终止，不能由其继承人予以继承。因为，在自由裁量信托中委托人有权指定新的受益人，而不由先前受益人的继承人自动继承信托利益，只是在我国现阶段商事信托法制与实践中，所谓自由裁量信托几乎没有存在的空间。

信托受益权与信托密切相连，因此如果信托终止则受益权消灭。根据民法一般性原理信托受益权可能予以消灭的情形有：因为发生信托文件所约定的终止事由，或者当信托文件所规定的信托期限届满时，信托终止依约定或法定确定信托财产归属后受益权消灭；[①] 全体受益人放弃受益权的，信托终止受益权消灭；委托人与受益人合意终止信托情形下，信托终止受益权消灭，只是在这种情形下委托人与受益人并非是信托关系完全当事人，因此如果双方合意终止信托的话，应就此给受托人所造成的损害予以赔偿，而且如果信托文件中事先规定不得由委托人与

---

① 例如，我国《信托法》第9条以及《信托公司集合资金信托管理办法》第12条中，都允许信托文件中就信托期限予以规定。

受益人合意终止信托时从其规定，日本信托法中就此予以了明确规定。[①] 我国信托法要求信托终止可以经信托所有当事人协商同意后终止；[②] 信托财产作为信托受益权客体之标的物，如发生诸如因不可抗力而灭失的，信托受益权也将自然消灭；依据民法原理，同一财产上的权利与义务同归于一人的，应当产生混同的效果。[③] 当信托财产上的权利义务同归于一人时，并不当然为信托所禁止，因为受益人的请求权最终指向的是信托财产而非受托人。如果信托单独受益人与单独受托人混同时，依据我国法律规定信托终止受益权消灭，而依据日本信托法之规定，"纵使单独受托人之地位与单独受益人之地位归为同一人时，修改后的信托法明确规定了立即产生混同，但受益权并未消灭"[④]。自信托法理及前述信托财产本质而言，日本信托法规定应该更符合信托法理精神要求，彰显出信托财产之独立性与其在信托法律中的主体地位。

三 受益权之时效

受益权法律性质特殊，因此关于其权利时效期限问题值得特别关注。英美法系中，如果信托受益人经过一定期限后仍未行使权利，则构成英美衡平法上"懈怠"（laches）之法理，依照良心与衡平观念，认

---

① 《日本信托法》第164条，"委托人及受益人得随时依合意终止信托。

委托人及受益人于不利受托人之时期终止信托者，委托人及受益人应赔偿受托人之损害。但有不得已之事由时，不在此限。

不论前二项规定，信托行为另有订定时，依该订定为之。

委托人现不存在时，第一项及第二项之规定不予适用。"

② 《中华人民共和国信托法》第53条："有下列情形之一的，信托终止：

（一）信托文件规定的终止事由发生；

（二）信托的存续违反信托目的；

（三）信托目的已经实现或者不能实现；

（四）信托当事人协商同意；

（五）信托被撤销；

（六）信托被解除。"

③ 混同情形下根据我国信托法第43条规定："委托人可以是受益人，也可以是同一信托的唯一受益人；受托人可以是受益人，但不得是同一信托的唯一受益人。"

④ ［日］三菱日联信托银行编著：《信托法务与实务》，张军建译，中国财政经济出版社2010年版，第95页。

为如果受益权因为时间延迟而不宜继续行使的，权利义务人可以予以拒绝。根据英国《1980年时效法》的规定，受托人违反信托的诉讼时效期限是六年，但如果是受益人基于受益权对受托人个人的请求权，则时效期限最长可达十二年。如果受托人有欺诈或不诚实行为的话，受益人权利不受时效期限的约束。[①] 美国《信托法重述（第2版）》第219条规定，[②] 受益人对受托人信托违反责任长期不提起诉讼，依据当时状况若允许其要求受托人承担责任已非公平的，则受益人不得对受托人主张信托违反责任；受益人不因为逾期未提出请求而丧失权利，但受托人信托违反且被受益人所知悉的，受益人则会因为逾期不请求而丧失权利。

大陆法系中关于受益权的时效问题，按照民法法理而言主要涉及请求权领域，其中消灭时效的客体为请求权。只是需要注意并非所有请求权都能够成为消灭时效的客体，例如依据请求权标的不同可以将请求权分为债权请求权与物权请求权，前者一般适用消灭时效，后者是否适用存在有争议。通常认为对于物权请求权不应适用消灭时效。此外，对于消灭时效与诉讼时效的称谓在非严格意义上可以予以互换。[③] 信托受益权时效制度适用的前提应当是与民法相关时效制度配合。以日本为例，其《民法》第167条规定，债权经过10年不行使而消灭；债权以外的其他财产权，经过20年不行使而消灭。因此如果对受益权性质采纳债权说，则信托受益权消灭时效应当是10年，如果认为信托受益权包含

[①] 何宝玉著：《信托法原理研究》，中国政法大学出版社2005年版，第181页。

[②] *Restatement (Second) of Trusts* §219 Laches of the Beneficiary.

(1) The beneficiary cannot hold the trustee liable for a breach of trust if he fails to sue the trustee for the breach of trust for so long a time and under such circumstances that it would be inequitable to permit him to hold the trustee liable.

(2) The beneficiary is not barred merely by lapse of time from enforcing the trust, but if the trustee repudiates the trust to the knowledge of the beneficiary, the beneficiary may be barred by laches from enforcing the trust.

[③] 关于时效的概念，德国民法称为时效（Verjähruang），法国民法称为时效（prescription），英国民法也称为时效（Limitation of action），日本翻译德国、法国概念时称为消灭时效，其实，称为诉讼时效可能更为确切。王利明著：《民法总则研究》，中国人民大学出版社2003年版，第711页。

有物权因素，消灭时效应当是 20 年。日本国内对信托受益权性质也存在有诸多争议，反映在时效制度上即为对受益权消灭时效应规定为 10 年抑或 20 年之争，尽管日本学界和信托立法较倾向于债权学说理论，但《日本信托法》第 102 条第 4 项明确规定为 20 年，表明在此方面其信托立法为更好保护受益人权利，将受益权在民法时效配套体系中倾向于认定具有物权性质。

探讨我国信托受益权时效问题，主要在于与民法体系配套规定的考量方面。首先，物权请求权是否能够适用我国民法通则中有关诉讼时效之规定；其次，信托受益权究竟应定位于债权还是物权。关于物权请求权是否适用消灭时效学界通说认为不应适用，理由在于：一方面对于诸如返还原物的请求权而言适用一年或两年的诉讼时效将不利于保护所有人的利益，或者说不利于保护所有权人的权利；另一方面，对返还原物、排除妨碍、消除危险等物权请求权而言，也很难确定诉讼时效的起算点，因为物权请求权通常都适用于各种继续性的侵害行为，侵害和妨害行为通常是持续不断进行的，如果自"受害人知道或者应当知道自己的权利受到侵害之日起"计算物权请求权的消灭时效，则对物权人是不公平的，也不利于保护物权。① 由此，如何认定受益权性质对于能否使用我国民法通则有关诉讼时效问题关系重大，如认定为债权则可以适用，如认定为物权则无法适用。关于信托受益权性质问题，如前所述在学界乃至实务界都存在有巨大争议，且运用归谬法都可反证对方观点无法成立，这将会导致配套法律体系之不协调以及实际法规适用两难困境。如果坚持受益权本质特性，其并非单纯的物权或债权，则信托受益权无法适用我国民法通则有关规定。较为可行的思路是由信托法在未来进行法律修订时对受益权诉讼时效问题直接予以单独、明确的规定。

---

① 王利明著：《物权法研究（修订版）上卷》，中国人民大学出版社 2007 年版，第 217—218 页。

第四节 小结：信托受益权保护的必要与可能途径

"信托是由受托人接受委托人的意愿以自己的名义，为受益人的利益或者特定目的，管理或者处分信托财产的行为。这里所称的特定目的，可以说是一种特定的受益人、特定的利益，并不是受益人利益以外的什么利益，所以它只是一种表述上的区别，而实际上是一致的。"[1]我国信托法要求信托必须有合法的信托目的，当对信托目的予以界定时，立法本意显然是通过引入信托，将信托作为特定理财制度，以实现社会财富的积累与增加。信托制的目的是为了受益人利益，无论对信托进行何种解读或从何种角度对信托予以阐释，信托立法的根本目的也应当是以信托受益人利益取得、保障作为基础。今天有关部门法学研究似乎总存有片面情绪的解释，以公司法为例，债权人的利益固然要保护，而股东利益是否更需要保护呢，企业公司内的职工利益是否需要保护？如果中小股东的权益需要保护，按照出资比例这一基本逻辑思维大股东权益至少不能被漠视。同样信托立法中委托人的利益固然要保护，那么从权利义务衡平角度出发，受托人的利益当然也不应忽视。如果信托关系当事人的权益需要保护，从法制统一及维护交易安全、迅捷角度出发，信托关系当事人的债权人利益至少不应被漠视，否则何谈商业文明与法律公正、公平。如果在强调信托受托人与委托人之间的权义配比适当、信托财产独立时，那么是否信托关系当事人利益一定优位于其各自债权人，委托人利益对比受益人利益更具有优越性？因此在不同政策、时代背景、考量环境以及语境中信托法的本质究竟是什么，将根本无法回答。而这或许会造成更多社会公众的困惑，毕竟法律的确定性、稳定性是立法者或者解释者更应当关心的，否则所谓法律的权威性将无从谈起。其实信托法的立法本质必须是保护、鼓励投资者，以受益人利益保

---

[1] 卞耀武：《信托法释义》，法律出版社2002年版，第31页。

障为核心，实现信托制的特定理财制度功能。在此基本前提下，又要求信托立法必须衡平各方利益，其具体表现为信托法内各个不同的具体制度将会有不同的利益保护倾向，但这种倾向必须与信托法整体体系相协调，进而使得信托法成为各方利益的衡平工具。因为立法是寻求公正的行为秩序，以合理地平衡各参与人的利益。[1] 通过信托法的法律衡平效能，有效促进商业经济文明健康发展，这才是信托法所真正应当具有的禀赋。

信托受益人是信托构成的基本要素，尽管在公益信托及某些特殊信托场合下可以无需受益人的存在，但在商事信托中，受益人要素却是信托必备要素，因此结合信托自身特点、信托立法及商事信托实践分析受益人的地位至关重要，它是对受益人权利法律保护的基础前提与论证条件。总结本章相关内容所述，根据我国信托法律、法规规定分析信托中受益人的法律地位，要点在于：首先，受益人是信托关系当事人而非信托行为当事人；其次，受益人在信托中所享有的权利义务，并不应当被局限于信托行为或信托契约中，例如受益人受益权的核心是受托人所负有的衡平法义务。如单纯依据传统民法、合同法及物权法原理解释，受益人处于信托结构中是实际消极、弱势地位。该情形对于大陆法学者，同公司治理结构的法律解释较为接近，商事信托中受益人地位与股东类似，受托人则需像公司董事一样对股东、公司负担信义义务。现代企业制度导致产生两权分离，在信托制中受益人同样无法直接掌握、了解信托财产具体处分途径、方式，当代信托向商事信托演进过程中，受托人功能角色转换使得受益人消极弱势地位更为突显。同公司股东一样，商事信托受益人无法或者说不愿意积极地监督信托，但同时又希望为保护自己的投资所产生的经济利益而提供一些制度手段。[2] 从体系角度考察我国信托法，似更注重委托人权益保护，至少在法条体系结构安排中体

---

[1] ［德］齐佩利乌斯：《法学方法论》，金振豹译，法律出版社2009年版，第15页。
[2] ［日］能见善久：《现代信托法》，赵廉慧译，中国法制出版社2011年版，第185页。

现出这种倾向，信托立法中首先指明委托人权利并排列在先，至于受益人权利相当部分采取援用前列委托人权利的立法安排。典型商事信托具有私益兼自益特征，其中自益特征使得受益人与委托人身份角色重叠，可适度缓解受益人权利保护问题，但从受益人权利行使角度而言，其与委托人存在有较大差别。委托人意志体现及权利行使、保护可通过信托行为途径，受益人在商事信托中进行权利行使与保护则存在程序与方法限制，主要原因在于商事信托多为集团信托，存在有复数信托受益人的情形，针对此种情形需要就受益人权利进行有别于委托人权利行使、保障的特殊法律安排。可见，在信托以受益人权益取得、保障为目的进行制度设计时，受益人本身由于信托结构安排处于消极、弱势地位，同时我国信托立法从立法体系、立法技术而言又加剧了商事信托主体间的权义失衡现象。"……在法律上和道德层面，所有的人都应当享有平等的待遇。但是需要强调的是，如果我们想理解此一平等思想能够或应当具有的含义，那么第一个要求便是我们必须摒弃那种认为所有的人在事实上都是平等的观念。"[①] 在私法领域内，要求我们必须注重民法与商法在价值、功能取向方面的不同，认识民法普适性与商法适用性的结合[②]。商事信托受益人实践中面对受托人多为专业性、经济实力较为雄厚的信托机构、金融机构，对比他们之间的经济、信息、事实地位等，受益人必然处于弱势地位，因此需要信托立法就此种实际地位不平等，以商法功能主义适用方法结合信托实践予以回应。综上所述，从信托结构、立法体例及商事信托实践出发，都表明信托受益人权利法律保护的必要性。

  信托受益权在信托制发展过程中，同信托一样是法律、制度功能经验主义而非逻辑推导的产物，对此种非经典大陆法系成文界定的权利认知欲窥其全貌，要求必须进行多视角的观察与归纳，并确定与之相适应

---

  ① ［英］弗里德里希·冯·哈耶克：《自由秩序原理（上册）》，邓正来译，生活·读书·新知三联书店 1997 年版，第 104 页。
  ② 参见叶林《商行为的性质》，《清华法学》2008 年第 4 期。

的立法规制的目标取向。只有在法律体系中的每一个规则清楚地指向它所推动的目标，并且对这个目标的渴望根据已经确定，并准备以言辞阐明时，这个法律体系就更为合理和开化。[①] 以受益权法律保护目标审视该权利自身，从不同角度观察分析可得出如下基本结论：第一，受益人权利束在衡平法层次得以具体丰富，并具有相应法律救济保护途径；第二，受益权对应受托人义务的权利义务层次，实际构成信托事务中最为实质和根本的法律适用难点，因为对受托人信托违反的各类行为如何认定，这只能在个案中根据信托文件和其他事实，由法官逐一对受托人的权限范围以及义务内容来具体进行判断。而受益人权利不与受托人义务直接对应的权利，例如撤销权、损害赔偿及恢复原状等权利，其功能更多的是赋予受益人监督信托的权利；第三，将信托本质视为特定的法律关系，在信托当事人之间的内部关系中，受益人可以依据信托法的规定以及信托文件的约定享有受益权，在信托外部关系中，受益人与受益人的债权人关系较为特殊，需要立法进行特别规制；第四，由信托财产本质而言，商事信托财产本质是以信托账户作为主体彰显形式的拟制团体化组织，对于信托的分析须以"观念性拟制团体组织加治理结构"展开，信托制是以权、利分离为基础，连接并规范有关信托当事人围绕信托财产之间的权力、利益、责任关系的制度安排。信托受益人权利类似股东权利一样，不仅仅是债权或物权而是一种特殊类型的权利。观念拟制下的信托团体组织本身，在进行法律规制时应当考虑如何保护内部受益人的权利，使其免受来自于拟制信托组织、受托人以及其他人的侵害，这是由信托财产权本质的组织层面解读受益权的必然结论。综上所述多层次分析所得基本结论出发，具体考察信托受益权之权利内容、取得变更与消灭以及时效问题，实际是廓清了商事信托实践、立法、法律适用过程中，有关信托受益权法律保护的关键问题，从而为下文展开信托受益权法律保护机制的讨论、分析，指明了可行的法治途径。

[①] [美] 斯蒂文·J. 伯顿：《法律的道路及其影响》，张芝梅、陈绪刚译，北京大学出版社2005年版，第165页。

第四章　受益人权利保障措施析论：
权利行使与冲突衡平

　　商事信托受益人权利保障具体措施，实质涉及两个重要问题，第一是如何确保该权利予以正确、顺利行使，第二是关于信托受益权中不同利益主体之间利益冲突的处置。考察有关权利学说概念总体而言存在三种趋势：将权利视为意志的能力；将权利作为一种被保护的利益；以及把意志的要素和利益的要素结合起来。① 对权利理解的意志要素、利益要素以及可能存在的权利道德正当性问题，最终都要与国家立法结合讨论，在此过程中，有关权利人意志彰显、利益实现与保护、权利立法道德正当性支撑等问题，与前述两问题密切关联。其中权利意志要素关涉权利如何予以正确顺利行使，如在信托受益权中就受益人，尤其是商事集团信托复数受益人拟制共同意思做出、接受与实现；权利利益要素关涉信托制中不同利益主体乃至其与第三人之间利益冲突的处置；权利道德正当性则涉及对具体信托财产管理处分过程中的监督与控制。结合我国信托立法与商事信托实践，为促成信托受益权正确、顺利行使，解决信托受益权所涉不同主体间可能存在的利益风险、激励与约束问题，有必要在信托实践运行过程中就如下具体法律措施展开讨论。

---

　　① ［法］莱翁·狄骥：《宪法论（第一卷）》，钱克新译，商务印书馆1959年版，第199页。

第一节　信托受托人义务：信义义务与受益权

在信托法律关系中受益人未支付对价也不是信托文件当事人，但受托人与受益人连续性关系的立法规定，应当成为信托法律关系的基础，受益人拥有要求受托人履行其义务的权利，且这些权利非常广泛。因此，对受托人义务法律规定的考察与完善建议，是确保受益人权利得以实现的重要基础前提。例如信托受益人的给付请求权、信托事务履行请求权、说明请求权等都与受托人义务相对应，其中受托人应承担的义务中，忠实义务和谨慎注意义务之履行，是信托目的实现以及商事信托受益人享有、实现信托受益权的关键。

一　受托人义务范围

（一）英美法系中的受托人义务

根据美国《信托法重述（第2版）》第七章规定，第169—185条主要规定了信托受托人的义务，内容包括：处理信托事务的义务、忠诚的义务、亲自处理信托义务、保存并提交信托账簿的义务、通知的义务、实施合理的注意及技能义务、取得和控制信托财产的义务、保护信托财产的义务、申请强制执行的义务、在诉讼中进行抗辩的义务、保持信托财产具有生产力的义务、对受益人支付收益的义务、在受益人间公平处理受益权的义务、对其他共同受托人的义务、对享有控制权的人的义务。① 英国信托法中有关受托人义务规定与美国信托法大致相当。②

---

① 谭振亭：《信托法》，中国政法大学出版社2010年版，第115页。
② 其主要内容有：（1）取得并持有信托财产。该财产必须与受托人的私人财产相分离，并与其根据其他信托而作为受托人持有的其他信托财产相分离；（2）根据信托文件或者《2000年受托人法》的规定，通过进行授权的投资，维持信托财产的价值；（3）忠实公正地为所有受益人利益管理信托，并在那些现在享有利益的受益人和那些将来享有利益的受益人之间，保持他们利益上的"公平"或"公正的平衡"；（4）对受益人负有严格的责任，仅仅对有权享有收益的受益人分配收益，且仅仅对有权享有本金的受益人分配本金，保证受益人能检查账目和信托文件（转下页）

受托人各具体义务源自于信托目的，为受益人利益处置信托财产与信托事务，二者之间必须建立一种特别的信赖关系，从而形成受益人与受托人在信托制中的连续关系。英美法认定受托人在享有信托财产的法定所有权时就要求其承担必要的衡平义务，此义务由受托人向受益人履行，成为受托人与受益人之间信托关系的本质。受托人义务是信托内部关系构造的重要组成部分，进而成为约束受托人良心的现实法律表现。"称某人是受托人，只是一系列分析的开始，它为更多的进一步询问指明了方向。他是谁的受托人？他作为受托人必须承担什么义务？"[①] 英美法中的信托是建立在良心之上，为保证信托财产所有者良心不受影响，其信托受托人制度在衡平法中则是"坚持主张义务"的，正是基于这样的认识，有学者直接从衡平法义务出发来界定信托的定义，并得到了英国法院的支持。[②] 对受托人而言，法律的主要作用是为保护信托受益人，法律对受托人规范的主要是其义务和责任，而非权利。

（接上页）（不包括那些与受托人履行自由裁量权有关的文件）；(5) 考虑执行他们的决定，并且如果他们决定执行，就要忠实地而不能任意地和错误地执行，从而与委托人任何合理的期待相违背，或者不当地忽视了一项重要因素。授予受托人的权力或自由裁量权必须在所有受托人一致同意的情况下执行，除非受托人被信托文件明示授权，可以在大多数受托人同意的情况下（或者是慈善信托或养老金信托的受托人）执行；(6) 受托人不要将自己处于或者可能处于这样一个地位，即有可能使其个人利益与其信赖义务相冲突的地位（或者一个信赖义务与另一个信赖义务相冲突）。因此在没有授权的情况下，他们不能利用自己的地位获利，或者与自己进行交易；(7) 根据实际情况履行合理的注意和技能尤其是 (a) 他拥有的或他声称拥有的任何特殊知识或经验；而且 (b) 如果他在某商业或职业中作为受托人行事那么他应当拥有在同类商业或职业中工作的人所应该具有的，合理的任何特殊知识或经验；(8) 每个受托人都要亲自行事。除非根据《2000年受托人法》获得授权，可以委托其他受托人或代理人行事；(9) 如果一个受托人违反了信托，那么他就要承担个人责任。[英] 海顿：《信托法》，周翼、王昊译，法律出版社2004年版，第144—145页。

[①] [美] 弗兰克·伊斯特布鲁克、丹尼尔·费希尔：《公司法的经济结构》，张建伟、罗培新译，北京大学出版社2005年版，第101页。

[②] "A trust is an equitable obligation, binding a person (who is called a trustee) to deal with property to deal with property over which he has control (which is called the trust property), for the benefit of persons (who are called the beneficiaries or cestuis que trust), of whom he may himself be one, and any of whom may enforce the obligation" (Underhili's Law of Trusts and Trustees, 11th ed. p3), See: FROST, MARTYN, "Overview of Trusts in England and Wales", KAPLAN, ALON, *Trusts in Prime Jurisdictions*, Hague: Kluwer Law International, 2000, p. 13.

(二) 大陆法系中的受托人义务

对于大陆法系国家来说尽管不存在有信赖关系 (fiduciary relationship) 概念，但有关受托人义务内容与英美法系中规定相近似。如果说受托人被施加的义务在英美法系中主要涉及受托人对信托财产的管理义务、对受益人应承担的义务这两个方面，大陆法系国家中受托人义务结构可归纳为：由信托目的为基础并根据信托文件所派生的基本义务，为控制、保全信托财产而执行信托的事务性义务，以及要求受托人行使专业性判断与自由裁量的管理性义务。

受托人基本义务是指，受托人承诺信托后管理处置信托事务应当遵守信托法的规定，同时必须承担依照信托文件处理信托事务的义务。例如《日本信托法》第5条规定："本法所称受托人，指依信托行为之规定，对信托财产负有为管理、处分或其他为达成信托目的有必要之行为之义务者。"日本信托法强调信托行为，当事人依据信托行为的规定设立信托的结果体现为信托文件。总之，不同国家、地区信托立法尽管立法用语存在区别，但都强调受托人必须遵守信托文件并符合信托目的的要求处理信托事务，我国信托立法也强调受托人须遵守信托文件，这是受托人的基本义务。[①]

为控制、保全信托财产而执行信托的事务性义务，其内容主要包括取得受托人资格义务、标记信托财产、单独记账并向受益人报账、分别管理信托财产等义务。具体而言此类事务性义务对于受益人权利保障的意义在于：法律规定取得信托受托人资格的义务，在商事信托中对专业受托人的资质应该有一定要求，从而起到监督金融市场运行、实现交易秩序稳定、安全的作用，实现商事信托的营利性目的与公众利益维护；通过标记信托财产将属于信托的财产予以清楚标示，能够有效防止受托人从中不当牟利，避免受托人可能对信托及其受益人所带来的损失，该

[①] 《中华人民共和国信托》第25条："受托人应当遵守信托文件的规定，为受益人的最大利益处理信托事务。"

义务主要体现为有关国家对于信托登记制度的法律要求；单独记账并向受益人报账义务的履行，能够使得受益人保障自己权利不受侵害或阻止以及对信托违反进行补救。各国信托法中大都规定，受托人有义务保留所有的信托文件、开销收据、凭证等，有义务在受益人提出要求时向其提供有关信托及执行情况的信息，还有义务允许受益人检查信托记录、文件、证券和其他凭证等；分别管理信托财产义务与前述标记信托财产、单独记账并报告等义务，结合交织共同实现控制、保全信托财产的目的。例如《日本信托法》第34条对分别管理义务就进行了明确规定。[1]《韩国信托法》、我国台湾地区"信托法"等都有类似规定。我国《信托法》第29条就此义务予以规定，与其他国家或地区信托立法比较，我国信托法未列明分别管理的例外情形。分别管理例外情形的主要缘由在于：信托财产为金钱时，受托人分别管理事实无法实行，而只能采取分别记账的方式实现分别管理；商事信托中为追求规模效应，对不同金钱信托的资金允许受托人集合运用投资，以分散风险，获取较高收益。我国信托法应重视商事信托实践发展需求，允许信托受托人分别管理义务的例外情形，尤其是在抵押参与或抵押池、共同信托基金、共同基金或投资信托等情况下。[2]

要求受托人行使专业性判断与自由裁量的管理性义务。其核心内容包括有受托人的注意义务与谨慎投资义务，它是构成受托人与受益人间连续性关系的核心，同时也是信托实际法律认定、适用的关键问题，故

---

[1] 《日本信托法》第34条（分别管理义务）："受托人，应按下列各款规定区分财产，并按各款规定之方法，分别管理信托财产、固有财产及其他信托之信托财产。但关于分别管理的方法，信托行为中另有其他订定时，从其所定：

一得为第十四条规定之信托登记或注册之财产（第三款除外）为信托登记或注册。

二不能为第十四条规定之信托登记或注册之财产（次款除外）按下列甲或乙所示财产之不同，采甲或乙所定方法：甲动产（金钱除外）采外形上得区别信托财产、固有财产及其他信托之信托财产之状态为保管财产之方法。乙金钱或甲以外之其他财产采能使其会计计算明确清楚之方法。

三法务省令所规定之财产采法务省令所规定能适当分别管理该财产之方法。

不论前项但书之规定，有关同项第一款之财产，其第14条规定之信托登记或注册义务，不得免除。"

[2] 高凌云：《被误读的信托——信托法原论》，复旦大学出版社2010年版，第105页。

下文将予以专门讨论。总之，两大法系相互融合的趋势，在信托法中有关受托人主要义务方面体现较为明显。对于这种"不可减损"的受托人义务，大陆法系国家、地区移植英美信托制后，在借鉴英美法系信托法基础上，都在各自信托立法中规定有基本类似的受托人主要义务。

二 受托人信义义务

(一) 信义义务

当代新古典主义经济理论的体系是基于对人类本质的简单思考上：人类是"理性地追求功利最大化"的个体。将人类界定为在本质上理性但自私的个体，他们最大限度地追求物质利益。可不容忽视的事实是人类为什么是以功利化的个体出现，而不是作为更大社会集团的一部分，这本身值得深思。实际上人是融于各种社会群体：家庭、街坊、网络、机构、教堂和国家之中的，他们必须根据这些群体利益来平衡自己的利益。社会、道德、行为与一定程度的自私功利最大化行为共存，最大的经济效率的产生并不是靠理性的、自私的个体，而是靠个体组成的多种群体。① 单纯追求私利最大化并不可能建立和谐的私人秩序，因为无论在小的还是大的社群当中，相互依赖和相互支持的关系部分是靠分配权利和义务以及借以解决纷争和创造合作纽带的程序来调节的。②

信义义务的产生正是英美法系对于"信托群体"关系的法律回应，是对信托内部关系有效平衡与约束，从而实现信托在各方主体参与下高效运行与受益人利益保护。就信托法中所指受托人之信义义务，无论普通法还是衡平法都设立了严格规则，来规范信义人的行为以保护信任他们的人，并确保该信任不会被滥用。"信义"一词在法律上的发展结果是：信义人服从受益人的权利，以至于受益人表面上实力强大，信义人则成为繁重义务的承担者。考察信义义务并不能单纯用委托人意志予以

---

① [美] 福山：《信任》，彭志华译，海南出版社2001年版，第22—25页。
② [美] 伯尔曼：《法律与宗教》，梁治平译，中国政法大学出版社2003年版，第77页。

解释，而必须从信托关系本身出发方能予以说明，虽然受托人的义务基础在于委托人施加于受托人的义务，但委托人不可能事先拟定完全周延的信托条款来规定受托人义务。① 信义义务及信义关系产生的本质是源于受益人与受托人在信托关系中的不对等地位，受益人处于消极弱势地位，必须接受受托人改变自身法律地位、关系的行为有效性，而且他无法实施直接控制信托的行为。为保护受益人权利并防止受托人滥用权力，进而确保信托关系主体相互之间的信任，法律要求信义人对受益人负有信义义务。信义义务主要内容包括有忠诚（忠实）义务和注意义务，在信义义务中，忠诚义务与注意义务如同两条螺旋线相互交错构成信义义务的两个方面。②

(二) 忠实义务

忠实义务是指受托人负有唯一的、为受益人利益而处理信托事务的义务，而不得借此为自己或第三人牟利。忠实义务是受托人承担的最根本义务，受托人承担的其他义务，都是从忠实义务衍生而来。③ 忠实义务内容包括：受托人不得基于其自身利益处理信托事务；受托人不得使得自身利益与受益人利益相冲突；受托人处理信托事务时不得为第三人谋取利益。忠实义务作为信托法基本原则与受托人重要义务，被世界各国与地区信托立法普遍接受。《日本信托法》修订前在其第 4 条与第 22 条对受托人忠实义务予以规定，④ 由于该规定对于利益相反行为类型界定过于单一，而且将当事人之间达成合意的承认例外排除在外，受到日本信托法学界的批评，为与商事信托实务衔接，《日本信托法》修订后在第 31—33 条规定中，列举出各类典型违反忠实义务行为，并对经认

---

① 陈雪萍、豆景俊：《信托关系中受托人权利与衡平机制研究》，法律出版社 2008 年版，第 153 页。
② 同上。
③ 徐孟洲：《信托法》，法律出版社 2006 年版，第 99—100 页。
④ "受托人须按信托行为的规定，进行信托财产的管理或处理；受托者无论以任何人名义均不得将信托财产作为固有财产和取得与此有关的权利。因不得已的事由而取得法院批准将信托财产作为固有财产时不在此限。"

定实质上无损于受益人之利益或有正当理由的行为，作为例外予以承认。《韩国信托法》第 31 条规定，受托人无论以任何人的名义，都不能获得将信托财产转为固有财产或者与此有关的权利，但明显地对受益人有利或者有其他正当理由并经法院许可的例外。我国台湾地区"信托法"第 34 条规定，受托人不得以任何名义，享有信托利益。但与他人为共同受益人时，不在此限。《美国信托法重述（第 2 版）》第 170 条规定，受托人对受益人负有只能为受益人的利益而管理信托的义务。美国统一谨慎《投资者法》第 5 条及美国统一《信托法》中对此均进行了类似规定，要求受托人必须以受益人的利益作为处理信托事务的唯一依据。① 我国《信托法》在第 25 条及《信托公司管理办法》第 25 条的规定中，② 体现出对信托受托人忠实义务的法律要求。

忠实义务在信托法律体系中具体表现为不同要求，传统认定受托人忠实义务范畴应以"单一利益"（sole interest rule）原则为准，又被称为"禁止进一步询问"（no further inquiry rule）原则。该原则以严格性著称，因为它排除了一切受托人具有利益冲突的交易行为，而不关注该交易是否实质有利于信托及信托受益人。由于单一利益原则在各国信托立法、司法实践中，难以满足受益人根本利益和商事信托实际发展需要，多规定有例外和类型化豁免，很难再被看成统一的整体，这一概念也已经无法再概括立法和实践本身了，③ 取而代之的应当是"最大利益"原则（best interest rule）。最大利益原则包含的基本要件有：受托人如进行与其具有利益冲突或非以受益人利益为唯一依据的交易行为，需要证明受托人是为了受益人的最大利益而谨慎从事该交易；受托人对

---

① 彭插三：《信托受托人法律地位比较研究》，北京大学出版社 2008 年版，第 265 页。
② 《中华人民共和国信托法》第 25 条："受托人应当遵守信托文件的规定，为受益人的最大利益处理信托事务。
受托人管理信托财产，必须恪尽职守，履行诚实、信用、谨慎、有效管理的义务。"
《信托公司管理办法》第 25 条："信托公司在处理信托事务时应当避免利益冲突，在无法避免时，应向委托人、受益人予以充分的信息披露，或拒绝从事该项业务。"
③ John H. Langbein, "Questioning the Trust Law Duty of Loyalty: Sole Interest or Best Interest?", *Yale Law Journal*, 114, 929 (2005).

其进行的"最大利益"行为应当负有举证责任,显然在信义义务中,此法律问题必然与商法、企业法中的谨慎投资原则交织、合并分析,前述日本信托法的修订就是受到此种学说的影响。

(三) 注意义务

受托人注意义务在大陆法系国家引入信托后,多以既有的善良管理人义务替代。受托人应负善良管理人的注意义务、勤勉义务、谨慎义务等,虽然称谓不同,但本质具有相通性。大陆法系信托法主要适用民法中有关善良管理人注意义务的相关规定,对于受托人注意义务一般不进行具体、详尽规定。例如按照日本信托法规定,当受托人在管理处分信托财产时,应当尽到善良管理的注意义务。但信托行为另有订定者,从其订定之注意义务为之。此外,《韩国信托法》及我国台湾地区"信托法"也都有类似规定,要求受托人应当以善良管理人的注意程度处理信托事务。英美法系国家对于注意义务及信义义务内涵大致相同,但在法律适用处理方面略有不同。美国法系中将受托人义务分为注意与忠实义务,比较具有特色的是美国司法及实务中对于判断注意义务的主要标准,是所谓的商业判断规则;英国法中则由普通法义务与衡平法义务共同构成受托义务,其中衡平法主要规定忠实义务,普通法主要规定注意义务。[1]

我国信托立法中注意谨慎义务与忠实义务统一规定于《信托法》第25条之中,《信托公司管理办法》在重申受托人注意义务的同时,通过规定处分、运用信托财产的具体方式,间接对受托人注意义务予以法律规制。[2] 信托法实践中注意义务适用的关键是,采用何种标准认定受托人行为是否妥当。关于受托人注意义务应当采取的标准通常有主观说与客观说,客观说以一个正常的人在相同情况下,应具备的通常注

---

[1] 参见王文宇《公司法论》,中国政法大学出版社2004年版,第26页。
[2] 《信托公司管理办法》第19条:"信托公司管理运用或处分信托财产时,可以依照信托文件的约定,采取投资、出售、存放同业、买入返售、租赁、贷款等方式进行。"同时,该办法对信托资金的运用方式还做了禁止性规定,要求信托公司不得以卖出回购方式管理运用信托财产。

意、审慎为标准进行判断，主观说以特定行为人的行为、能力以及内心活动标准进行判断。单纯采用主观说或客观说在商事信托中，意味着对受托人要求会因人而异，使得法律适用解释丧失统一公正要求。如果进行所谓主客观标准的结合，则因为缺乏具体标准会使得法官进行个案解释裁判时差异过大。因此有效认定受托人信义义务及相应责任，应在坚持客观说的基础上，综合考虑受托人任职资格限制准入标准、处置信托财产具体方式、当事人之间事先约定以及谨慎投资判断规则引入等诸多方面，而这实质上涉及如何认定信托违反。

三　信义义务违反认定

信义义务是受托人核心义务，考察我国信托立法关于受托人的注意义务、忠实义务，法律规定过于原则化，如何在司法实践中具体认定受托人是否违反信义义务，就成为信托违反需要考虑的重要问题。广义上来说，受托人违反依据信托行为约定或信托法律规定的义务时，就可构成"信托违反"。在受托人承担的诸多义务中信义义务是核心义务，因此如何认定信义义务违反异常重要。

（一）诚实义务违反

关于诚实义务违反认定，我国法律规定总体趋向严格限制但实际法条过于粗疏且存在一定矛盾冲突之处。例如根据《信托法》第28条的规定，[①] 受托人不得将不同委托人的信托财产相互进行交易，或与受托人固有财产进行交易，但同时依据《信托公司管理办法》第25条、第35条之规定，[②] 如果允许受托人进行关联交易的话，则从最大利益原则

[①]《中华人民共和国信托法》第28条："受托人不得将其固有财产与信托财产进行交易或者将不同委托人的信托财产进行相互交易，但信托文件另有规定或者经委托人或者受益人同意，并以公平的市场价格进行交易的除外。"

受托人违反前款规定，造成信托财产损失的，应当承担赔偿责任。"

[②]《信托公司管理办法》第25条："信托公司在处理信托事务时应当避免利益冲突，在无法避免时，应向委托人、受益人予以充分的信息披露，或拒绝从事该项业务。"

第35条："信托公司开展关联交易，应以公平的市场价格进行，逐笔向中国银行业监督管理委员会事前报告，并按照有关规定进行信息披露。"

出发，自不应当禁止不同信托之间以及所承诺的"单独信托"与受托人自身固有财产之间的交易。尤其是无论信托法还是《信托公司管理办法》中都明确要求，就不同委托人信托财产、固有财产分别管理、记账，从利益冲突对抗程度而言，实际弱于受托人与关联人或实际控制人所进行的交易。同时根据我国《信托法》第 28 条的规定，当委托人与受托人同意或信托文件另有约定时，受托人可以将不同委托人的信托财产进行相互交易，或与受托人固有财产进行交易，限定条件是要求必须要以公平的市场价格进行。可是在 2006 年由中国银行业监督管理委员会（以下简称银监会）所公布的《信托公司集合资金信托计划管理办法》中，第 27 条①却对我国信托法相应规定进行一种限缩性的模糊解释。分析该法条规定，由于在《信托公司集合资金计划管理办法》中没有明确就信托法所列除外情形予以规定，导致商事信托实务中，集合资金信托计划即便委托人与受托人同意或信托文件另有约定，受托人将不同委托人的信托财产进行相互交易，或与受托人固有财产进行交易，会存在被银监会禁止之虞。即信托法作为效力位阶较高的法律，银监会相应的管理办法与规范性文件应当以其为制定基础，但由于语言规范表述模糊，而且银监会作为国务院直属机构对各从事信托业务的金融机构享有法定监管职权，从而导致对集合资金信托计划财产管理、处分具体手段予以束缚，不利于调动受托人的积极性，以及受益人实际权益的取得与保护。与此相类似的情形还有该管理办法与《信托公司管理办法》关于关联交易规定，必须结合两个管理办法才能明确信托公司

---

① 《信托公司集合资金信托计划管理办法》第 27 条："信托公司管理信托计划，应当遵守以下规定：
（一）不得向他人提供担保；
（二）向他人提供贷款不得超过其管理的所有信托计划实收余额的 30%；
（三）不得将信托资金直接或间接运用于信托公司的股东及其关联人，但信托资金全部来源于股东或其关联人的除外；
（四）不得以固有财产与信托财产进行交易；
（五）不得将不同信托财产进行相互交易；
（六）不得将同一公司管理的不同信托计划投资于同一项目。"

关联交易的前提是,"信托资金全部来源于股东或其关联人"的情形,除此之外还必须满足《信托公司管理办法》第 35 条规定的条件,这些都需要在未来立法及法律修订过程中予以明确、统一。

通过前述我国信托法律相关规定分析来看,就利益冲突的典型情形:单一信托相互之间进行交易在符合《信托法》第 28 条规定例外情形下,受托人未违反其忠实义务;单一信托与集合信托财产进行交易,依据信托法的规定在符合例外情形下应予以承认,受托人也没有违反忠实义务,只是由于前述《信托公司集合资金信托计划管理办法》规定模糊,实践中会削弱受托人从事该类型交易的积极性,如果从事此类交易的话,依据信托法的规定,不应认定受托人违反忠实义务,至于集合资金信托财产相互交易的情形,笔者认为也可适用此种思路处理;如果是不同受托人之间的信托财产相互进行交易,并且不存在其他关联或法律禁止的情形,因为没有实际利益冲突存在,不应认定受托人违反忠实义务;在受益人为复数或者说受托人非唯一受益人情形下,如集合资金信托计划中根据我国《信托法》第 43 条的规定,"受托人可以是受益人,但不得是同一信托的唯一受益人。"同时根据《信托公司私人股权投资信托业务操作指引》第 17 条规定可见,[①] 我国信托相关法规允许受托人以固有财产作为投资,成为私人股权投资信托、集合资金信托或其他复数受益人的信托财产。此时受托人与受益人利益冲突从外部看并不存在,受托人的必然逻辑是为所有包括自己在内的受益人争取利益,而在信托内部受托人与其他受益人的利益冲突,此时受托人负有公平对待受益人的义务,违反此种公平对待义务实际是违反利益冲突原则,可认定受托人违反忠实义务;最后在商事信托实践中还可能存在利益冲突的情形是,受托人以其固有财产购买受益人的受益权,该交易结构显然存在有受托人与受益人利益冲突,因此受托人负有告知及保证交

[①] 《信托公司私人股权投资信托业务操作指引》第 17 条:"信托公司以固有资金参与设立私人股权投资信托的,所占份额不得超过该信托计划财产的 20%;用于设立私人股权投资信托的固有资金不得超过信托公司净资产的 20%。"

易公正公开的义务，应告知受益人其所知有关该交易之一切资讯，告知受益人该交易具有利害冲突并支付适当公平之对价，[1] 否则应认定受托人违反忠实义务。

我国信托法及配套法规规章对受托人忠实义务规定严守单一利益原则，排除与受托人具有利益冲突的交易行为。同时，传统单一利益原则也存在有三种典型的例外情形，即"委托人授权、受益人同意以及法院的事先批准"[2]。单一利益原则及其例外情形是信托制适应经济社会发展，关于信托目的实现、受益人利益最大化等所进行的自我限制与突破平衡的演化。20世纪以来各国法院、立法机构又通过判例或立法性文件创建出多种有别于传统例外情形的例外性适用规则，排除单一利益原则的刻板应用，尤其是在金融服务领域、专业有偿信托领域及关联人领域中，进而逐步以最大利益原则替代单一利益原则，典型代表有美国《信托法重述》《统一信托法典》及日本新修订之信托法等。完善我国信托法的受托人忠实义务界定及违反认定问题，首要考虑应坚持何种基本立法指导思路，基于我国信托理念、信托文化法律传统、信托实践及司法现状，尽管最大利益原则更有利于实现理想信托目的与受益人利益最大化，但多种制约因素及我国已有信托法律基础决定，未来我国信托相关立法仍应坚持信托受托人单一利益原则，在此基础上通过对商事信托实践中典型的利益冲突豁免情形进行列举，便于法官对于较"陌生、专业"的商事信托司法适用及法律解释统一、便利。在具体信托法律完善建议方面，在忠实义务由单一利益原则向最大利益原则发展，由强制性规定向任意性规定靠拢阶段，应在信托法忠实义务总则性条款规定中体现这种发展趋势，使得法官在判定多样信托纠纷实务中，对于受托人是否违反忠实义务能够有较为统一的衡量标准。其需要考虑的主要因素应当包括：信托的目的、受托人行为的合理性与必要性、是否损害受

---

[1] 方嘉麟：《信托法之理论与实践》，中国政法大学出版社2004年版，第194页。
[2] 彭插三：《信托受托人法律地位比较研究》，北京大学出版社2008年版，第267页。

益人权益、信托财产整体利益性等。关于受托人行为利益冲突例外情形，仍应坚持《信托法》第28条的规定，尽管信托法中利益冲突例外具有三种情形，其中法院事先批准是与英美法系特有的谨慎投资义务、商业判断规则相联系，在不充分具备此类理论与实践的前提下，暂不宜将此种例外情形纳入我国现有信托法律规定。同时信托法应补充规定受托人公平对待受益人条款，对信托立法中有关配套规章、法规应结合信托立法基本精神，尽量消除法律模糊矛盾之处，实现信托立法整体明确统一，例如前述对已有例外情形的明确、关于受托人关联交易的规定等。最后，为适应法官、民众对于信托法及信托观念陌生的现状，在遵循前述基本立法理念的基础上，对于实践典型的违反忠实义务类型进行列举式规定。对于受托人可能产生的利益冲突行为类型，结合信托实务进行立法明确，例如将交易过程中常见的受托人担任代理人及信托财产担保等情形纳入其中。

(二) 注意义务违反

我国信托法中的受托人注意义务仅见于信托法第25条中，此外在信托配套法规、规章中，如《信托公司管理办法》《信托公司集合资金信托计划管理办法》《证券投资基金运作管理办法》等，通过对于受托人投资具体方式的规定，实现对受托人注意义务的规制。由于大陆法系对于受托人的注意义务，多直接适用民法中善良管理人的注意义务加以规定，因此相关规定通常显得过于模糊与原则化，为信托法解释与受益人权利保护带来隐忧。从《信托法》第25—28条条文内容字面解释来看，受托人违反忠实义务造成信托财产损失的，应负担赔偿责任，其中第26条规定类似于公司法、证券法中所规定的归入权。注意义务与忠实义务二者交织共同构成受托人信义义务内容，从法理角度而言，信托法未对违反注意义务的受托人课以明确的法律责任似有不妥，尤其是某些行为除了受托人利益冲突行为之外，还存在受托人非恪尽职守，履行诚实、信用、谨慎、有效管理的情形。相较于忠实义务违反认定，注意义务违反认定的难度显然更大。因为它需要以旁人的心态、经验、技能与智力水平作为参照,去探究衡量受托人在进行从事管理、处分信托财产行为时的心理状况,因此以客观标准为主的综合判定方式是唯一妥当的解释。总之,为使受托人是否违反注意义务这种事后判定趋于客观实际,需要特别考虑处置信托财产的具体方式、当事人之间事先约定以及谨慎投资判断规则引入借鉴等方面。值得注意的是,有关谨慎投资判断规则的借鉴引入在我国学界,尤其是我国公司法学界早已展开较信托法领域更为深入的研究。①

在处置信托财产的具体方式方面,我国信托法及配套规定内容主要有:信托事务处理方面,依据我国信托法的规定,要求受托人应遵循信托财产单独记账、分别管理、一般情况下应自己处理信托事务、保存信托事务完整记录并向委托人及受益人报告等。从这些规定来看,受托人违背处理信托事务原则要求,既可能违反忠实义务也可能违反注意义务,构成受托人信义义务违反;根据《信托公司管理办法》第19条的规定,信托公司管理处分信托财产的方式可以有投资、出售、买入返售、存放同业、贷款、租赁等,但信托公司不得进行卖出回购的财产处置方式。依据我国证券投资基金法相关规定,其中第9条重申了基金受托人在管理、运用基金财产时应恪守信义义务,② 投资范围明确证券投资基金应投资于上市交易的股票、债券和国务院证券监督管理机构规定的其他证券品种。同时,该法第74条对于基金信托财产规定有禁止投

---

① "有关国家就董事作为公司受托人判断其注意义务履行状况时,应当以普通谨慎的董事在同类公司、同类职务、同类相关条件和环境中所应具有的注意、知识和经验程度作为衡量标准。倘若有证据表明某董事的知识、经验和资格明显高于一般标准时,应当以该董事是否诚实地贡献出了他的实际能力作为衡量标准。如此,才可以克服单纯的客观标准和单纯的主观标准具有的缺陷,使事后判断符合实际。"甘培忠:《公司监督机制的利益相关者与核心结构——由中国公司法规定的监督机制观察》,《当代法学》2006年第5期。

② 《中华人民共和国证券投资基金法》第9条:"基金管理人、基金托管人管理、运用基金财产,基金服务机构从事基金服务活动,应当恪尽职守,履行诚实信用、谨慎勤勉的义务。

基金管理人运用基金财产进行证券投资,应当遵守审慎经营规则,制定科学合理的投资策略和风险管理制度,有效防范和控制风险。

基金从业人员应当具备基金从业资格,遵守法律、行政法规,恪守职业道德和行为规范。"

资活动,① 如受托人违反运用基金财产规定从事禁止投资活动,实际属于违反注意义务,应依据该法第 146 条的规定承担赔偿责任;② 此外,我国有关注意义务予以直接规定的规范性法律文件还有《银行业监督管理法》,该管理法的特点在于其中第 21 条③界定了审慎经营规则,具体内容包括有:风险管理、内部控制、资产质量、损失准备金、风险集中、关联交易、资产流动性等;最后,在投资组合方面的要求,根据我国《证券投资基金运作管理办法》第 31 条的规定,以及《信托公司集合资金信托计划管理办法》第 25 条的规定,④ 使得我国商事信托实践中

---

① 《中华人民共和国证券投资基金法》第 74 条:"基金财产不得用于下列投资或者活动:
(一)承销证券;
(二)违反规定向他人贷款或者提供担保;
(三)从事承担无限责任的投资;
(四)买卖其他基金份额,但是国务院证券监督管理机构另有规定的除外;
(五)向基金管理人、基金托管人出资;
(六)从事内幕交易、操纵证券交易价格及其他不正当的证券交易活动;
(七)法律、行政法规和国务院证券监督管理机构规定禁止的其他活动。
运用基金财产买卖基金管理人、基金托管人及其控股股东、实际控制人或者与其有其他重大利害关系的公司发行的证券或承销期内承销的证券,或者从事其他重大关联交易的,应当遵循基金份额持有人利益优先的原则,防范利益冲突,符合国务院证券监督管理机构的规定,并履行信息披露义务。"

② 《中华人民共和国证券投资基金法》第 146 条:"违反本法规定,给基金财产、基金份额持有人或者投资人造成损害的,依法承担赔偿责任。
基金管理人、基金托管人在履行各自职责的过程中,违反本法规定或者基金合同约定,给基金财产或者基金份额持有人造成损害的,应当分别对各自的行为依法承担赔偿责任;因共同行为给基金财产或者基金份额持有人造成损害的,应当承担连带赔偿责任。"

③ 《中华人民共和国银行业监督管理法》第 21 条:"银行业金融机构的审慎经营规则,由法律、行政法规规定,也可以由国务院银行业监督管理机构依照法律、行政法规制定。
前款规定的审慎经营规则,包括风险管理、内部控制、资本充足率、资产质量、损失准备金、风险集中、关联交易、资产流动性等内容。
银行业金融机构应当严格遵守审慎经营规则。"

④ 《证券投资基金运作管理办法》第 31 条:"基金管理人运用基金财产进行证券投资,不得有下列情形:
(一)一只基金持有一家上市公司的股票,其市值超过基金资产净值的百分之十;
(二)同一基金管理人管理的全部基金持有一家公司发行的证券,超过该证券的百分之十;
(三)基金财产参与股票发行申购,单只基金所申报的金额超过该基金的总资产,单只基金所申报的股票数量超过拟发行股票公司本次发行股票的总量;
(四)违反基金合同关于投资范围、投资策略和投资比例等约定;
(五)中国证监会规定禁止的其他情形。(转下页)

信托财产投资组合呈现如下特征：第一，受托人如果是基金公司的话，对于证券投资的集合资金信托要求应当采取组合方式进行投资。受托人如果是信托公司的话，则证券投资的集合资金信托要求应采取组合方式进行投资，并且严格限定了组合投资比例。第二，如果是非证券投资类的集合资金信托，可以进行组合投资并且不对投资比例进行限制。第三，单一信托下的信托财产，对其投资运用没有规定投资组合要求。因此，我国商事信托实践中除证券投资类集合信托外，其他信托项下的信托财产管理、处分方式较为单一，例如全部用于融资租赁、发放贷款等，资金运用手段单一致使风险、收益过于集中，无法充分发挥受托人积极性、扩张受益人权利和充分发掘信托制潜力。

在各次证券市场重大违法违规案件中，如"银广夏事件""五粮液之虚假陈述案"等，都涉及某些基金公司或信托公司，其中对于委托人或受益人权利保护而言，即便受托人在信托财产管理、应用过程中，实际存在违反注意义务情形，也很难依据现有信托法律规定予以追究。其根本原因在于对受托人注意义务的法律规定过于泛化，实践可操作性不强。对此我国信托法律从以下几方面考虑完善：首先，关于注意义务标准确立，商事信托受托人由于其资金、经验、信息及技能等方面的优势，应确定商事信托受托人专家注意标准，所谓专家特征主要在于：第一，工作性质属于高度的专门性，强调是一种脑力劳动；第二，大多要求具有一定的资格，并且由专家集团维持一定的水平；第三，重视高度的职业道德和客户信赖关系；第四，具有较高的社会地位。[1] 由此特征

（接上页）完全按照有关指数的构成比例进行证券投资的基金品种可以不受前款第（一）项、第（二）项规定的比例限制。"

《信托公司集合资金信托计划管理办法》第 25 条："信托资金可以进行组合运用，组合运用应有明确的运用范围和投资比例。

信托公司运用信托资金进行证券投资，应当采用资产组合的方式，事先制定投资比例和投资策略，采取有效措施防范风险。"

[1] Jackson & Powell, *Professional Neligence*, 4th ed., London: Sweet & Maxwell, 1996, p. 1. 转引自彭插三《信托受托人法律地位比较研究》，北京大学出版社 2008 年版，第 274—275 页。

要求商事信托受托人的专家注意义务，需要明确两个方面，一方面他所负担的注意义务标准应符合专门投资、管理信托财产的特殊技能要求，高于普通人标准和民事信托受托人标准。另一方面他在管理、处分信托财产时所担负的注意义务，应高于处理自身事务同等程度的注意义务。其次，受托人注意义务立法完善时应考虑引入意思自治原则，允许委托人在信托合同中对受托人注意义务进行特别约定。但为保证信托目的、受益人权利实现，避免受托人不当脱逃规避信义义务，有关受托人注意义务约定不得低于符合受托人职业身份的专家注意义务标准，更不得约定故意、重大过失免责。此种方式已为日本信托法所认可，[①] 其根本目的还在于明确信义义务同时保持信托灵活特征，同时有助于调动受托人自身履行勤勉、注意义务的主观积极性。再次，借鉴其他国家立法经验并结合我国商事信托实践，对抽象注意义务归纳一定量化标准。典型规定可包括有分散投资要求，限制受托人进行融资融券投资交易，投资非可流通性证券、财产比例限制等。最后，在决定是否追究、认定受托人违反注意义务时，可以通过司法解释的方式引入商业判断原则，从而保证既能够为衡量受托人是否履行注意义务提供一定标准，又能使得信托制灵活特征不至于因为注意义务的具体化而受损。当产生受托人是否违反注意义务纠纷时，实体层面应保证信托当事人权力责任平衡、风险分配适当，程序层面应赋予受托人以抗辩性权利。通常认为商业判断原则的基本标准是：受托人与该项交易或商业活动不存在利害关系，而且有正当理由相信自己已经掌握了准确、全面的信息，受托人有理由相信所作的判断和决策符合信托财产的最佳利益。

[①]《日本信托法》第 29 条："受托人，应依信托之本旨处理信托事务。
受托人处理信托事务时，应尽善良管理人之注意义务。但信托行为另有订定者，从其订定之注意义务为之。"

第二节 信托公示：保障受益权实现

一 信托公示必要性

对信托财产采取一定形式进行公示，意义在于确保与信托财产进行交易的善意第三人免受损失，确保交易安全以及交易效率，从而平衡受益人和第三方的利益关系。① 典型信托模型成立的基础在于，受托人将其固有财产与信托财产予以区分，使得信托财产得以独立并按照约定及法律要求负有信义义务，依信托目的为受益人利益对信托财产进行分别管理与处分。信托制的中心是信托财产，而信托财产的根本特性在于其独立性，"信托最独特者，就是将一笔'集体财产'，即信托财产，独立切割出来，一方面将其纳入适当的经营管理机制，一方面又将其作为清偿特定债务的专属资产"②。信托财产的独立性分为对内和对外两个层次：对内信托当事人可以通过契约或其他信托行为确认受托人管理处分信托财产的权限，但是这种权限可能会混淆削弱信托财产的独立地位。尽管对于信托财产权属、信托受益权属性等存在争议，但信托财产的独立性是大陆法系国家引入信托制和实现信托目的的根本保证，不存在有争议。为保证信托财产独立性，进行信托特定公示方法就成为重要手段，否则受托人以自己的名义管理处分信托财产，将破坏信托财产的独立性，使之与受托人固有财产混淆，进而动摇信托设立目的和信托成立基本框架；对外信托财产独立性意味着信托之外的任何人，如信托关系当事人的债权人、交易相对人及任何第三人，都不得依据其对委托人、受益人、受托人拥有债权或其他权利，对信托财产采取强制措施，除非有法律明确规定。受益人之债权人虽然可以对受益权主张权利，但不得对信托财产本身直接采取法律强制措施。由此，信托财产独立地位

---

① 张军建：《信托法基础理论研究》，中国财政经济出版社2009年版，第134页。
② 王文宇：《信托之公示机制与对世效力》，《月旦法学杂志》第91期（2002年12月）。

得以保证。

  保护受益人权利要求将信托予以公示。受益人权利如前文所述可分为受益权、信托事务决定权与监督权三个主要层面。其中受益人受益性权利包括获得信托财产本金的权利，受益人对信托财产本金拥有权利要求必须进行信托公示；受益人信托事务决定权来源于信托财产的拟制团体特性，受益人对信托行使事务性决定权，例如信托事务报告认可权、增减受托人报酬权或信托事务调整权等，由于当代商事信托复数、拟制团体特征，需要在明确信托财产独立的基础上，由投资者按所持信托单位行使表决权。显然如果不对信托予以登记公示的话，受益人信托事务决定权的团体意思表示无法有效行使，无法实现在拟制团体的信托中享有信托事务决定权；最后，受益人享有强制执行信托财产异议权、违反信托处分撤销权及知情权等监督性权利。其中强制执行信托财产异议权须表明受益人作为信托当事人，依法或依信托文件对信托财产享有权利，此权利与受益人享有的撤销权共同起到维护信托财产独立地位的作用。信托财产免受信托关系当事人之债权人追索，通过信托公示信托财产范围，将其与信托关系当事人的固有财产予以分离，在保障信托当事人实现信托目的同时，对债权人利益及他们与信托当事人相互之间的法律关系予以明晰。"惟为保护交易安全，以保障善意的交易相对人，受益人行使撤销权不应毫无限制。"[①] 出于维护交易安全与保障善意交易相对人的目的，大陆法系国家在规定受益人享有撤销权的同时，通常对该权利行使规定有前提条件，要求信托财产已办理信托登记。因为信托受益人并非信托行为当事人，无法依据信托文件就信托财产取得对世效力，只有在信托经公示取得公示效力后，其行使撤销权、信托财产异议执行权才能够获得法理支撑，并经立法予以支持。至于受益人享有知情权，与信托公示的程序规定和效力结果直接联系。所以通过信托公示，能够更好地保护受益人所享有的权利。

---

① 王志诚：《信托法》，五南图书出版股份有限公司2009年版，第194页。

最后，通过信托公示能够维护交易安全与效率。整体考察信托交易秩序、安全与效率，信托公示对于信托交易安全、效率的保障维护具有积极意义。如果不进行信托公示规定的话，交易相对人在从事交易前需进行多渠道、多角度的信息收集工作，以维护自己的权益并保障后续交易能产生所预期的法律效果。但这样必然会导致市场资源的浪费，对交易的安全与效率产生重大影响。通过信托公示，能够使得信托交易当事人节约成本并提升交易效率，将那些依据信托公示效力所进行的交易行为，纳入明确的交易规则和法律规范调整范畴之中。进行信托公示能够使外界了解信托财产独立地位，了解信托结构及其内部关系，使信托财产具有一定的对世效力。在此前提下，不特定第三人在从事与该信托相关交易过程中，对于交易预期结果较为确定，不必担心受益人在交易进行或完成后，行使撤销权而使之前的交易行为归于无效。信托财产公示，为第三人了解交易标的、受托人有限责任等提供了渠道，不致对交易标的的范畴和受托人信用产生误判，为交易风险提供有客观、正确的基础，从而实现信托法律规制过程中受益人与第三人之间的利益平衡，维护保障交易整体秩序的安全与效率。

二 信托公示域外立法简介

"一般认为英美信托法没有专门规定信托登记制度，其信托法著作通常也不涉及信托登记……为解决信托财产的交易安全问题，既保护受益人权益，又保护善意第三人的利益，衡平法和信托法确立了专门的规则。"[①] 英美法系国家赋予第三人可善意取得信托财产的权利，但要求受托人向与信托财产交易相关的第三人履行告知义务，并以对信托财产进行标记（earmark）、区分为前提。

英美法系信托公示制度规则根据信托财产具体表现形式不同，存在不同的制度设计。信托法起源于英国土地用益制，当代英国信托法中关

---

① 何宝玉：《信托法原理研究》，中国政法大学出版社 2005 年版，第 104—105 页。

于土地等不动产是否进行登记，规定有不同的法律规则，土地已登记交易的适用 1925 年的《土地登记法案》，土地未经登记而交易的适用 1972 年的《土地负担法案》。未登记的土地进行交易时，若买受人与衡平法权益所有人（受益人）发生权利冲突时依据下述规则依次适用：衡平法权益登记规则（rules relating to the register of land charges），首先在主管机构的登记系统中查明该土地是否存在衡平法权益的负担；忽视规则（rules on overreaching），如果土地是信托持有的，他可向两个以上的受托自然人或一家信托公司付款，从而得切断受益人的衡平法权益；知情原则（doctrine of notice），若不存在以上两类情况，他需要对该不动产作出某些调查，以发现土地上是否存在衡平法权益或是什么样的衡平法权益。满足前述条件，可成为受法律保护的信托财产善意买受人。已登记的土地其不动产权益可以分为三种主要类型，分别是：可独立登记财产权（registrable title），这种权利在登记时有独立的号码和证书，而且一块土地上可以有数个该种权利，如自由占有与租赁占有并存；绝对利益（overriding interests），它既可以是普通法利益，也可以是衡平法利益，无须在登记中载明，但在买受人的权利登记时必须确定地存在。该类型利益优先于买受人的权利，无论买受人购买时是否知道它的存在；次要利益（minor interests），是指不能独立登记，亦不是绝对利益的那些权益。如衡平法租约、信托项下的受益权等。这种权益本身没有独立的号码和证书，只能在可独立登记的财产权项下加注，标明其为次要利益，如果不进行登记，这种权利不能对抗善意购买者。由此，买受人在购买已登记的土地时，知情原则（doctrine of notice）不再适用，但绝对权益除外。这种不动产信托公示制度的设计，反映出英国信托法对受益人、第三人及其他相关者的一种利益衡平。[1] 至于美国信托公示立法，尽管联邦法层面对于信托登记没有强制性要求，但有几个

---

[1] Kate Greeen & Joe Cursley: *Land Law* 4th ed., Law Press of China 2003, pp. 137-168。转引自王兆雷《信托财产权制度解析》，人民大学博士学位论文，2007 年，第 130—132 页。

州要求有关不动产的信托需要登记,同时美国《统一公益信托受托人法》要求公益信托必须进行登记。① 美国信托法中有关信托公示的特点在于:第一,受托人有义务对信托财产予以标记,将其与受托人固有财产分离并明确信托财产的范围,分别管理处分;② 依据信托财产的特性,对不动产及某些适宜登记造册的动产,如记名股票债券,可以采取登记注册的办法进行信托公示。而对那些流动性强、不宜登记造册的动产,授权当事人以尽可能切合实际的方式予以标明,并通过相关法律制度对信托当事人及其关系人之间的权利、义务、责任进行衡平,督促并保障当事人进行理性选择。如信托财产是现金的,应以受托人的名义开设独立银行账户并标明"信托持有"。③ 信托财产为股票的,应在公司股票登记簿上变更受托人为持有人,并加注受托人身份。④ 若受托人为复数的,则以全体受托人的名义登记该股票,除非认为以某一受托人登记持有这些股票的做法是适当的;⑤ 第三,与前述特点相适应,美国信托法中,如受托人告知第三人其受托人身份及信托财产之存在的,并经该第三人同意,他可以信托财产为限对第三人承担有限责任。根据美国信托法重述相关规定,受托人信托违反处分财产情形下,受益人享有向法院请求追踪救济的权利。⑥ 这就要求第三人与信托财产发生交易时,

---

① 高凌云:《被误读的信托——信托法原论》,复旦大学出版社 2010 年版,第 158 页。
② *Restatement of Trusts* (2d), §179 (1959).
The trustee is under a duty to the beneficiary to keep the trust property separate from his individual property, and, so far as it is reasonable that he should do so, to keep it separate from other property not subject to the trust, and to see that the property is designated as property of the trust.
③ *Restatement of Trusts* (2d), §180 (1959).
While a trustee can properly make general deposits of trust money in a bank, it is his duty to the beneficiary in making such a deposit to use reasonable care in selecting the bank, and properly to earmark the deposit as a deposit by him as trustee.
④ 美国《示范公司法》第 730 条。
⑤ *Restatement of Trusts* (2d), §184 (1959).
If there are several trustees, each is under a duty to the beneficiaries to participate in the administration of the trust and to use reasonable care to prevent a cotrustee from committing a breach of trust, and if necessary to compel a co-trustee to redress a breach of trust.
⑥ *Restatement of Trusts* (2d), §202, §282, §294, §295 (1959).

须谨慎注意方才可能符合善意购买人规定,[①] 如果第三人对信托的事实知情或虽然不知情但与受托人从事的交易非法,[②] 那么受益人可以要求买受人将信托财产予以返还。通过这种制度框架既可以促使受托人积极履行告知、注意义务,又可以使受益人、第三人对信托财产与信托运行发挥有效监督作用。

大陆法系国家中,日本的信托公示法律规定较为完备,其信托法中关于信托公示法律规定的内容与特点主要体现在两方面:第一,信托公示登记效力方面,日本信托法在第二章信托财产中开宗明义地指出,信托登记具有对抗效力。"权利之得丧或变更应经登记或注册始得对抗第三人之财产,非经信托登记或注册,不得以该财产属于信托财产而对抗第三人。"所谓信托登记或注册等公示方法具有对抗效力,是针对第三人而言,若未进行信托登记、注册并不影响信托有效成立,但如果发生信托财产移转交易,只要交易相对人是善意的,那么受益人将不能向该善意第三人追及信托财产。通过信托登记对抗主义立法,能较好地保障维护信托交易安全与可预期性。《日本信托法》之信托登记对抗主义模式与其国内民法及相关立法相互协调统一,在设立信托的场合委托人根据信托目的向受托人移转财产时,有两个方面值得讨论:其一是该财产的所有权向受托人进行了移转的对抗要件,其二是移转后的财产为信托财产(受信托目的约束的财产)的对抗要件。前者是通常的所有权移转登记(不过所有权移转的原因为信托),这是《民法》(《日本民法》)第 177 条所要求的对抗要件。而后者是《信托法》第 3 条(修订后的《日本信托法》应为第 14 条)中的"信托的公示"以及"信托的

---

① *Restatement of Trusts* (2d), §284 (1959).

(1) If the trustee in breach of trust transfers trust property to, or creates a legal interest in the subject matter of the trust in, a person who takes for value and without notice of the breach of trust, and who is not knowingly taking part in an illegal transaction, the latter holds the interest so transferred or created free of the trust, and is under no liability to the beneficiary.

(2) In the Restatement of this Subject such a transfere is called a "bona fide purchaser".

② *Restatement of Trusts* (2d), §288, §290, §291, §293 (1959).

登记"。这两者虽然在概念上是区别开来的，但"信托登记"的申请，和"因信托而产生的所有权移转登记"的申请是使用同一文件进行的，在程序上是一体的。[①] 即信托财产不仅要向受托人的移转或其他处分实施公示，还须公示其为信托财产。这两种公示方法在程序上应合二为一，不宜分别处理，这不光是实务上的便宜之计，亦是验证信托行为系由负担行为与处分行为两者结合而成的具体表现；[②] 第二，信托财产的公示方法因财产种类不同而有所不同。对于应登记或注册的财产：该类财产范围主要包括不动产所有权、不动产所有权以外的权利（如他物权）、矿业权、渔业权、著作权、版权、专利权、实用新型权、外观设计权、商标权等。设立不动产所有权信托时，应按照《不动产登记法》（日本）第97—104条之2等规定办理，由委托人作为登记的义务人，受托人作为登记的权利人。通过同一书面申请，在信托设立的同时办理信托登记与所有权转移登记。程序上按照各省政令规定办理。无公示方法的财产：如动产、一般债权等无信托的表示方法，但判例、通说认为即便没有表示，亦可以信托为由对抗第三人。在实务上，通常采取在信托财产上粘贴标签的形式，使第三人知悉该财产为信托财产。有价证券：证券要在其证券上直接表示为信托财产，至于股票则于股东名册，公司债则于公司债底账中分别表示系为信托。但是对于营业信托的情形，由于有价证券每天的大量买卖，导致该规定不切实际。实务方面，为省去公示程序，合同书中往往都设置有可省略信托公示的相关条款。日本信托业法在1998年修订时，就营业信托实施有专门规定，只要就信托财产之有价证券与固有财产之有价证券实施分别管理，就可以信托财产为由对抗第三人。该规定因日本2006年信托法修订时，删除了旧法第3条有价证券的相关规定，改为与一般动产作相同处理，故该信托业法规定也不复存在。[③]

[①] [日]能见善久：《现代信托法》，赵廉慧译，中国法制出版社2011年版，第27页。
[②] 赖源河、王志诚：《现代信托法》，中国政法大学出版社2002年版，第71页。
[③] [日]三菱日联信托银行编著：《信托法务与实务》，张军建译，中国财政经济出版社2010年版，第48—50页。

三 我国信托公示立法完善要点

(一) 我国信托公示相关立法析评

对我国《信托法》第 10 条的字面分析、解释可见,[①] 我国信托法中有关信托登记至少涉及以下几个问题。首先,信托财产是否应当办理登记手续,应依据有关法律、行政法规的规定;其次,办理信托登记手续的登记机构应当予以明确;最后,信托登记效力方面我国立法采取的是典型登记生效主义模式,信托登记是信托的生效要件。

信托财产公示方法通常而言有登记、标示、交付与占有,其公示力强弱程度也可依照此种顺位予以排列。具体到我国现有立法,信托法中"有关法律、行政法规"究竟所指为何,是指物权法等其他所有涉及财产登记的法律?还是指将来有可能出台的有关信托登记条例?需要予以明确。鉴于我国信托法制定时间、背景以及我国涉及财产登记立法的不断发展与充实,应当说,此处所指有关法律、行政法规是指统一法制体系中散见于不同法律部门中,针对不同类型财产的登记法律规定。有关物权变动登记效力,依据我国《物权法》总则规定,第 9 条和第 14 条明确规定不动产物权变动以登记生效为原则。[②] 此外,我国《海商法》中规定船舶所有权、抵押权登记以及我国《民用航空法》中规定民用

[①] 《中华人民共和国信托法》第 10 条:"设立信托,对于信托财产,有关法律、行政法规规定应当办理登记手续的,应当依法办理信托登记。未依照前款规定办理信托登记的,应当补办登记手续;不补办的,该信托不产生效力。"

[②] 对应总则该规定,物权法分则中采登记生效的不动产变动有:第 139、145、150 条关于建设用地使用权之物权变动的规定,第 187 条关于不动产抵押权之设立的规定,第 224、226、227、228 条关于部分权利质权之设立的规定。除此以外在物权法中还存在有登记对抗主义的物权变动规定,采用这一模式的登记规则有第 24 条关于特殊动产之物权变动的规定,第 127 条和 129 条关于土地承包经营权的规定,第 158 条和第 169 条关于地役权的规定,第 188 条关于动产抵押权的规定,第 189 条关于动产浮动抵押的规定。此外还有宅基地使用权,虽然法条中并没有像对土地承包经营权那样明确规定它属于登记对抗模式,只是将它指向了《土地管理法》等其他法律法规,但仔细分析现行的《土地管理法》会发现,这一部分显然并不能完全归入登记生效模式的范围。李永军、肖思婷:《我国物权法登记对抗与登记生效模式并存思考》,《北方法学》2010 年第 3 期。

航空器所有权、抵押权登记，效力为"未经登记的，不得对抗第三人"①。进一步分析我国相关法律规定，其中涉及财产登记的财产性权利还有《渔业法》《草原法》《森林法》《矿产资源法》《商标法》《专利法》等。但恰恰是商事信托应用较为广泛的资金信托领域内，"银行账户的资金如何标明为信托财产，目前既无法律规定，也缺乏实践经验"②。

根据我国现行法律规定对于应进行登记的信托财产，在设立信托时需进行信托财产登记，否则信托设立无效。此类应进行登记的信托财产的登记机关涵盖广泛，主要有：国土资源行政主管部门、房地产行政主管部门、工商行政管理部门、中国证券登记结算公司、中国人民银行征信中心、国务院专利行政部门、国务院民用航空主管部门、海事局、林业与草原行政主管部门等。前述只是设立信托时信托财产属于应办理登记手续的归口主管、登记部门，而并非是直接办理信托登记的机构。我国信托法自制定至今，尽管规定有信托登记生效主义模式，但始终没有建立一个统一、权威的信托登记机构。关于信托登记机构设置存在有分别设置与统一设置信托登记机构的认识。分别设置信托登记机构基本思路是在现有财产权登记机构基础上，增加对各类应登记财产权确认为信托财产的登记职能，而不必重新建立一个统一的信托登记机构，也就是在前述各主管、归口部门各自财产权登记职责范围内，增加信托登记职责即可，该种思路指导下的法律文件起草主要体现在住房与社会保障部的《房地产信托登记管理办法（草案）》中；③ 统一设置信托登记机构的基本思路是主张我国应设置统一的信托登记机构，改变现有针对不同信托财产类型而由不同登记机构予以登记的情形，该思路指导下的法律

---

① 具体法条规定见《中华人民共和国海商法》第 9 条、第 13 条；《中华人民共和国民用航空法》第 14 条、第 16 条。
② 何宝玉：《信托法原理研究》，中国政法大学出版社 2005 年版，第 110 页。
③ 在目前的《房地产信托登记暂行办法（草案）》中，住房和城乡建设部力图为房地产信托登记制定一套登记规则，将房地产信托登记业务纳入到既有的房地产登记机构业务范围之内。孟强：《信托登记制度研究》，中国人民大学博士学位论文，2010 年，第 126 页。

文件起草主要体现在中国银行业监督管理委员会于 2008 年 6 月印发的《信托登记管理办法（征求意见稿）》中。①

信托登记效力模式方面我国采取的是登记生效主义，登记被视为信托法律行为的要件，只有依法进行信托登记，设立信托的行为才能得到法律的承认，未经登记的，信托不能够产生效力。大陆法系国家除前述日本外，其他国家如韩国包括我国的台湾地区信托立法就信托登记效力都规定为对抗主义模式。分析我国信托法实行登记生效主义模式的原因，主要在于："一是依照法律、行政法规的规定，对重要的信托财产办理法定的登记手续，是合法权利成立的要件。二是依法办理信托登记是关于信托关系成立的法定公示方式。因此，依法办理信托登记，对信托关系的成立和信托当事人权利义务关系的确定，有重要的意义。"②

（二）我国信托公示立法完善思考

有关信托公示立法相关著述较为丰富，每部信托法相关著作中都直接或间接对此问题有所涉及，主要原因在于我国信托公示、登记立法在此方面存有较大缺憾，进而影响到信托实践顺利开展所致。为避免重复，本书将试图从商事信托及受益人权利保护方面就我国信托公示立法完善的若干要点予以阐释。

关于信托登记机构设置。尽管信托登记机构进行统一设置有利于保障交易安全、提高交易效率，但实际情况是目前我国信托法规定信托登记相关内容之后，长期未建立配套制度规范，与此同时又针对不同类型财产的登记管理，纷纷出台法律予以规范，若对信托登记机构予以强行统一，则必须将原有财产登记机构撤并，或对其职权范围予以修改，同时辅以大量相关法律、行政法规等的废改立工作，显然现阶段实施信托登记机构统一设置在实践中不尽可行。因此，信托登记机构目前采纳分别设置的方式较为合理。我国银监会在上海市设立了上海信托登记中心

---

① 孟强：《信托登记制度研究》，中国人民大学博士学位论文，2010 年，第 101 页。
② 卞耀武：《中华人民信托法释义》，法律出版社 2002 年版，第 66 页。

作为第一个信托登记的试点单位,截至目前已经有 39 家信托公司成为该中心会员,在该中心登记的信托产品已达 700 多个。[①] 当代信息社会,可充分发挥信息科技便捷、高效及受众范围广泛的特性,在分别设置信托登记机构时,可考虑在增设不同财产权变动登记机构之信托登记职责基础上,建立统一信托登记信息发布平台,使得受益人、与信托财产从事交易的第三人乃至不特定社会公众,可以方便快捷地随时查询信托公示信息。实际上我国人民银行征信中心在 2007 年已建立有应收账款质押登记的电子登记及查询系统,它向社会公众开放,任何个人或社会组织都可以注册成为该系统用户进行登记查询,该系统具有登记、查询与登记文件验证等三大功能。由于信托所涉财产登记分布于不同部门,故未来统一信托登记信息发布平台的主要功能是,对已分别进行的财产变动登记和信托登记事项进行查询与验证。前述两大法系信托登记相关内容介绍的启示在于,通过不同途径进行财产标示,明确信托交易行为可预期性,从而促进信托交易融通繁荣、保障交易安全并平衡信托关系人之权利、义务配比。无论采取何种登记机构设置方式或公示方法,最终目的都是维护信托财产独立性,使"相对性"的信托法律关系具有对世特性。在具体信托登记立法技术环节需要注意:信托登记机构必须将有关信息及时予以公告,使交易第三人明确当受托人违反信托时,受益人享有撤销权,从而督促第三人在从事交易过程中积极履行应尽的注意、谨慎义务;同时对于信托登记机构所作的与财产事实状态不符的不实登记,应确保受益人享有顺畅的救济、诉讼渠道,要求登记机构承担赔偿责任,因为此时受益人将无法撤销受托人超越权限的交易,从而失去信托财产并导致信托目的无法实现、受益人利益受损。因此,明确信托登记机构错误登记情形、赔偿责任要件及救济途径,是未来进行信托登记相关立法需要予以重点考量的内容之一。

[①] 数据来源:上海信托登记网页,http://www.strc.org.cn/STRCWeb/index.jsp,2013 年 10 月 30 日访问。

对不同类型的信托财产采取不同的公示方法,与信托登记效力模式问题密切相关。国内学界对信托法中信托登记生效模式批评甚多,几乎一致认为我国信托登记应采对抗效力模式,根源就在于我国信托法中对于信托财产权属、性质规定模糊。若信托财产所有权移转给受托人被承认,则信托登记应是信托当事人自愿行为即可,因为信托设立后信托财产所有权移转至受托人,此时如果就信托财产变动需要登记者,当事人可以到法定登记机构去进行所有权变更登记,在财产权属文件中载明受托人身份即可。由此,信托登记是信托的对抗要件而非生效要件也才可能具有理论与实践的依据。如果我国法律仍坚持对信托财产权属规定的模糊性,则须强制要求所有信托登记为生效要件,因为这是唯一可以使得信托财产独立、信托公示成立的途径,进而保护信托关系当事人以及善意第三人的合法权益。当前我国对信托法的修订尚未提上日程,而且在信托理念以及配套信托法制较为薄弱情况下,信托登记立法完善的思考与建议,应着重考虑面向社会经济生活中实际存在的众多商事信托。"目前我国的信托实践,大都是金钱类的集合信托,涉及产权转移的不动产信托的还无一例。但是需要物权登记的信托产品会越来越多,如2007年华宝信托在上海首开旧住宅改造的信托计划,也只是无奈地局限在集合资金信托融资上,并未牵涉到权利的移转与登记。"[①] 因此,当务之急应是赋予不同行政、职能部门进行财产权变更登记,同时增设核办信托登记的职能。目前较为可行的方式,是对我国法律已明确规定的应进行登记的财产做出专门性信托公示规定。可考虑先行让房地产管理部门出台、颁布有关房地产信托登记管理规定,具体规定不动产信托的登记方法、程序办理、报送文书等,使不动产信托公示登记有章可循。在此基础上循序渐进,授权交通工具、矿产渔业、知识产权等应登记或注册财产权利的主管机关,制定相应的信托登记规则。

信托登记对抗要件所具有的两个主要功效:排除基于对受托人享有

[①] 张军建:《信托法基础理论研究》,中国财政经济出版社2009年版,第142页。

债权而强制执行信托财产；受托人违反信托目的处分信托财产时受益人享有撤销权。[1] 前者通过明确应登记财产办理信托登记，以及我国现行信托法规强制执行排除、信托财产分别管理能够予以实现。后者在我国物权法及信托法体制下，其实现需要的条件可细分为两点：第一，受托人处分信托财产，登记机关仅进行形式审查即可，而无权决定信托登记是否违反信托文件条款、信托目的，该项权利即撤销权应由信托受益人（委托人）享有，只有这样才是符合信托法治思想和规律的制度设计；第二，如何对待我国物权法及其他相关法规中所规定的登记对抗模式权利，如地役权、宅基地使用权等。参照我国信托法第10条的规定及立法者解释，其实是混淆了信托登记与财产权登记不同功能，同时忽视了以登记为对抗效力的财产权。从物权法、信托法条款表述并结合民法原理解释，对登记对抗效力的权利，物权变动无需登记即可生效，但不经登记不能对抗善意第三人。此类权利变动的登记起到确认与证明效力，但对当事人实体权利并不起决定作用，当事人意思表示一致则权利变动生效，只是不能对抗善意第三人。未来对该类权利进行信托登记法律规制时，在法理中应明确区分针对信托财产权利登记的善意第三人，以及针对信托登记的善意第三人，对财产权登记与信托登记予以区别，受益人（委托人）主张撤销权的依据在于信托登记公示，进而需要判定信托是否成立及受托人是否存在违反信托的行为。为解决商事信托中不必要的纠纷与权利瑕疵，可要求凡是进入信托登记程序的登记对抗之权利，应一并提交办理财产权登记，否则信托登记无法办理而不能生效，促使我国相关法规体系内部实现统一。财产权登记的功能在于保障交易安全，信托登记的功能与之对比侧重于受益人权利保护，通过上述立法安排设想，可最大限度实现信托当事人、交易相对人的权义平衡，同时满足信托发展所需的安全与效率要求。

最后，对于不同类型商事信托财产的公示方法，在我国信托实践中

---

[1] ［日］能见善久：《现代信托法》，赵廉慧译，中国法制出版社2011年版，第28页。

存在着无奈的尴尬局面,即由于信托登记制度虚置导致信托财产多表现为金钱货币等资金信托,但信托财产形式发展的多样化又需要首先明确信托登记制度。对于法律、行政法规规定应当办理登记手续的财产类型（包括登记对抗效力的财产）,通过办理财产登记与信托登记方式予以公示,否则信托受益人信托法上所享有的撤销权、返还财产及恢复原状请求权,将随时因第三人主张不知情而置于无法行使的境地。这就要求我国信托法规在现有基本框架内应至少明确信托行为概念界定（如果相关法律仍然对信托财产权属进行模糊处理的情形下）,明确因信托行为所致将普通财产转为信托财产行为具有法律效力,[①] 至于信托登记财产性质仍可在标示该财产并保证独立的前提下,予以模糊处理,如在记载该财产权利的登记簿上,加注"信托"标记或字样。实践中广泛存在的信托财产为货币形式的资金信托,我国现行做法是依照法规要求选择商业银行作为保管人,保管人应对不同信托计划分别设置账户、分别管理,从而满足信托财产标示要求,证券投资基金做法与此类似,通过基金管理人、托管人对信托财产的分别管理或分账保管的方式予以信托财产公示,这样在受托人完成应尽信息披露义务后,受益人（委托人）可以此为由主张对抗第三人。对于有价证券、其他流动性强不宜登记造册的动产、一般债权或其他财产权利,采用多种方式对此类财产予以标记和公示。有价证券中非上市集中竞价交易的,由主管部门或发行人在证券上加注信托持有标识,如是无形载体的有价证券,则在表彰其权利的文件上载明。对于集中竞价交易或其他流通性强的有价证券、动产、财产性权利,公示方法可采用日本的"明认方法",例如添置标签、烙印及其他容易为第三人辨别的办法。此外,为有效调动信托当事人积极性并恪守谨慎注意义务,可借鉴美国信托登记思路将信托登记公示方法

[①] 目前信托实践中,"信托当事人签署信托合同之后,无法依据信托合同直接办理标的物过户手续,双方只能再签署一份买卖合同,依据买卖合同办理过户。这种做法无法区分普通的商业行为与信托行为"。罗杨:《信托登记制度启示录:设计思路与法律建议（下）》,《信托周刊》2009 年第 11 期。

交由信托当事人决定，授权当事人以尽可能切合实际的方式予以标明，由委托人（受益人）在信托文件中约定，受益人（委托人）就信托公示方法拥有知情、建议与监督的权利，从而督促并保障信托关系当事人、交易相对人进行理性选择。

第三节　信托信息披露：受益人权利行使前提

一　信托信息披露功能与立法介绍

（一）信托信息披露功能

第一，信托信息披露首要功能在于解决信托运作过程中信息不对称的情形。通常认为信息不对称是由环境不确定性与市场不确定性引起，参与某一经济关系的双方各自拥有对方所掌握的部分信息，而对各自对手所具备的知识和所处环境则不完全了解。该种信息不对称现象在交易过程、环节中普遍存在，由于它的存在，占有信息优势一方可以在交易中获得更多的利益，亦被称为信息租金。信息不对称会影响交易各方利益安排，损害公平、公正的市场交易秩序。由于利益原因，占有信息优势的一方会尽量利用他方信息弱势地位，对自身产品或服务进行夸大或突出，而对缺陷或弱点避重就轻或秘而不宣，更有甚者会进行不实、错误信息的传递。这种行为将会影响交易相对方、利益相关者行为决策，严重损害其利益。经济社会在将经济运行规律转换为法律规定的过程中，为适应经济发展所要求的资源优化配置、提升交易效率、保障交易安全，大都要求法律对经济活动中的重要信息予以强制披露，商事法律尤其如此。典型如公司企业法律中的商事登记制度、公司信息公开与报告制度，证券法中的持续性信息披露制度等。信托特别是商事信托关系中，相关当事人特殊结构关系决定了受益人处于信息劣势地位：信托产生成立之初，商事信托除单一资金信托计划外，大都采用发售受益凭证来集合公众资金的方式，投资者通过购买信托受益凭证取得受益人身份，作为信托受益凭证的买入方与受托人相比较，处于信息不对称状态。商事信托通过受托人拟定主要条款的信托契约而存在，进一步加剧了受益人与受托人之间的信息不对称状态。在信托运作过程中受益人（委托人）依法享有多重权利，但无权直接干涉受托人具体管理、处分信托财产的行为。信托财产完全处于受托人支配、控制之下，其运用管理情况不经受托人披露则受益人根本无从知晓。信托终止时，各国法律一般规定由受托人就处理信托事务作出清算报告，受益人无法直接参与清算报告制作。凡此种种都反映出受益人在信托运行过程中处于信息弱势地位。

第二，进行信托信息披露是受益人行使权利的重要前提与基础。信托受益人所享有的全部权利，因为信托特殊结构，都直接或间接与受托人信息披露相关联。其中，狭义信托受益权的取得、放弃以及转让，都需要受托人就有关信息予以披露，否则该权利将无法行使。受益人所享有的信托相关事务决定权，例如：信托事务处理报告的认可权、委托人变更受益人或处分受益权时受益人的同意权、受托人辞任的同意权、增减受托人报酬的权利、信托事务调整权等，都需要受托人就信托事务运营状况、财务、法律等综合信息指标予以披露，否则受益人的信托相关事务决定权，将因为无法进行客观准确判断，而不可能实现。为实现信托目的并保障自身权利，信托受益人还拥有一系列对信托予以监督的权利，例如强制执行财产异议权、违反信托处分的撤销权等。然而，由于信托结构特质及信托财产独立性要求，如果受益人根本不知道信托财产发生混同，或受托人信托违反处分财产等情形时，前述权利不可能行使。因此就信托受益人具体权利内容而言，信托信息披露是其权利行使的基本前提要求。

第三，信托信息披露是受托人免除信托义务和法律责任的基本要求。受托人应当按照信托文件规定的方式为受益人保护信托财产安全并获取收益。如果受益人想要受托人遵守适当的注意和诚实标准，并获得自己应有的衡平利益，他必须知道信托财产的组成及其管理方式。为此，受托人必须履行通知和报告的义务，受益人也有权利知道相关重要信息。① 各国信托法律允许受托人辞任或在信托终止后解除信托事务责任，但须进行信息披露。例如我国《信托法》第58条就规定有相关内容，② 当信托终止后，受益人只有在了解受托人清算报告中所列事项之后，受托人责任方可解除，对在信托清算报告书中未列明的事项，也就是未进行信息披露与说明的受托人事项，并不能因为信托终止而予以解除。同理，受益人若认为自己权益受到受托人违约或侵权等信托违反行为侵害时，受托人如果在信托运营及信托财产处分时没有履行信息披露义务，或不适当履行的，不能免除受托人应承担的法律责任。在判定受托人是否违反忠实、勤勉义务的场合，前者核心是利益发生冲突情形下受托人应怎样处置，后者核心是认定受托人是否尽力、尽职履行职责，若受托人未及时、全面、客观的进行相关信息披露，无法认定受托人切实履行了所承担的信义义务。

第四，信托信息披露是受益人及其他监督主体对信托进行监督的基本保障。之所以要求对信托信息予以披露，其重要功能之一在于能够为受益人、监察人、国家监管部门及其他享有监督权的主体进行信托监督提供保障，否则对信托运营和受托人监督将无从实现。信托监督要求必须重视信息分配与运用，通过信托信息披露能够有效降低受益人及其他监督权主体监督决策成本。信息不仅关涉监督的实现，更关系到监督的实效，金融资本市场要求与信托关系构造决定，一方面信托制中信息分配呈现绝对不对称状态，另一方面市场整体运行平稳有序、合乎规律依赖于信息均衡分配与运用。信息披露是信托市场监督机制的重要组成部分，缺乏该义务设定则信托监督机制无法建立，从这个意义上说，信息披露是受托人所承担的不可豁免的核心义务之一，是信托监督机制构建的基本支撑要素。

---

① Alan Newman, The Intention of the Settlor under the UniformTrust Code: Whose Property Is It, Anyway, *Anyway Law Review*, 2005, (38): note 129.
② 《中华人民共和国信托法》第58条："……受益人或者信托财产的权利归属人对清算报告无异议的，受托人就清算报告所列事项解除责任。但受托人有不正当行为的除外。"

（二）信托信息披露立法介绍

各国信托法律都将信托信息披露列为重要内容。其中，英美法系学者与法官通过判例与立法创制有较为丰富的信托信息披露规定。认为受托人负有按照要求，向受益人提供全面信息的义务，将信托财产账簿情况向受益人进行汇报，[1]并负有将该账簿交予受益人的义务。[2] 在明确受托人向受益人提供信息的基础上，还强调此种信息披露必须符合一定标准，即全面性。受托人负有就信托财产的数量以及信托财产的投资情况向受益人全面披露的义务，即使该利益对于受益人而言只是可能实现的，并且受托人还有义务提供有关信托财产的状况与位置等综合性信息。[3] 除非出于保密等正当理由，受托人可以不提供信托文件检查机会，否则要求他必须将信托文件备置妥当以接受受益人查阅。受益人查阅、检查信托文件的权利在英美法系中，是基于受益人身份的法律认定，因为受益人是信托财产衡平法上的所有人，检查信托文件是其专有的权利之一。[4] 只是这一专有权利伴随自由裁量信托发展较难适用，因为在自由裁量信托中受托人有权不向受益人披露他履行自由裁量的原因。英国上诉法院认为，受益人有权检查信托文件的规则并不扩展到那些给予受托人决定理由的文件，如果受益人有权检查其中包含受托人决定理由的文件，当提供这些文件时，那些包含理由的内容应加以覆盖。[5] 对于那些影响受益人利益的重要信息，若受托人明知受益人不知道这些信息，而且受益人为了自身利益有必要了解此类信息的话，受托人必须向受益人传达此类信息。[6] 总之，对于信托信息披露英美法系国

---

[1] Manning v. Commissioner of Taxation，[1928] 40 CLR 506.
[2] Springett v. Dashwood，[1860] 2 Giff 521.
[3] Low v. Bouverie [1891] 3 Ch 82 at 99 (per Lindley LJ).
[4] O'Rourke v. Darbishire [1920] AC 581 at 626–627 (per Lord Wrenbury)
[5] See：NATH, RAVINDER Trust in India [A]. KAPLAN, ALON. Trusts in Prime Jurisdictions [C]. Hague：Kluwer Law International, 2000. 308. PETTIT PHILIP. Equity and the Law of Trusts (8) [M]. London, Edinburgh and Dublin：Butterworths, 1997. 362–363.
[6] Restatement (Second) of Trusts, section 123, comment.

家普遍认为，对于那些关键信息与重要信息必须强制向受益人进行披露。① 美国《统一信托法》（2000）第 813 条规定："受托人应当使信托的合格受益人合理获得信托管理的信息以及保护其权益所需的实质性事实（material facts）。除非当时情形下受益人的要求不合理，否则受托人应当迅速回应受益人提出的获得有关信托管理的信息的要求。"根据该法条的规定，要求受托人向任何一个提出要求的受益人提供信托文件副本，而无须请求，就有义务向"合格的受益人"提供某些其他信息，诸如受托人的姓名、地址和电话号码；受托人已经接受任命担任受托人的事实；以及受托人报酬的任何变化等。同时要求受托人至少每年一次向所有有权获得信托财产的收益或者原物的受益人提供一份报告，详细汇报信托财产、责任、收入和开销等。该报告并不需要采取正式形式或按照特定的格式，关键问题是报告是否向受益人提供了足以保护其利益的信息，其他州法律规定对此亦大同小异，② 只是在是否要求强制披露信息方面规定有所不同。如亚利桑那州则允许委托人放弃受托人对不合格受益人的要求作出回应的义务，③ 有的如犹他州、田纳西州、怀俄明、堪萨斯等州允许委托人通过信托文件完全放弃受托人的报告和披露义务。④

《日本信托法》由信义义务衍生出关于信息披露的法律规定，其法条主要体现为《信托法》第 29 条（受托人负有以善良管理人的注意处理信托事务的一般性义务），《信托法》第 37 条（规定受托人必须制作和置备信托相关的一些文件），《信托法》第 36 条与 38 条（规定在一定范围内允许利害关系人具有这些文件的阅览、报告请求权）等。第一，关于受托人备置账簿等报告与保存之义务。信托财产相对于固有财

---

① See: Eddy v. Colonial Life Insurance, 919 E. 2d 750 (D. C. Cir. 1990).
② 高凌云：《被误读的信托——信托法原论》，复旦大学出版社 2010 年版，第 108 页。
③ ENGLISH, DAVID M., "The New Mexico Uniform Trust Code", *New Mexico Law Review*, 2004, (34): 30.
④ See: HAYNES, JESSICA, "Quieting the 'Noisy' Trusts of the Missouri Uniform Trust Code", *University of Missour-Kansas City Law Review*, 2005, (74): 151-152.

产与其他信托财产具有独立性，受托人必须使各信托的事务处理状况与信托财产的状况清楚明了，让受益人和信托当事人能够随时了解其状况。为此，《信托法》第 37 条规定受托人负有制作信托事务的账簿与财产目录的义务。也就是说，受托人为使信托事务之相关会计与信托财产状况清楚明了，必须备置账簿（第 1 项），并每年 1 次于一定时间就各信托制作借贷对照表、损益计算表等向受益人做出报告（第 2 项、第 3 项）。另外，上述书面文件的保存期限为 10 年（第 4—6 项）。本条为强制性规定，不得利用特殊约定免除书面文件的制作。第二，关于受益人或委托人文件阅览、报告请求权。委托人或受益人有权向受托人请求报告信托事务的处理状况以及信托财产项下之财产和信托财产责任负担债务的状况（《信托法》第 36 条）。另外，受益人还可向受托人请求阅览或复制与信托财产相关的账簿以及与处分信托财产相关的合同书等（《信托法》第 38 条）。但是，请求的理由必须明确。这些规定亦为保护利害关系人等的公益规定，除非受托人有正当理由，否则不得拒绝。所谓受托人得以拒绝的正当理由，特列举如下：请求人是以确保和行使该项权利之调查以外的目的提出请求的；请求人提出请求的时间不当；请求人妨碍处理信托事务，或者以损害受益人的共同利益为目的提出请求的；请求人处于经营和该信托业务有实质性竞争关系的事业，或从事该职业的；请求人通过前项规定下的阅览或誊写，为将其获悉之事实向第三人通报并从中牟利而提出请求的（《信托法》第 38 条第 2 项）。[①]

我国台湾地区信托立法有关信息披露内容，基本与《日本信托法》修订前内容相似，但规定较为简单。其法条内容主要有：第 31 条，要求受托人制作信托财产目录和收支计算表，送交委托人及受益人；第 32 条，受益人或委托人的请求阅览、影印和抄录信托文件，如前述信托财产目录、收支计算表等；第 50 条，要求当受托人变更时，原受托

[①] ［日］三菱日联信托银行编著：《信托法务与实务》，张军建译，中国财政经济出版社 2010 年版，第 16 页。

人应就信托事务的处理制作报告书与结算书，连同信托财产会同受益人移交给新受托人；第68条，当信托关系消灭时受托人应制作报告书与结算书，并取得诸如受益人、监察人等权利归属人的承认方可免除义务。当就信息披露事项发生争议，如对于利害关系人是否有必要请求阅览、抄录和影印账簿、信托财产目录及收支计算表等文书时，应由法院为最终的判断。[1]

二 我国信托信息披露立法析评

我国关于信托信息披露的法律规定，除了在信托法中原则化、统领性的条款规定之外（我国信托法第20条、第33条、第58条以及第67条），还包括有下列相关规范性法律文件：中国证券监督管理委员会发布的《证券投资基金信息披露编报规则》，迄今为止共计发布有5号规则，对证券投资基金信息披露编报规则进行了较为详尽的规定，既有会计报表编制细则内容要求，又有针对不同资金投资市场的特殊要求；中国银行业监督管理委员会发布的《关于信托投资公司集合资金信托业务信息披露有关问题的通知》（2007年废止，有关事项规定于《信托公司管理办法》与《信托公司集合资金信托计划管理办法》）、《信托投资公司信息披露管理暂行办法》和《关于加强信托投资公司集合资金信托业务项下财产托管和信息披露等有关问题的通知》；中国人民银行颁行的《资产支持证券信息披露规则》《信贷资产证券化基础资产池信息披露有关事项公告》等。可见，关于金融市场监管及相关信息披露的法律规定，因为关系到国计民生、资本市场以及国家金融安全与稳定，一直被有权机关所重视，至少从规范文件数量的角度而言较为丰富。上述规范性文件具体侧重内容有所不同，但总体倾向于信托财会专业性报表编制规则与披露方式，其基本要求与我国证券市场信息披露保持一致，"无论证券发行之信息披露或持续性信息披露，都应当符合相应的

---

[1] 赖源河、王志诚：《现代信托法》，中国政法大学出版社2002年版，第132页。

标准和要求。信息披露应当符合全面性、真实性、最新性与适法性"①。即信托信息披露应同样具备全面、真实、及时、适法等特性。前述规范性文件对信托信息披露主要包括有两方面内容，一是信托事项的披露，一是有关受托人事项的披露，并且对信息披露要求、时间、途径与具体方式等都各自进行了较为详细的规定。

尽管如此，当前我国商事信托受益人权利难以得到有效保障，其中一个重要原因就在于信托信息披露制度不健全。投资者（委托人与受益人）普遍反映难以通过规范、常态且易于理解的方式接受并运用相关的信息披露。从经济学角度而言这是由于信托结构特征，使得对于其项下的信息披露，尤其是信托会计披露所造成的影响：首先，信托业务具有多样性。信托行业涉及银行、证券、租赁、房地产，以及其他投资领域等诸多范畴，内容千差万别。使得信托会计披露要设计统一形式的报表具有相当难度；其次，信托会计与普通企业会计报告比较，其目的应是服务于受益人利益，虽然从信托"主体"角度而言仍是收益分配，但此种分配明显高于普通企业会计报告，甚至高于信托经营业绩反映，而现行受托人制作的信托会计报告仍然是以传统三张报表为主；再次，由于不具备统一形式报表格式规范，因此有关信托会计信息披露在会计报告格式设计、附表类型、附表披露重点、附注以及补充信息表现形式方面差别较大，再加上前述信托行业涉及领域广泛且专业性要求较强，因此"晦涩"的信托会计披露很难为普通受益人所理解；最后，信托关系使得相关权利人控制虚化，因为信托会计是以信托本身为会计主体，从而区别于一般企业主体，其财产与权利人联系具有不完全性与不紧密性。而且在经营过程中经营者权利占有并不完全，致使实质意义上的财产权利人缺位。因此，在信息不对称情况下，如何充分反映受托人经营的合理性是信托会计报告需要解决的首要问题。②

我国信托信息披露法律规定与大多数大陆法系国家思路一致，遵循

---

① 叶林：《证券法（第三版）》，中国人民大学出版社 2008 年版，第 263 页。
② 参见戴军《信托会计理论研究》，中国人民大学博士学位论文，2004 年，第 126—127 页。

记录、报告说明和保密义务。目前信托信息披露法律规定需要完善的主要方面有：

首先，与英美信托法相比，信托事项信息披露的内容不够全面，有待进一步细化。如关于告知受益人权利的内容，我国法律、法规及部门规章都没有提及。同时信托法第 33 条规定，"受托人应当每年定期将信托财产的管理运用、处分及收支情况，报告委托人和受益人"，但受托人具体报告时间、方式与途径等未做细化规定。至于临时性信息公告披露，这一关涉受益人权利行使与保护的重要措施，在信托实践中更付诸阙如。

其次，缺乏对单一信托的信息披露规定。或许立法者、监管者认为此时应尊重当事人意思自治，将此类信息披露交由当事人在信托文件中自由约定。但是由于商事信托中受托人所从事投资与财产处分领域涉及广泛，信托制所致委托人、受益人控制虚化，以及出于信托信息披露之记录、报告说明整体性要求，对于单一信托信息披露事项，有关规范性文件至少应进行指引性规定更为妥当。

再次，我国信托信息披露立法一方面就受托人对受益人所负信息披露义务规定粗疏，但另一方面对监管部门介入信托公司作为受托人的相关信息披露规定却十分繁复、严格。由此可能造成的后果是牵制受托人自主积极性，使其疲于应付监管部门各项掣肘与规定，而对受益人权利的实现与保护，必然难以顾及或予以敷衍规避。我国历次信托业整顿与商事信托投资者权利频频受损的事例，说明在对信托及其法律本质认识方面仍存有偏差、误解，典型例证是我国信托中对于受益人（委托人）的询问权规定的缺乏。[1]

然后，接前述信托会计报告而言，美国《统一信托法典》的第 813

---

[1] 尽管我国信托法第 20 条规定，"……委托人有权查阅、抄录或者复制与其信托财产有关的信托帐目以及处理信托事务的其他文件"。但如何提出请求，通过何种途径请求，复数受益人状况如何处置，何种事项允许或不允许查询等都没有说明。因此在商事信托实务中，该法律规定实际缺乏任何可操作性，而使得信托信息披露存在严重瑕疵。

条（c）中，明确指明信托报告内容应就"每年至少一次以及在信托终止之时，就信托财产状况，该信托财产所负担的债务，信托财产的收益以及支出等，必须送达报告书"。将所有法律规定受托人应予记录的详细账簿、财产目录等都交予受益人，完成所谓信息披露，既无必要又显"暧昧"。在信息披露内容和具体信托报告书制作方面，主要应根据信托契约上的积极信息披露义务宗旨予以考量，主要涉及内容应包括和进行分配的收益金相关的事项、信托终止时和最终计算相关的事项、属于共同运用信托财产状况相关的事项等。①

最后，关于信息披露与受托人保密问题。由于我国信托法中缺乏对受益人（委托人）查询权利的实际法律规定，故在复数集团商事信托中，受托人对于个别受益人的查询请求，甚至可以援引信托法第33条予以规避。② 因此，首先应完善健全受益人查询请求权，在此前提下才谈得上信息披露与受托人保密冲突的问题。笔者赞同对受托人管理处分信托财产的裁量或决定的理由等信息，在受益人提出请求时可以予以披露。③ 一方面，对于信托信息披露属性有学者认为其是忠实义务的具体内容或判定标准，如果不允许说明披露，则根本无法认定受托人是否切实履行其信义义务，而这却是信托正常运营的核心所在；另一方面，进一步分析即便认为不予说明、披露存在表面合理性，当受益人对受托人信托违反行为提起诉讼时，即提出真正的权利主张，那么就从信托法进入民事诉讼领域，显示理由的文件就可能被要求披露，如果证明责任转向被告受托人，则他们将需要证明自己行为的合理性。④ 由此可反证对于绝大多数裁量或决定的信息并无保密的必要，如果对此类信息经请求

---

① ［日］能见善久：《现代信托法》，赵廉慧译，中国法制出版社2011年版，第123页。
② 我国信托法第33条第3款规定，"受托人对委托人、受益人以及处理信托事务的情况和资料负有依法保密的义务"。
③ 除非我国现有法律中对受托人作出该类决定、裁量过程中所涉的数据、商业秘密信息等有明确规定不得随意公开。
④ Scott v. National Trust［1998］2 All ER 705, 719. See: HAYTON, DAVID, Introductory Overview and Comment, HAYTON, DAVID, Extending the Boundaries of Trusts and Similar Ring-fenced Funds, London: Kluwer Law International, 2002, p. 14.

后仍不允许披露，受益人对于受益权实现以及受托人监督将大为削弱，无法有效保障信托设立的根本目的。

第四节 受益人会议：受益权行使途径

一 受益人会议功能与实现障碍

（一）受益人会议制度主要功能

受益人会议因处于不同信托类型而名称略有不同：在集合资金信托中，称为受益人大会；在证券投资基金中，称为基金份额持有人大会；在资产证券化特定目的信托中，称为资产支持证券持有人大会。从本质上说无论何种类型的受益人会议都是商事信托团体化、营利性特质的具体表现。信托是特定的法律关系，该法律关系以信任为基础、以信托财产为中心、以信托当事人之间约定、推定或法定的多重权利义务为具体内容，特别是该法律关系本身并非单一，它可能表现为多重法律关系（抑或契约）的组合。将商事信托财产视为拟制团体，那么在观念上受益人会议必然是信托框架组织内的一个机关，其地位类似于公司的股东大会，受益人通过参加受益人会议，表达自己的意志并行使权利，对信托运营的一些根本事项作出决定。受益人会议的主要功能与作用体现为以下两点：

第一，受益人会议制度，是受益人作为信托关系主体地位的充分反映。如前文所述，受益人法律地位认定实质涉及如何认定信托本质。大陆法系国家倾向于在制定法中将信托本质视为法律行为并以契约思维主导解读信托，但其不周延之处也显而易见。例如信托实践中受益人作为信托法律关系当事人，除去依据契约所享有的权利义务内容外，其他权利义务内容无法获得完满解释。因为信托还包括有当事人之间其他权利义务的法律关系，其行为是基于权利义务履行而发生，核心是受托人负有的"衡平法"义务。同时受益人只是信托关系当事人，并非信托行为当事人，在信托实际运营过程中无法直接参与财产管理、处分行为，只是在法定条件情形下保有针对信托财产不当行为的撤销追索权，要求受托人予以赔偿或恢复信托财产原状。商事信托多为自益、私益型信托，对于受益人取得受益权而言并非只享有权利而排除义务，典型如受托人报酬给付请求权对应委托人（多与受益人身份重叠）的义务等。因此将信托本质视为多重契约组合的特定法律关系，为实现信托内部各当事人之间权利义务均衡，保障受益人作出意思表示并行使权利、负担义务，使受益人真正实现其信托关系主体地位，有必要对受益人会议制度予以专门细致规定。

第二，建立受益人会议制度，可以有效提高商事信托运营效率，保障受益权及信托目的实现。现代商事信托无论是将信托财产还是信托本身视为拟制团体组织，都强调受益人有权参与到信托事务管理之中。以我国信托法律规定为例，受益人享有信托事务处理报告认可权、受托人辞任同意权、增减受托人报酬的权利、信托事务调整权等。当受益人为复数时，则受益人已实际结成为一个团体，在这个团体中每个受益人对信托事务参与管理的看法、评判标准不可能完全一致，如果不建立受益人会议制度，所谓受益人参与信托事务管理权将无法实现。"……团体成员可独立做出意思表示，团体亦应受领该意思表示。然而，团体依照多数决定原则作出之决议，在内容上未必与该成员意思一致，也未必达到改变团体关系或管理事务的效果。"[1] 因此，建立受益人会议制度能够使得受益人团体按照一定议事规则做出决议，并以此作为受益人团体拟制的意思表示，参与到信托关系中去。只有这样才能使得信托法、信托文件中有关受益人的规定具有现实意义，使得前述受益人之受益权、决定权以及监督权得以实现，提高商事信托运营效率，保障受益权与信托目的不致落空。尤其是只有通过受益人会议才可能在团体商事信托中，实现由受益人对受托人是否履行信义义务进行监督。

---

[1] 叶林：《私法权利的转型——一个团体法视角的观察》，《法学家》2010 年第 4 期。

（二）受益人会议功能实现障碍

在现实经济生活中的两类商事信托（以受益人数为标准），[①] 单一性商事信托主要通过信托文件确立信托关系中各方主体之间的权利义务关系，是一种多重契约关系组合，受益人行使法定或约定权利时，在具体行使方式与途径上不存在过多障碍。[②] 团体性商事信托在遵从信托是多重契约组合的特定法律关系基础上，在受益人权利具体行使途径——受益人会议制方面，却存在有障碍与困境。因为一方面，商事信托组织化结构中，复数受益人权利行使同公司等企业组织一样，需要通过会议方式依据多数决原则做出决议。由此受益人会议同股东会一样在具体权利行使中存在有特定障碍；另一方面，信托自身具有不同于其他企业组织的特征，进一步加剧了受益人会议功能实现的障碍。

以典型公司治理结构为例，股东大会只能通过偶尔召集的股东会议来行使职权。如果公司股东人数众多，就无法经常召开会议。即使股东大会享有很大权力，通常也只有"权力落空"一个出路，唯有控股股东能够间接享受到股东大会过大的权力。从法律主体组织内部权力分配来看，受益人介入信托治理比股东介入公司企业治理程度要低，因为商事信托组织一体化程度对比公司程度较弱。信托财产本身是承担有限责任且具有破产隔离功能的独立法律主体，其具体管理运用更多体现为受托人与信托财产之间的直接权利义务关系，受益人权利中有相当部分表现为针对受托人的请求权，由他再曲折反馈至信托财产。因此，受益人会议在信托组织治理结构中所起作用较弱，这是由信托本身所决定的结构性障碍。

受益人会议与股东会功能障碍相同之处体现为，受益人会议不可能经常召开，因此其在信托实际运营、治理过程中的功能作用必然大打折

[①] 即单一性商事信托（如单一资金信托计划、银行针对客户的专户理财产品等）与团体性商事信托（如集合资金信托、证券投资信托基金、资产证券化特定目的信托等）两类。

[②] 但是这并不是不否定单一商事信托的团体性特征，因为即便是单一性商事信托其实践运作方式多表现为银信合作或各类组织与信托机构之间的信托制运用，其募集资金来源或组织财产（如股权）仍然呈现有相当的团体色彩。

扣。同时信托财产的（来源）分散性、流动性以及管理处分专业性质等因素，导致受益人会议实际功能受阻。例如，由于市场情况多变以及投资管理活动的复杂性，持有人会议对于指导基金管理人投资决策并无多大实益，基于成本与效益权衡，持有人表决的范围和意义相当有限。同时由于基金持有人普遍存在"搭便车"心理，他们宁愿"用脚投票"而非"用手投票"，参与基金治理的积极性不高，缺乏利用持有人会议监控基金管理人行为的动力。与公司治理结构不同之处在于，公司股东会由于持股比例不同，极易发生控制股东出于个人私利目的，控制股东会使其成为损害其他股东以及公司权益的工具。因此公司治理结构中一个的重要命题就是针对控股股东，在不违反资本多数决原则的前提下，予以有效规制。而在开放性基金中一般没有控制股东（control shareholder）或持有人，因而在普通公司中大股东凭借股东会议参与公司治理的情形极少发生。基金持有人如果不满基金管理人行为，可以净资产赎回股份，而并无"控制权溢酬"（control premium）发生，因而与封闭型基金相比，开放型基金持有人更加缺乏监控动力。[①] 特别是在信托法中，有关受托人义务规定的一个重要方面就是公平对待不同受益人义务。具体来说，此项义务包括两层含义：其一，信托具有不同类型的受益人的，如本金受益人与收入受益人，受托人必须在他们的利益之间保持公平的平衡，不得偏向其中一方；其二，同一类型的受益人有数位的（如集团商事信托），受托人必须公平对待每一位受益人。我国信托法中对于此项义务没有进行专门性规定，但可由受托人忠实勤勉义务推导。显然，在此项受托人义务限制下，对于每一个单独受益人会议组成成员而言，很难激励个体积极行使权利与发挥监督职能，这也是受益人会议功能的结构性障碍之一。

总之，在复数受益人这一当代典型商事信托模型中，由于信托结构障碍、受益人数众多所致"搭便车"心理以及缺乏激励措施手段等原

---

① 参见彭插三《信托受托人法律地位比较研究》，北京大学出版社2008年版，第224页。

因，使得受益人会议作为拟制团体信托组织的机关，较难充分发挥其应有的权利行使、监督职责等功能与作用。

二 受益人会议制域外立法介绍

英美法系中关于受益人会议直接规定较少，"英国法律规定，受益人为两人以上的，受益人行使变更权，需经所有受益人的一致同意。美国少数州也采取同样的规则"①。在普通信托（民事信托）受益人方面，美国信托法对于受益人参与信托管理集中体现在普通信托的终止与变更规则。例如美国《信托法重述（第2版）》第337条规定，"一项信托的全部受益人均有行为能力，并且他们一致表示同意，那么全部受益人一起可以强制终止信托，本条第2款另有规定的除外"②。英国法中，根据英国1841年的Sauders v. Vautier案确立受益人利益优先于信托目的实现规则，据此受益人如果确定且全部具有完全民事行为能力，受益人可以一致同意终止信托。③ 笔者认为与其将此类规定视为英美法中有关受益人会议制度的规定，不如将其视为民事信托中，复数受益人行使权利，对民事信托予以变更或终止具体方式规定。

当代美国商业信托发达，其实质为新兴的企业组织形态，故有关受益人会议相关法律规定，更多体现为普通法与制定法中对商业信托受益人的信托管理参与权的法律规定。根据美国普通法规定，在制定法没有规定的范围内，普通信托受益人根据信托文件的规定可以行使信托文件授予的信托管理参与权。但自马州1913年的Williams v. Inhabitants of Milton案，联邦最高法院1919年的Crocker v. Malley案，普通法确立起商业信托受益人控制检验规则。当受益人对商业信托事务的管理参与权一旦构成受益人对商业信托事务的控制，待议商业信托构成股份可转让

---

① 汤淑梅：《信托受益权研究——兼论兼论信托受益权在我国商事领域中的运用》，中国人民大学博士学位论文，2008年，第171页。
② 参见刘正峰《美国商业信托法研究》，中国政法大学出版社2009年版，第305页。
③ ［英］海顿：《信托法》，周翼、王昊译，法律出版社2004年版，第77页。

合伙而非普通法信托，受益人须对商业信托债务承担无限连带责任。受益人对商业信托的管理参与权不能构成对商业信托受托人或商业信托事务管理的控制，否则受托人将落入代理人范畴，所涉商业信托构成合伙。受益人参与管理是在不构成干涉商业信托受托人或商业信托事务管理控制权的范围内，享有一定的自治性管理参与权。商业信托受益人多具有群体性，受益人的管理参与权因此多以决议的形式行使，受益人可能因此成为受托人的控制人，受托人与商业信托有可能成为受益人违法犯罪的工具。因此普通法商业信托与马萨诸塞州等州的制定法对商业信托同样实行外部管理，受益人不享有法定的信托管理参与权，但商业信托治理文件可以为受益人保留自治性管理参与权，该项自治性管理参与权却不能构成对受托人或信托财产的实质控制，否则商业信托的普通法信托属性会受到挑战，待议商业信托就可能落入"股份可转让合伙"范畴。亚利桑那州等商业信托法系因实行公司法默示规范主义，在商业信托治理文件中未排除的范围内，受益人享有如同公司股东的管理参与权；特拉华州等商业信托法赋予商业信托受益人以广泛的自治管理参与权与法定管理参与权，以受托人信托目的强制实施义务与其他受信义务制约受益人的不当管理指示；受托人有拒绝执行受益人或其他指示权人不当管理指示的职责。①

大陆法系国家中《日本信托法》在 2006 年修订之前，未对信托受益人会议制度进行规定，伴随商事信托实践发展需要与日本信托法学界理论研究支撑，新修订后的信托法对受益人会议以专节形式加以规定，即"第四章，受益人等"中的"第三节，二人以上之受益人为意思决定方法之特别规定"，分为总则与受益人会议两部分。总则部分主要阐明了在受益人有二人以上之信托，受益人之意思决定（第 92 条各款之权利行使者除外），由全体受益人一致决定。但信托行为另有订定时，依其订定。受益人会议部分主要规定有：受益人会议召集，规定受益人

---

① 参见刘正峰《美国商业信托法研究》，中国政法大学出版社 2009 年版，第 305—309 页。

会议，于有必要之情形，得随时召集。受益人会议，由受托人召集（现存信托监督人时，由受托人或信托监督人为之）；受益人请求召集，受益人，得表明受益人会议之目的事项及召集理由，请求受托人（现存信托监督人时，得向受托人或信托监督人为之）召集受益人会议；受益人会议之召集决定，具体内容有受益人会议时间、场所、议决事项及不能出席会议受益人可以电磁方法行使表决权等；受益人会议之召集通知；交付受益人会议之参考文书及表决权行使之书面等；受益人之表决权，其中强调规定受益权属于该信托之信托财产时，受托人对该受益权无表决权；受益人会议之表决，其基本决议规则是，受益人会议之表决，由得行使表决权之受益人之表决权数有过半数出席，及已出席受益人之表决权过半数行之。不论前项规定，关于下列事项，受益人会议之表决，应有得行使表决权之受益人之表决权有过半数之出席，及已出席之受益人表决权三分之二以上之多数决议行之。该法条第三项紧接着对何种事项需要绝对多数表决权通过予以列举；此外，日本信托法中还对代理行使表决权、书面行使表决权、会议记录、会议决议效力以及会议费用承担等事项予以规定。①

我国台湾地区有关受益人会议的规定集中在其"金融资产证券化条例"中。其中关于受益人会议召开，在"金融资产证券化条例"第24条第一项至第三项中进行了规定：② 要求受益人会议召集权人原则上是受托人机构或信托监察人，为确保少数受益人权益，赋予持有本金百分之三以上受益人享有召集请求权和自行召集权。该条例第24条第四项及第五项规定受益人会议的召集程序，并规定重大事项应列举召集事由，不得以临时动议方式提出。关于受益人会议的权限与表决，该条例

---

① 具体内容详见《日本信托法》第105—122条之规定。
② "受益人会议，由受托机构或信托监察人召集之。持有本金持份总数3%以上之受益人，为受益人之共同利益事项，得以书面说明提议事项及理由，请求前项有召集权之人召集受益人会议。前项请求提出后十五日内，有召集权之人不为召集或因其他理由不能召集时，持有本金持份总数3%以上之受益人得报经主管机关许可后自行召集。"

通过第23条第一项规定,①期能借由受益人会议之制度设计，透过多数决原理之适用，以行使受益人及委托人之权利。除此之外，该条例第28条第二项规定监察人权利适用除外情形,②亦即就受托机构责任之解除、受托机构之辞任、信托财产之资产负债表、损益表及管理运用报告书之承认、特殊目的信托契约之变更或终止等事项，除规定部分情形明定得由法院介入处理或由信托监察人代为承认外，原则上应由受益人会议决议之。同时该条例第25条第一项规定有受益人会议决议方式，"受益人会议之决议，除本条例另有规定或特殊目的信托契约另有约定者外，应有表决权总数1/2以上受益人之出席，出席受益人表决权过半数之同意行之。"当然如受益人对于会议之事项有自身利害关系，致信托财产有受损害之虞时，理应不得加入表决，并不得代理其他受益人行使其表决权，以避免利益冲突之情事发生（《金融资产证券化条例》第25条第四项）。③

三　完善我国受益人会议制度的思考

我国于2005年由中国银行业监督管理委员会、中国人民银行颁行的《信贷资产证券化试点管理办法》中，首次规定了受益人大会制度。此外有关受益人会议制度的重要规范性文件主要还有《中华人民共和国证券投资基金法》（由中华人民共和国第十一届全国人民代表大会常务委员会第三十次会议于2012年12月28日修订通过）以及2007年中国银行业监督管理委员会发布的《信托公司集合资金信托计划管理办

---

① "特殊目的信托受益人及委托人权利之行使，应经受益人会议决议或由信托监察人为之。但下列之受益人权利，不在此限：一、受领受托机构基于特殊目的信托契约所负债务之清偿。二、其他仅为受益人自身利益之行为。"

② "信托监察人得以自己名义，为受益人及委托人为有关信托之诉讼上或诉讼外之行为。但下列权利，不适用之：一、解除受托机构之责任。二、变更或终止特殊目的信托契约。三、同意受托机构之辞任、解任受托机构或申请法院解任受托机构。四、指定或申请法院选任新受托机构。五、其他依特殊目的信托契约约定信托监察人不得行使之权利。"

③ 王志诚：《金融资产证券化——立法原理与比较法制》，北京大学出版社2005年版，第83—85页。

法》。有关法律规定，无论是《证券投资基金法》《信贷资产证券化试点管理办法》，还是《信托公司集合资金信托计划管理办法》等，其内容规定趋于相同，仅就受益人会议的召集、权利行使表决方式等基本事项进行了原则规定，在具体受益人权利行使途径、方式与可操作性方面，还缺乏符合商事信托结构、运营实际状况的细化规定。

以修订后通过的证券投资基金法为例，其在第九章"公开募集基金的基金份额持有人权利行使"中共计有四个条文对基金份额持有人大会制度予以规定。通过对比修订前后的法律条文，有关基金份额持有人大会制度，在原有立法基础上，此部分法律修订的主要目的在于促成基金份额持有人大会的顺利召开，尽量降低"流会"可能性，这其实也反映出立法者对于信托受益人权利行使、保障的重视。修订后的《证券投资基金法》第49条规定，基金份额持有人大会可以按照基金合同的约定，设立日常机构。该日常机构的重要职责之一就是负责召集基金份额持有人大会。[1] 该法第87条还规定有较为繁复的程序，以保证基金份额持有人大会顺利召集、召开。[2] 如果基金份额持有人大会不

---

[1]《中华人民共和国证券投资基金法》第49条："按照基金合同约定，基金份额持有人大会可以设立日常机构，行使下列职权：

召集基金份额持有人大会；

提请更换基金管理人、基金托管人；

监督基金管理人的投资运作、基金托管人的托管活动；

提请调整基金管理人、基金托管人的报酬标准；

基金合同约定的其他职权。

前款规定的日常机构，由基金份额持有人大会选举产生的人员组成；其议事规则，由基金合同约定。"

[2]《中华人民共和国证券投资基金法》第87条："基金份额持有人大会应当有代表二分之一以上基金份额的持有人参加，方可召开。

参加基金份额持有人大会持有人的基金份额低于前款规定比例的，召集人可以在原公告的基金份额持有人大会召开时间的三个月以后、六个月以内，就原定审议事项重新召集基金份额持有人大会。重新召集的基金份额持有人大会应当有代表三分之一以上基金份额的持有人参加，方可召开。

基金份额持有人大会就审议事项作出决定，应当经参加大会的基金份额持有人所持表决权的二分之一以上通过；但是，转换基金的运作方式、更换基金管理人或者基金托管人、提前终止基金合同、与其他基金合并，应当经参加大会的基金份额持有人所持表决权的三分之二以上通过。

基金份额持有人大会决定的事项，应当依法报国务院证券监督管理机构备案，并予以公告。"

符合召开比例要求的，召集人可以在原公告召开时间的一定期间内，就原定审议事项重新召集基金份额持有人大会。重新召集比例只要满足代表三分之一以上基金份额的持有人参加，即可召开。上述规定对发展、健全我国受益人会议制度具有积极意义，但与此同时，也应该进一步反思这些规定是否符合信托结构特定运行规律。通过前述域外相关立法介绍，并结合受益人会议功能、结构特点等，今后我国信托受益人会议制度的健全与完善还需要考虑如下方面：

第一，从信托法制结构和立法效力层面来看，同为"法律"的信托法，对受益人会议制度没有进行总括、原则性规定，反倒是证券投资基金法这一调整领域窄于信托法的法律部门，对基金份额持有人大会进行了规定。同时还有其他一些效力层级较低的规范性文件对受益人会议进行了具体规定。考虑立法时序和经济发展背景等原因，今后进行信托法修订的时候，应当在现有法律对受益人会议具体形式已有规定的基础之上，进行总括性和整体性规定，从而满足信托法制体系的统一性要求，切实保障受益人能够通过受益人会议行使其权利。

第二，我国现有信托相关立法似乎疲于应付实践中出现的各类具体问题，但在对信托本质规律整体把握方面却略有欠缺。以前述《证券投资基金法》为例，其法条第 49 条规定基金份额持有人大会可以设立日常机构，但该日常机构究竟属于信托关系中的何种角色，其产生方式是否合理？公募型基金的重要特点在于资合性，投资者（委托人）相互之间不存在有特别信任关系前提，尤其是商事信托具有天然的信息不对称特质，无论是产生日常机构的选举方式，还是在基金合同中约定日常机构的议事规则，都必然是以受托人为主导。在此状况下，反有可能进一步扩张受托人对受益人会议正常召集、决议的影响与控制。再如，日常机构由基金份额持有人大会选举产生的人员组成，但并没有对人员组成身份予以限制。如果受托人同时以自有财产进行投资，作为基金份额持有人或间接持有人的话，显然持有人会议日常机构——这一基金份额持有人行使权利的机关，会有被受托人"内部控制"之虞；若受托人非兼具受益人身份，但由于日常机构议事规则由基金合同预先约定，而法律又未明确赋予持有人日常机构有修订议事规则的权利，则难以理解。因为持有人会议议事规则作为受益人自治团体的自治规范，只需要不违反相关强制性法律规定即可。从信托法理角度而言，至少不应剥夺投资者以委托人身份，与受托人安排设计具体信托文件内容的自由选择权利。由此又可能导致受托人预先在基金合同中，对受益人会议常设机构议事规则作出有利于自己的制度安排。上述分析可见，单纯采纳头疼医头的方式进行立法制度设计，常常会表现为某一具体制度符合单个问题解决利益取向，但最终却未必符合该法律部门的整体基本原则，甚至会背离设计具体制度时的初衷。

第三，承接前两点表述，关于受益人会议制度的完善与健全，应当遵循信托结构与信托实际运行规律进行考虑，即结构性、整体性分析。在我国，受益人会议制度法律规定固然需要进一步完善，只是受益人会议功能障碍存在结构必然性。即前述受益人介入信托治理程度比股东介入公司治理程度要低，受益人会议在信托组织治理结构中所起的作用较弱，信托财产本身是承担有限责任且具有破产隔离功能的独立法律主体，这是由信托制本身所决定的结构性障碍。受益人会议功能实现的另一整体、结构性障碍在于受益人会议不可能经常召开，信托投资管理活动具有专业性复杂性，而且投资市场情况多变，对于受托人而言由于信托信义义务要求，需要平等对待每一个受益人，因此对于每一个单独受益人会议组成成员而言，很难激励每个个体积极履行权利与发挥监督职能，基于成本与效益权衡，其组成成员普遍存在"搭便车"心理。通过设立受益人会议常设机构，如我国证券投资基金法中所规定的基金份额持有人大会日常机构，可以在一定程度上缓解受益人会议功能障碍实现，但由于信托组织与公司企业不同的治理结构决定，其不可能完全破除受益人会议功能充分实现的结构性障碍。

由此，对于我国信托法所规定的受益人会议制度，所引发的完善思考建议在于两方面：1. 信托特殊结构是由其本身制度特点所决定的，通常而言信托的目的在于实现受益人权益。但如果忽视信托结构自身特质，片面强调受益人权利的实现与保护，一味仿照公司治理结构强调受益人介入信托组织治理，或对信托财产进行控制，既背离了信托设立的初衷，同时其效果也难以令人满意。参考美国商业信托法规定，从企业组织法角度来看，受益人对商业信托管理参与权不能构成对受托人、商业事务管理的控制。即信托文件可以，同时也应当，为受益人保留自治性管理参与权，只是该自治性管理参与权不能构成对受托人或信托财产的实质控制，否则信托特殊结构将无从谈起，受托人沦为代理人而所谓商事信托实际成为合伙组织，信托也就失去了存在的必要性；2. 信托结构特征为受益人会议制度功能实现造成不可逆的阻碍，对于受益人会议制度法律完善思考建议，也许需要我们跳出既有信托法律规定，转换视角予以思考。从信托整体结构出发考虑，要保证信托受益人通过受益人会议行使权利、参与信托事务管理，并实现对受托人的有效监督，同时又不能违背信托基本框架设定，那么引入其他主体实现这一功能或许是更优选择。进一步说，应当在我国普通信托（非单纯公益信托）中引入信托监察人（也有国家立法称为信托管理人）制度，由信托管理人承担受益人会议召集、监督受托人以及受益人权利保障等职能。将信托管理人作为受益人会议的常设日常机构，能够在符合信托本质前提下，解决受益人会议功能实现的结构性障碍，消除受益人团体成员搭便车现象。至于信托管理人相关具体问题将在下一部分内容中，结合受益人权利保护的其他方面进行论述、分析。

第四，关于受益人会议制度具体完善措施，结合商事信托实践和域外立法经验，可在以下方面进行相应制度健全与完善：明确受益人会议进行信托事务议决时，如果受托人自身是受益人组成成员之一时，在对相关事项进行议决时，受托人可以参与讨论并提出建议，但不能行使表决权，也不能代理其他受益人行使表决权。这样规定可以有效防止受托人与受益人利益冲突，符合信托目的与信托结构要求，同时也是各国立法通例；关于受托人未按规定召集或不能召集受益人会议时，我国《信托公司集合资金计划管理办法》第43条、《证券投资基金法》第84条进行了相同规定，[①] 由代表信托单位（或基金份额）百分之十以上的受益人自行召集。该比例的法律规定与我国公司法中规定的股东自行召集、主持股东会会议所要求的表决权比例一致，[②] 但受益人会议与股东会不同之处在于，由于商事信托拟制团体组织成员较为分散，基本不存在任何人身信任关系，其参与信托事务管理范围、权限与积极性，对比公司股东存在欠缺与不足，因此对二者进行同样比例规定其实不尽合理。为确保受益人会议顺利召集、召开，在受托人未按规定召集或不能召集受益人会议时，对受益人自行召集所要求的持有信托单位比例，对比公司法应当降低要求。例如我国台湾地区的《金融资产证券化条例》在此种情形下规定比例是百分之三以上。此外，如果未来我国信托法在普通非公益信托中引入信托管理人制度，应允许受益人向信托管理人申请召集受益人会议；为调动受益人参与受益人会议并进行表决的积极性，尽量避免搭便车现象及缺乏激励措施手段等弊端，在当代信息技术社会中，完全可以在信托法有关受益人会议制度中，引入电子表决方式，降低数量众多且分散的商事信托受益人参与信托事务管理成本。这需要信托法对受益人书面表决权进行扩充解释，并完善相应技术规则。

[①] 《信托公司集合资金计划管理办法》第43条："受益人大会由受托人负责召集，受托人未按规定召集或不能召集时，代表信托单位百分之十以上的受益人有权自行召集。"
《中华人民共和国证券投资基金法》第84条："……代表基金份额百分之十以上的基金份额持有人就同一事项要求召开基金份额持有人大会，而基金份额持有人大会的日常机构、基金管理人、基金托管人都不召集的，代表基金份额百分之十以上的基金份额持有人有权自行召集，并报国务院证券监督管理机构备案。"

[②] 《中华人民共和国公司法》第40条："……董事会或者执行董事不能履行或者不履行召集股东会会议职责的，由监事会或者不设监事会的公司的监事召集和主持；监事会或者监事不召集和主持的，代表十分之一以上表决权的股东可以自行召集和主持。"

第五节 信托管理人与受益人权利保护[①]

一 信托管理人制度概述

为保护信托受益人利益，大陆法系国家在引入信托法时大都确立信托管理人制度，其可以自己的名义为信托受益人为诉讼或诉讼外之行为。现实中要向受益人给付信托财产，受益人就必须特定和存在。当受益人未特定或受益人不存在时，信托利益将处于浮动状态。此时，信托管理人将为未特定、未确定的受益人监督受托人，以保障受益人权利与信托目的实现。尤为重要的是，即便目前存在确定受益人，当受益人为多数时（多为商事信托），且人数众多的受益人集团成员发生变动时（年金受取权为受益人时等），很难期望由每一个受益人都去监督受托人，或召开受益人会议进行多数受益人的意思决定。[②] 由此，设立、探讨信托管理人相关法律问题，对于健全我国信托法制，特别是拓展信托法律实际适用空间具有重要意义。

（一）设立信托管理人的主要情形

第一，建立统一的信托管理人制度，并要求公益信托必须设立管理人。即依据法律规定，对于私益信托在某些特定情形下必须设置信托管理人，同时要求公益信托必须设立信托监察人。我国台湾地区有关信托方面的规定就属于这种情况，其中第52、75条分别对此进行了规定。[③]

[①] 自大陆法系立法例考察，信托管理人是适用于各种信托的一般情形，而公益信托监察人则适用于公益信托的特殊情形，即信托管理人是涵盖信托监察人的上位概念。本书主要探讨非公益信托情形下的信托管理人（监察人）制度的相关问题。就一般意义而言，信托管理人与信托监察人只是名称不同，实质上的地位与职责基本相同。日本、韩国的信托法称为"信托管理人"，我国台湾地区则称为信托监察人。因此下文中有关二者概念界定与运用并未进行严格区分。

[②] [日] 三菱日联信托银行编著：《信托法务与实务》，张军建译，中国财政经济出版社2010年版，第99页。

[③] 我国台湾地区关于信托的规定第52条："受益人不特定、尚未存在或其他为保护受益人之利益认有必要时，法院得因利害关系人或检察官之声请，选任一人或数人为信托监察人。但信托行为定有信托监察人或其选任方法者，从其所定。信托监察人得以自己名义，为受益人为有关信托之诉讼上或诉讼外之行为。"第75条规定："公益信托应置信托监察人。"

第二，建立统一的信托管理人制度，但对公益信托是否设立信托管理人未进行强制性规定。信托管理人的设定可以依据信托文件的约定，在信托文件没有指定情形下，由法院根据利害关系人的请求或依职权予以指定。至于公益信托监察人则由相关的公益事业单位机关选任，同时法律没有强制性规定要求公益信托必须设立管理人。一般认为日本信托即属此类，只是在日本公益信托中，通常都是按照主管机构规则来设置信托管理人的，虽非许可要件，但在实际实务上，多数都是将设置信托管理人作为许可要件的。尤其是从税法角度而言，日本法律规定特定公益信托可以享受优惠待遇，作为要件之一，要求在信托行为中必须设置信托管理人。[1]

第三，法律规定只有公益信托才须设立信托管理人，对于其他非公益信托并没有要求必须设立信托管理人。我国信托法即作这样的规定，在法条第64、第65条中，规定公益信托必须设立信托监察人，由其代表不特定的社会公众保护受益人权益，可以以自己的名义提起诉讼或实施其他非诉讼的法律行为。至于私益信托可否设立信托监察人，法律没有进行明确规定。我国立法进行这样规定的主要原因在于，信托立法时我国的私益信托尚不发达，除资金信托、证券投资基金信托外，一般民事信托尚未普及，受益人于信托设立时不存在、不确定的私益信托仍不常见。[2]

（二）信托管理人的选任和解任

根据信托法理及各国信托立法，通常在如下情形时需要设立信托管理人：首先，公益信托情形下应当设立信托管理人，因为公益信托的受益人是不特定的社会公众，为维护公共利益、实现信托目的，有必要设立信托管理人；其次，受益人不确定的情形。某些信托在设立时只是规定有资格或条件，而并没有确定的受益人，或者说受益人暂时未确定。

---

[1] ［日］三菱日联信托银行编著：《信托法务与实务》，张军建译，中国财政经济出版社2010年版，第101页。

[2] 何宝玉：《信托法原理研究》，中国政法大学出版社2005年版，第259页。

典型例如股权激励信托，在受益人未特定具体化前，受益权归属处于不确定状态。此时为防止受托人实施不当行为损害潜在受益人利益，有必要设置信托管理人以监督受托人管理、处分信托事务活动；再次，受益人尚不存在。此种情形主要是指作为受益人的自然人或法人尚未出生，或者尚未成立，从而有必要设置信托管理人；又次，前文所述的某些目的信托，因其受益对象多为动物、墓地或自然景观等非自然人或企业组织，无法主张权利而有必要设立信托管理人；最后，在受益人众多且分散的情况下，受益人行使受益权客观上存在诸多不便。并且由于存在搭便车心理，许多受益人可能怠于行使其受益权。"如在集团诉讼中，受益人与委托人及信托财产关系甚为疏远，受益人无法监督受托人处理信托事务"[1]。此种情形下也有必要设置信托管理人。

第一，信托管理人的选任。在规定有信托行为的大陆法系国家信托法中，信托管理人一般都是在信托行为过程中选定。如果信托行为没有指定信托管理人，或者依据信托行为所指定的信托管理人不同意、不能就任时，可以根据利害关系人的申请，由法院依照职权选任。当利害关系人向法院提出申请，由法院根据申请选任信托管理人自无疑义。关键在于当需要选任信托管理人情形的出现后，能否由法院依据职权直接选任信托管理人。从立法解释来看，《日本信托法》在此问题上经历了一个转变，[2] 修订前的《日本信托法》主张，法院有权在受益人不确定或尚不存在时，既可以依据利害关系人的申请选任信托管理人，也可以直接依职权选任。修订后的《日本信托法》第123条规定，"现不存有受益人，且信托行为中未有关于信托管理人之订定，或依信托行为订定被指定为信托管理人不同意就任，或不能就任时，法院得依利害关系人之申请，选任信托管理人"。从而否定了法院在需选任信托管理人情形出现时，依据职权直接选任，规定其必须根据利害关系人的申请选任信托

---

[1] 潘秀菊：《信托法之实用权益》，永然文化出版股份有限公司1996年版，第152页。
[2] 修订前的《日本信托法》第8条规定："如不特定受益者或受益者尚不存在，法院可根据利害关系者的请求，或依职权选定信托管理人。但，对以信托行为指定信托管理人时不在此限。"

管理人。台湾学者在对我国台湾地区有关"信托法"第 52 条进行解释时同样认为，受益人不特定或尚不存在时，若无信托监察人，将难以保全受益人的信托利益，因此在有必要的条件下，应迅速选任。但由于条文仅规定利害关系人与"检察官"始得申请，未规定"法院"得依职权为之，从而在解释上尚难谓"法院"得依职权选任信托监察人。[①]

　　一项信托管理人的人数既可以是单数也可以是复数，只是从信托运行效率角度考虑，信托管理人数不应设置较多，对此各国法律一般没有强行性进行规定。至于信托管理人资格，首先，从民法原理出发，其应当是完全民事行为能力人。其次，信托管理人为适应现代信托发展需求，尤其是商事信托所需经济、金融或法律等专业知识技能要求，应当对信托管理人任职资格条件制定较高标准。再次，信托管理人通常由自然人担任，但是法人是否可以担任信托管理人值得思考。因为信托制结构本身相比较于一般法律关系趋于复杂，若再由法人担任信托管理人，则实务中由其行使、执行信托管理人职权，尚需经过法人内部拟制团体意思作出后方可进行，其实效、意义以及是否适应规模化商事信托运营要求，仍有待观察。最后，如果信托行为中已指定信托管理人或规定有选任方法，自然应当按照预先指定或选任方法选任信托管理人，只是信托法对信托行为中关于信托管理人选任方法与任职资格，需要进行一定限制。因为信托管理人设置的目的是为了保护受益人权利，因此法律应当从信托财产独立、受益人权利保护、受托人主要义务履行及信托结构特点出发，对信托管理人选任方法、任职资格予以指导性规定，或进行某些禁止性规定。

　　第二，信托管理人的辞任、解任。对于信托管理人的辞任与解任，根据《日本信托法》第 128 条的规定，其辞任与解任准用信托受托人的辞任与解任的法律规定。按照我国台湾地区"信托法"第 57—59 条的规定，关于信托管理人（监察人）辞任、解任规定的主要内容有：

[①] 赖源河、王志诚：《现代信托法》，中国政法大学出版社 2002 年版，第 164 页。

信托监察人有正当理由需要辞任的，必须经过指定或选任之人同意，由法院指定的则需通过法院许可方可辞任；如果信托监察人怠于履行职责或有其他重大事由的，当初选任或指定监察人的人可以解任信托监察人，同时法院还可以根据利害关系人或检察官的申请解任信托监察人；信托监察人被解任或辞任之后，除非信托行为、文件中另有约定，否则指定或选任之人须重新选任新信托监察人，不能或不进行重新选任的，"法院"可以根据利害关系人或检察官的申请进行选任。对于共同信托基金的信托监察人的辞任、解任，根据我国台湾地区相关规定，其解任信托监察人的权利主体被授予了信托经营机构，同时授予共同信托基金主管机关（即台湾地区财政管理部门）申请司法机构解任、选任监察人，以及核准信托经营机构选任监察人的权利。[1] 笔者认为台湾地区此项规定既有值得肯定之处，同时也存在值得商榷的地方。由于商事集团信托多与资本金融市场活动密不可分，为维护金融市场秩序、稳定以及受益人权利实现，由信托业主管机关对选任的信托监察人予以核准无可厚非，同时也符合信托内部权利冲突与衡平要求。只是在该规定[2]第41条已明确指出："信托监察人应以善良管理人之注意义务，代表全体受益人执行下列职责……"即从此角度可将信托监察人定位于全体信托受益人的利益代表，其履行职责的行为是为了受益人利益而对受托人进行监督。在受益人权利、权力与受托人存在有冲突的情况下，信托监察人作为全体受益人利益代表，不应由法律概括规定赋予受托人以解任信托监察人的权力。如果进行此项规定，至少法律应周延进行两方面的完善。其一，明确列举出"信托监察人怠于行使其职务或有其他重大事由时，信托业得予以解任"的具体情形；其二，在受托人即信托业解任信托监察人时应报请主管机关核准，或者经过受益人会议的许可通过。由此引发的思考在于如何针对信托特定结构，妥当设定有权解任信

---

[1] 何宝玉：《信托法原理研究》，中国政法大学出版社2005年版，第264页。
[2] 我国台湾地区"公共信托基金管理办法"。

托监察人的主体及必要程序。

（三）信托管理人职权

关于信托管理人的职权，域外不同国家或地区的学者，分别结合其国内或地区立法进行了阐释。我国台湾地区学者依据"信托法"及其他相关规定，认为信托管理人（监察人）的职责主要在于：第一，信托监察人的行为是为受益人利益而不是为了自己的利益；第二，信托监察人是以自己的名义为一定的行为，而不是以受益人的名义。监察人不是受益人的代理人，他独立于委托人、受托人和受益人之外；第三，监察人所进行的行为必须与该项信托有关，不能是与信托无关的行为；第四，监察人有权进行相关的诉讼与非诉讼行为。甚至有台湾学者认为，信托监察人在履行职责过程中，有权以自己的名义，行使信托文件和信托法授予受益人的全部权利。[1] 此种概括显然过于宽泛与草率，实将监察人视为受益人的完全代理人。还有台湾学者对监察人所拥有的职权一一进行表述，其中对于那些属于受益人所固有的权利或权限，例如第15条所规定的变更信托财产管理方法的同意权、第17条第一款规定的实质信托利益享有权、第64条第1项所规定的共同终止信托同意权或其他专属于受益人的权限，因其权利性质特殊，非可由信托监察人基于其管理权而行使，就此解释上应认为，除信托行为另有规定外，信托监察人不得行使。[2]

日本学者结合其新修订的信托法，指出信托管理人是以自己的名义，为受益人的利益，拥有行使与受益人相关的法庭上下之行为的所有权利（《信托法》第125条第1项）。但是也可以由信托行为另行约定，限制信托管理人的权限范围。信托管理人是复数时，除非信托行为另有约定，否则必须共同行使权限所属之行为。另外按照《日本信托法》的规定，受托人必须把对受益人的通知、公告（受益人不存在时）通

---

[1] 史尚宽：《信托法论》，商务印书馆1972年版，第17页。转引自何宝玉《信托法原理研究》，中国政法大学出版社2005年版，第264页。

[2] 赖源河、王志诚：《现代信托法》，中国政法大学出版社2002年版，第171—172页。

知到信托管理人。信托管理人在行使其权限过程中，必须负有善良管理人的注意义务和为受益人诚实公平地行使权限的义务。① 此外还有日本学者就信托管理人职权进行较为细化地分析，具体而言信托管理人可以行使作为受益人权利的文件阅览请求权、撤销权等。在受托人因违反信托义务而产生损害赔偿诉讼和撤销权诉讼中，信托管理人可以以"自己的名义"进行诉讼。信托管理人在受托人需要得到受益人承诺的场合中，成为其相对人。

我国学者有关信托管理人讨论更多局限于公益信托中，而对于私益信托是否可以设立监察人，其法律地位及职责权限包括义务等讨论较少。亦有学者指出，"虽然我国信托法没有明确规定私益信托可以设立监察人，但依信托的性质，一项私益信托在受益人尚不存在、不确定的情况下，是否设立信托监察人，可由委托人自主决定"②。从私法自治角度而言，上述解释并无疏漏。只是通过前述信托管理人制度介绍与分析，在信托管理人的选任、职权、义务、辞任、解任、任职资格方面，如信托法不作任何法律规定，完全交由信托行为当事人自治决定，其监督受托人之功能实现必然将予以落空。仅以行使撤销权或要求受托人就其不当、违法行为所致信托财产予以损害赔偿为例，在私益信托管理人缺乏明确法律界定的前提下，我国民事诉讼法律又要求原告必须与案件有直接利害关系的人，信托管理人能否有权以自己名义为受益人（不特定或尚不存在）利益提起诉讼，法院能否准予立案，不无疑问。而且通过分析该法案起草说明，显然在当时历史、经济背景条件下，对于信托管理人设置必要性及其功能认识过于狭隘。例如在集团商事信托中，设置信托管理人能够高效、便利复数信托受益人行使权利，有效加强对受托人监督，从而具有保障受益人权利、实现信托目的的重要功

---

① ［日］三菱日联信托银行编著：《信托法务与实务》，张军建译，中国财政经济出版社2010年版，第101页。
② 全国人大信托法起草工作组编：《中华人民共和国信托法释义》，中国金融出版社2001年版，第155页。

能。实践证明域外立法多通过引入信托管理人制度，在商事信托领域强化对受托人的监督，便利信托高效、公正运营并取得良好效果。

二 信托管理人法律地位析论

关于信托管理人的法律地位界定，目前相关资料著述中，占据主流地位的学说是认为信托管理人与受益人之间存在有类似于"民法"上的委任关系。此观点提出者应当是日本信托法专家四宫和夫，并为日本及我国台湾地区学者所坚持。"信托法仅就信托管理人的权限进行了规定，不过由于信托管理人是为不特定及将来受益人而设立的，所以信托管理人和受益人之间就产生类似于委任的关系。"[1] 日本信托法专家能见善久教授在认同这一观点的前提下，进一步分析，由于信托管理人与受益人之间存在有类似于委任的法律关系，所以信托管理人应负担包括善管注意义务在内的一系列义务。[2] 在年金信托等之中，在信托行为中规定委任人来选任信托管理人，此时信托管理人和委托人（企业）之间不仅产生委托关系，在信托管理人和受益人之间也产生类似于委托的关系（似乎可以看作是为第三人的委托契约）。[3] 但是该理论与日本信托实务的冲突在于，其可以用来解释部分信托管理人与受益人之间的委任关系（这种关系定位只是为了适用法律便利，采用类似的方法进行定位），例如受益人尚不存在或未特定化的年金信托、股权激励信托等。但在用来解释公益信托管理人制度时却面临困境，"此时信托实践中，不独立于受托人的信托管理人会产生危及受益人利益的危险。企业年金中由于存在委托人，对此的担心就很少，不过公益信托中受托人选任信托管理人的场合非常多。还应考虑为了确保信托管理人独立于受托

---

[1] [日] 能见善久：《现代信托法》，赵廉慧译，中国法制出版社 2011 年版，第 232—233 页。在该书脚注中可见，该观点来自日本学者四宫和夫所著《信托法》，有斐阁 1994 年版，第 339 页。

[2] 该观点的目的主要是为了使得对信托管理人的法律地位和法律规制能够纳入日本民商法体系，从而准用日本民法中有关善意管理注意义务、法院选任信托管理人应遵循标准等。

[3] [日] 能见善久：《现代信托法》，赵廉慧译，中国法制出版社 2011 年版，第 233 页。

人的方法"①。即在日本信托实务中，公益信托之信托管理人选任由受托人来进行，而此时既违背信托结构权力制衡基本要求，亦无法再用类似委任关系解释信托管理人与公益信托受益人之间的关系，因为由受托人指定或选任的信托管理人，其虽然也是一种委托关系，但无论如何其实质不应是"为第三人的契约"。也正是出于这种原因，在日本公益信托中，通常都是按照主管机构规则来设置信托管理人的，虽非许可要件，但在实际实务上，多数都是将设置信托管理人作为许可要件的。②此外，台湾信托法学者也认同此种关于信托管理人法律地位的界定，认为"解释上应认为信托监察人与受益人之间具有类似民法上的委任关系，因此得类推适用民法委任的规定"③。进而对依据台湾地区"民法"规制与解释信托监察人与其他信托主体之间的具体权利义务关系。

运用委任观点解释信托管理人的法律地位，及与其他信托主体之间的法律关系，在大陆法系法律体系内的确较为妥当。只是通过前述分析，又会发现如果直接适用民法有关委任之规定，会出现虽表面符合法理，但却违背信托实践与基本制衡要求的弊端，进而对信托管理人功能作用发挥造成障碍。④ 具体来说，如果认定是委任关系的话，则委任人究竟是谁实质是模糊不清的。从信托结构入手分析，信托管理人作为受任人对受托人履行监督职能，则其委任人应当是受益人。但信托管理人制度产生的重要依据和适用情形就是，受益人不特定或尚不存在，显然这种认定极不周延；如果认定委任人是信托制中的委托人，那么依台湾地区相关规定，"受任人因处理委任事务，支出之必要费用，委任人应偿还之，并付自支出时起之利息。受任人因处理委任事务，负担必要债务者，得请求委任人代其清偿，未至清偿期者，得请求委任人提出相当

---

① [日] 能见善久：《现代信托法》，赵廉慧译，中国法制出版社2011年版，第233页。
② [日] 三菱日联信托银行编著：《信托法务与实务》，张军建译，中国财政经济出版社2010年版，第101页。
③ 赖源河、王志诚：《现代信托法论》，中国政法大学出版社2002年版，第173页。
④ 因我国《民法通则》中未对委任关系进行明确规定，且前述观点主要涉及的是我国台湾地区学者的解释，因此下文中主要结合"台湾地区民法典"予以说明分析。

担保"。所得解释即为，信托委托人应负担信托监察人因处理信托监察事务所付出的必要费用债务，或负担由此所产生的必要债务。但同时依据我国台湾地区相关规定进行解释，"信托监察人为行使受益人的权利而支出的必要费用，得请求受益人偿还之，并支付自支出时起的利息；信托监察人为受益人行使权利而负担必要债务者，得请求受益人代其清偿，未至清偿者，得请受益人提出相当担保"①。显然若将信托委托人视为委任人，却又认定有关费用承担由受益人承担与委任法律规定相矛盾，②若由信托委托人支付信托管理人（信托监察人）因处理委任事务支出的必要费用，又与信托制相互冲突。最后，如果把受托人视为委任人，既不符合信托自身结构和运营要求，也不符合委任法律的相关规定。

综上所述，笔者认为继受信托制的关键仍然在于对信托财产本质的认定，回顾前文对于信托财产本质的基本结论：当代信托财产，尤其是商事信托财产的本质其实是法律主体而非客体。由此，结合有关委任法律规定，则实际信托管理人之受任人角色及其对应委任人并非其他，在法理观念层面应当是信托财产。通过信托运营和信托管理人制度建立，在信托管理人与信托财产之间形成一种委任关系，对相关信托法律关系进行解读，以此为线索所得结论更趋合理。例如，信托财产作为信托法律主体，由其委托信托管理人对受托人信托事务活动进行监督；信托管理人履行职责过程中的必要费用应由信托财产支付，而非受益人个人其他财产；信托管理人在履行职责的过程中需要对信托财产负担勤勉、注意义务，等等。通过对信托管理人法律地位的分析与认识，一方面为其后该制度的具体完善厘清提供了基本理论依据；另一方面也再次提示我

---

① 赖源河、王志诚：《现代信托法论》，中国政法大学出版社2002年版，第174页。
② "在有偿委任，委任人的报酬给付义务与受任人的事务处理义务，立于互为对价的关系，而为双务契约。在无偿委任，仅受任负担处理事务的义务，虽委任人有偿还费用的义务，但二者间并非立于互为对价的关系，故为单务契约。"王泽鉴：《民法概要》，北京大学出版社2009年版，第315页。

们，大陆法系纳入信托制度需要完善的其实并不仅仅是一部"孤立"信托法，至少在信托管理人法律规制完善过程中，需要我国民法中有关委任法律制度的建立、健全。

三 论我国信托管理人（监察人）制度完善

（一）我国信托监察人的法律规定

我国当前信托法律体系中，明确涉及信托监察人规定的规范性文件包括：《中华人民共和国信托法》[①]、中国保险监督管理会于2006年3月颁行的《保险资金间接投资基础设施项目试点管理办法》[②]以及中国银行业监督管理会于2008年6月颁行的《关于鼓励信托公司开展公益信托业务支持灾后重建工作的通知》[③]等。根据上述法律规定，当前我国有关信托管理人制度主要内容与特点在于：

第一，强制性要求公益信托必须设立信托监察人。针对公益信托进行这样强制性法律规定的原因在于，当时信托立法者的主流观点认为公益信托设立监察人的目的是为了保护社会公众利益，保障公益信托——这类受益人不确定的信托目的能够顺利实现。[④] 在法律地位方面，将监

[①]《中华人民共和国信托法》第64条："公益信托应当设置信托监察人。信托监察人由信托文件规定。信托文件未规定的，由公益事业管理机构指定。"

[②]《保险资金间接投资基础设施项目试点管理办法》第59条："本办法所称独立监督人，是指根据投资计划约定，由受益人聘请，为维护受益人利益，对受托人管理投资计划和项目方具体运营情况进行监督的专业管理机构。一个投资计划选择一个独立监督人，项目建设期和运营期可以分别聘请独立监督人，投资计划另有约定的除外。独立监督人与受托人、项目方不得为同一人，不得具有关联关系。"

[③]《关于鼓励信托公司开展公益信托业务支持灾后重建工作的通知》第7条："信托公司设立并管理公益信托，应当接受公益信托监察人的监察。每个公益信托均应设置独立的信托监察人，公益信托监察人与信托公司不得有任何关联关系。"

[④] "由于公益信托的受益人是不特定的社会公众，只是在享受信托利益时才能确定具体的受益人。因此，与私益信托从成立时就有明确的受益人不同，公益信托在执行过程中，由于受益人范围比较广泛，由广大的受益人直接对受托人的信托活动进行监督难以操作，所以在公益信托中设置信托监察人，是为了加强对公益信托的监督，保证公益信托目的的实现，以保护社会公众利益。信托监察人既是受益人利益的代表，又是对受托人的信托活动实施监督的人。"卞耀武：《信托法释义》，法律出版社2002年版，第142页。

察人定位于受益人利益代表,是对受托人信托活动实施监督的主体。至于私益信托监察人的设置,尽管依相关解释可理解为赋予当事人意思自治之自由,但其主要弊端前文已述。"公益信托与私益信托最大的区别是,设立私益信托时必须有明确的受益人,否则信托不能成立"[①]。伴随信托法制实践与研究发展,此种认识现在看来过于狭隘,而且对前述相关立法者关于公益信托监察人制度的解释进行分析,如果说公益信托设置监察人理由之一在于受益人不确定,则对于私益信托中受益人不确定、尚不存在等情形,例如为未出生子女设置信托,不应因为受益人尚不存在而认定该信托不成立,同时也应允许在类似私益信托情形下设置信托监察人,进而保持信托法律体系内部协调、统一,实现对受益人权利保护之周延。

第二,实体方面,对信托监察人的权利义务进行了规定。以《信托法》为例,其法条第 65 条、第 67 条、第 71 条规定了公益信托监察人所负担的职责,其主要内容包括:监察人有权以自己的名义为了受益人之利益,提起诉讼或实施其他法律行为;要求公益信托的受托人每年至少应当做出一次有关信托事务处理及财产状况的报告,而且该报告只有经监察人认可之后,才能够报公益事业管理机构核准;当公益信托终止时,有关清算报告要求同上。我国信托法中关于信托监察人规定过于原则、泛化,实践可操作性一般。从权利义务配比角度而言,信托法中公益信托监察人只规定了其享有的权利(力),而缺乏义务设定,因此对于信托监察人违法、违规等行为的责任追究无从谈起;从信托结构来看,缺乏符合信托结构与运行规律的激励机制设立。例如,公益信托作为众多信托类型中的一种,特殊之处在于信托设立目的是为了社会公众的利益,由于受益人是社会公众而具有不确定性,为督促受托人切实履行各项信托义务,所以设置有公益信托监察人。在此前提下为更好促进、激励监察人履行职责,对受托人信托事务活动进行有效监督,各国

[①] 卞耀武:《信托法释义》,法律出版社 2002 年版,第 136 页。

立法一般都对信托监察人收取报酬有所规定。例如我国银监会 2008 年颁行的《关于鼓励信托公司开展公益信托业务支持灾后重建工作的通知》中第 3 条规定,"受托人和信托监察人收取的报酬合计不得超过信托财产总额的千分之八"。我国《信托法》在此方面显然存在有缺失。

第三,程序方面,规定了选任信托监察人的程序。根据《信托法》第 64 条的规定,公益信托监察人有两种产生方式,即由信托文件规定,如果信托文件未规定的,则由公益事业管理机构指定。参考信托实践与其他国家信托管理人立法,在程序方面我国信托法有关信托监察人的规定同样过于简单。完整的信托监察人程序制度至少还应当包括有:监察人的资质、资格条件规定。信托监察人为监督公益信托中受托人信托事务活动而设立,当然应具备完全民事权利能力与行为能力,此是民法基本原理推导而非法律规定。信托监察人能否为法人,按照我国相关规定是允许法人机构担任信托监察人的,[1] 只是其实际效果,尤其是在商事信托领域中效果如何,仍有待进一步观察、研究。考虑到当代信托事务活动的专业性与复杂性,立法应当对信托管理人规定有相关职业、技术或从业经验等资质要求。此外,关于信托管理人的选任、解任、辞任等程序性规定中,是否应进行限制性规定和司法机构介入,尤其是其与信托当事人之间的基本权利义务设定,缺乏应有的明确规定。这实际涉及如何判定信托管理人法律地位问题,此应当成为完善、健全我国信托管理人制度的逻辑主线。

(二) 我国信托管理人制度完善思考

第一,信托管理人制度功能定位方面,应当明确将其定位于为了监督受托人信托事务活动而设置。通过监督受托人处理信托事务活动,保障受益人权利、实现信托目的。由于缺乏信托制框架内受益人享有受益权所对应的受托人衡平法义务规定,因此在大陆法系国家信托立法中,

---

[1] 根据《保险资金间接投资基础设施项目试点管理办法》第 59 条的规定:"……由受益人聘请,为维护受益人利益,对受托人管理投资计划和项目方具体运营情况进行监督的专业管理机构。"

有必要对信托管理人制度予以专门规定。因为无论委托人还是受益人在信托成立后，将丧失对信托财产的直接管理、控制权，转而演变成为对受托人履行义务活动的依赖。此时，在公益信托及其他受益人不确定或受益人尚不存在的情形下，大陆法系的传统法律规定，对受托人是否能够切实、忠诚、谨慎地履行义务，几乎无法保障，因此大陆法系国家信托法大都强调在前述情形时设置信托管理人，对受托人信托事务活动进行监督。[①] 在我国信托法出台前已有学者呼吁，对于我国这样一个刚继受信托制度的大陆法系国家，应建立统一的信托监察人制度，以全面保护受益人的利益。[②]

与此同时，伴随中国信托法及商事信托实践发展，在未来建立、健全统一信托管理人制度时，对那些具有规模效应、受益权凭证高度分散的商事信托，也应当纳入立法范畴。因为此类信托尽管受益人确定，但由于信托结构所致功能性障碍、受益人数众多所致"搭便车"心理以及缺乏激励措施手段等原因，使得受益人会议作为拟制团体信托组织的机关，较难充分发挥其应有的监督与权利行使等功能。而考虑由信托管理人实现功能角色替代，能够较好地解决信托受益人会议结构性障碍，通过制度完善衔接，建立起符合信托结构和运行规律要求的受益人会议制度和信托管理人制度。总之，当代信托制中的信托管理人功能已发生变化，在监督受托人处理信托事务活动功能的基础上，信托管理人还具有优化信托治理结构的重要功能。从这个角度出发，可考虑在当代信托法制实践中，由信托管理人担任信托受益人会议常设的日常机构。

第二，实体方面，完善受托人实体权利、义务法律规定，使得信托管理人制度周延并具备较高实践可操作性。在义务方面，可类推、借鉴民法学原理中"委任"相关法律规定，特别是强调信托管理人作为信

[①] 尽管对英美法系中是否存在有信托管理人制度在学界存在有争议，但大陆法系中，关于信托管理人活动权利、职责等规定更为详细却是事实，其实质原因就在于此。

[②] 参见张淳《〈中华人民共和国信托法〉中的创造性规定及其评析》，《法律科学》2002年第2期。

托财产的受任人，在履行监督职责时，对信托财产本身应负担善良管理人的注意义务。在此基础上予以进一步细化，例如，根据信托文件或受益人会议决定处理事务、亲自处理义务、报告义务、与委任事务相关的物之交付及权利转移义务，改善我国信托法中有关信托管理人义务规定的空白、实践可操作性差的弊端。在我国信托法已有关于信托管理人法律规定的基础上，结合信托法理及域外立法经验，可就以下几点进行重点考量：明确商事集团信托中，经受益人会议同意，由信托管理人担任受益人会议常设机构。因为信托特殊结构决定其存在"天然"信息不对称状态，无论是设立日常机构选举方式还是在基金合同中约定日常机构的议事规则，都必然是以受托人为主导。在此状况下，有可能进一步扩张受托人对受益人会议正常召集、决议的影响与控制。因此由信托管理人作为信托受益人会议的日常机构，或至少赋予其享有受益人会议召集权、非受益人身份的信托管理人列席受益人会议，以及应一定比例受益人的请求而行使其权利（例如特定重大事项发生后，可以请求受托人或信托管理人召集受益人会议）等；在明确规定信托管理人应负担的义务及法律责任前提下，信托管理人可以以自己的名义，为受益人的利益，进行与信托有关的诉讼或诉讼外的行为；明确其不应享有的权利（力），特别是免除受托机构责任、同意受托机构解任或辞任的申请、向法院申请解任受托机构、指定或申请法院选任新的受托机构等权利。通过此类规定，可明晰受益人、受托人和信托管理人之间相互监督与衡平，又不至于过分阻碍信托受托人自由管理、处分信托财产的信托事务活动。至于受益人与信托管理人之间的制约与衡平，主要应在信托管理人选任、解任等程序规则中予以规制；最后，将我国信托法规中已有的合理部分予以整合、统一规定。例如关于公益信托中信托管理人对受托人报告的认可权，以及信托管理人可以获得约定合理报酬的权利等。

第三，程序方面，需要解决的关键问题在于信托管理人之选任、解任以及其资质标准设定。当代信托管理人制度的功能，除监督受托人处理信托事务活动外，还具有优化信托治理结构的重要功能，所以关于信托管理人程序规定，应结合考虑当代信托组织团体特性和信托权力制衡要求。信托管理人作为类似公司治理结构中的"监事会"机关，在监督受托人的同时，还可解决信托内部当事人的"代理成本"问题，因此信托管理人一般会在信托行为过程中选定。如果信托行为没有指定信托管理人，或者依据信托行为所指定的信托管理人不能够、不同意就任的时候，可以根据利害关系人的申请，由法院依照职权选任。这一由利害关系人申请的程序，由于我国信托法只规定有公益信托管理人制度，因此当信托文件中未规定公益信托管理人时，应由公益事业管理机构指定该公益信托管理人。未来若建立统一信托管理人制度，将要纳入众多非公益信托的其他信托类型，有关信托管理人选任作为典型私法关系，不应有过多公权力介入。以司法裁判而不是行政权力为辅，介入引导信托管理人选任，这也是大陆法系国家立法通例。应允许委托人（受益人）直接选任信托管理人，同时其他利害关系人可以向法院提起申请，由法院依职权选任，但不可由法院未经申请直接选任。至于信托管理人的辞任、解任的实体条件，整体上可以借鉴日本立法相关规定。需要明确的是，从信托内部制衡角度出发，不得由受托人同意或核准信托管理人辞任、解任的申请。同时，除法定明确列举情形外，不得由受托人直接解任信托管理人。关于信托管理人资格设定，应在信托法中明确指明担任信托管理人的基本条件：首先，自然人须是完全民事行为能力人，至于法人，我国现有规范性文件允许其担任公益信托管理人，只是结合我国现阶段信托实践发展来看，出于充分发挥信托管理人功能的需要，应尽量由符合一定标准的自然人担任较好；其次，当代信托存在有受托人以自有资产进行信托投资情形，从保护全体受益人、避免"内部控制"的角度考虑，应明确规定不得由信托受托人担任信托管理人，也不得由其直接选任，[①] 出于同样的原因，受托人以自有资产持有的受益

[①] "信托法中对这种指定方法并没有特别限制，在很多信托中都有'由受托人选任'这样的条款。这些规定虽然是有效的，但由于信托管理人是为了保护受益人利益而设置的机构，使之独立于受托人最为理想，由受托人进行选任很难说得上是恰当的。"参见［日］能见善久《现代信托法》，赵廉慧译，中国法制出版社 2011 年版，第 230—231 页。

权，在受益人大会中不应享有表决权；① 最后，关于信托管理人资质条件限制，需要考虑的因素主要包括有专业、职业技能、从业时间与经验、过往从业表现等，即应当是经济、管理、金融投资、信托业以及相关法律领域内较为杰出的实务工作者与专家。

---

① 在我国台湾地区与商事信托相关的规定中的确可以找到这样做的实践立法依据："台湾金融资产证券化条例中，第25条第二项及第五项，除特殊目的契约另有约定或受托机构以自有财产持有之受益权无表决权外，受益人依其受益权之本金持份数享有相对应比例之表决权。"参见王志诚《金融资产证券化——立法原理与比较法制》，北京大学出版社2005年版，第85页。

第五章　法律救济与受益人权利保护：救济的充分性与可行性

无救济则无权利，这一法谚来自英美法中救济先于权利的观念。因此在信托受益人权利界定、保护领域内，英美法与之有关的法律救济手段也异常丰富，以信托违反前的救济为例，就存在诸如执行信托的命令（在受托人还没有违反信托而仅仅存在违反信托的危险时采用的救济）、禁止令（信托违反刚刚发生，受益人或者共同受托人可以获得禁止令或限制令以禁止受托人执行不恰当行为的救济）、指定接受者（如果法院担心受托人不执行禁止令，则可以指定接受者迅速接管信托财产）、增加担保金（在信托财产价值显著增加而需要通过增加担保金才能给受益人提供充分保护的情况下而采用的救济）、确认性判决（受益人可以要求法院确认受托人计划从事的行为是否违反信托）等诸多救济方式。[①] 本书将从商事信托角度出发，对我国信托法制中与受益人权利保护影响密切，具有探讨价值、空间的主要救济途径予以讨论。

---

① 徐卫：《信托受益人利益保障机制的分析与构建》，厦门大学博士学位论文，2007年，第189页。

第一节　信托救济基础论

一　法律救济对受益权保护的功能

前述关于权利的概念和实质，中外有诸多学说，这些学说大都认为权利是由法律赋予的，并由法律强制力予以保护。① 权利存在的根本目的是使得处于权利理论中心的个人，通过他人的服从行为中受益的个人，义务理论是以个人行为的道德质量作为服从目标，② 由此使得权利义务在法律中相互对立统一。一般认为广义的法律救济是指，"对已发生或业已造成伤害、危害、损失或损害的不当行为的纠正、矫正或改正"③。英美救济法理论关注救济与不法行为之间的关系，认为救济是法律对不法行为，主要是侵权行为，以及违反合同和违反衡平法上的义务回应，典型如布莱克斯通就一直是在救济和不法行为的特定关系意义上使用救济的。从权利和义务的关系来讲，实际可察觉的违反义务行为构成不法行为，违反义务构成对权利的侵害，从而需要法律救济。因此也有学者认为救济在本质上是一种权利，当实体权利受到侵害时从法律上获得自行解决或请求司法机关及其他机关给予解决的权利。这种权利的产生必须以原有实体权利受到侵害为基础。从结果上看，救济是冲突或纠纷的解决，即通过救济的程序使得原权利得以恢复和实现。救济具有双重性：在本质上，它是权利主体所取得的一种合法权利，一个人若被剥夺了救济权，也就意味着他已经丧失了"第一权利"；在功能方面，它是"第一权利"实现的保障，通过冲突的解决，为权利提供一种程序化机制。④ 该理解体现出大陆法学者对于救济、权利理论与英美

---

① 马俊驹、梅夏英：《财产权制度的历史评析和现实思考》，《中国社会科学》1999 年第 1 期。
② [美] 罗纳德·德沃金：《认真对待权利》，信春鹰、吴玉章译，中国大百科全书出版社 1998 年版，第 228 页。
③ [英] 沃克主编：《牛津法律大辞典》，李双元译，法律出版社 2003 年版，第 957 页。
④ 程燎原、王人博：《权利及其救济》，山东人民出版社 1998 年版，第 358 页。

法中相关理论的相通之处。随着社会经济与各具体法律部门理论功能的发展（尤其是侵权法），具体救济——权利理论仍需要注意或强调的方面在于：第一，法律救济既可能包含有损害来自对义务的实际违反，则消除损害属于一种纠偏性救济。如果损害来自对义务的可察觉违反，则避免损害发生属于一种阻却性的救济。第二，能够引起法律救济的主要情形大都涉及违反义务，但在不涉及违反法律义务的情况下，也可能因为损害而由法律提供救济。Peter Birks 教授在其《权利、不法行为和救济》一文中阐释了该观点。他主张法院所意图实现的权利来源于不法行为（wrong）和非不法行为（non-wrong），而往往我们会忽略掉救济能够应对非不法行为。救济回应非不法行为的典型事例为要求返还错误给付。被告接受错误支付不是一项不法行为，因为被告的行为不涉及违反任何的法律义务。尽管如此，原告仍可以其本身陷入了麻烦或者遭受了不公平而要求返还性救济。[1] 第三，与前述英美学者关于引起法律救济情形类似，我国学者在侵权法研究探讨过程中亦达成共识，就救济与权利关系方面认为，"传统侵权责任法仅仅对民事权利的侵害提供救济，但伴随社会经济发展，侵权责任法的保护范围不断扩大，受侵权责任法保护的不限于财产权、人身权等民事权利，还包括一些合法的人身利益和财产利益，侵权所侵害的权不仅包括民事权利，而且还包括受到法律所保护的利益"[2]。

不同的法律文化导致关于权利命题——"无救济则无权利""救济先于权利"只可能产生于英美法系。因为英美法关心的是当争端、纠纷发生之后，如何为当事人提供司法救济，注重解决争议的方式与诉讼形式，而非实现制定的据以裁判的实体法规则；大陆法系国家则注重以立法为中心的法典化形式，通过列举概括等方式抽象出主体之间的权利义务法律关系，并作为法官裁判和司法解释的依据。今天此种情况已发

---

[1] 于宏：《英美法救济理论研究》，吉林大学博士学位论文，2008 年，第 49 页。
[2] 张新宝：《侵权责任法原理》，中国人民大学出版社 2005 年版，第 12 页。

生改变，两大法系融合及不同法律文化相互借鉴发展，纯粹意义的救济先于权利即便是在英美法系国家也并非完全正确。法律领域内关于权利与救济的关系，由早先的权利先于救济还是救济先于权利，转而强调并关注救济对于权利的实现所具有的意义与作用。"救济的功能是为了实现法律规范，即为了使法律规范成为'活的现实'。"[1] "权利在抽象的领域里运作，救济在现实的世界里运作……与权利的宣告相比较，救济是更具体的、更强制性的；救济构成了对权利的现实化（actualization）。"[2] 出于救济对权利的实现与保障作用，无论是英美还是大陆，更为贴切的做法（理解）应该是：法律一方面尽可能地预先规定权利与义务，同时，另一方面不仅规定一些救济的条款，更主要的是给法官更多的自主权。[3] 显然这一思想是两大法系融合的具体产物，体现出美国现实主义法学流派对我国学者的影响。同理，在信托法领域内，救济对于受益人权利的实现与保障具有重要意义。信托为受益人利益而设立，则信托法需要关注的核心命题是当受益人利益遭受侵害、损失后，如何建立相应的救济机制予以补救或惩戒，否则有关信托法律规定及相关利益保障措施都将失去意义，因此有学者评论"普通法信托的整个历史就是救济的历史"。[4] 总之，前述权利与救济基础理论及相互关系反映出，救济对于信托受益人权利保护具有如下功能与启示：

第一，救济能够使得信托关系主体之间的冲突与纠纷得以解决。所有法律救济手段的功能性目标都是解决冲突或纠纷，从而体现救济对于信托受益人权利的意义、价值。根据相关规则和法律规定，在双方或各

---

[1] See: Paul Gewirtz, "Remedies and Resistance", *The Yale Law Journal*, Vol. 92, 1983, p. 587. 转引自于宏《英美法救济理论研究》，吉林大学博士学位论文，2008年，第59页。

[2] See: Doug Rendleman, "Remedy Discussion Forum: Brown II's 'All Deliberate Speed' at Fifty: A Golden Anniversary or a Mid-life Crisis for the Constitutional Injunction as a School Desegregation Remedy?", *San Diego Law Review*, Vol. 41, 2004, p. 1582. 转引自于宏《英美法救济理论研究》，吉林大学博士学位论文，2008年，第59页。

[3] 程燎原、王人博：《权利及其救济》，山东人民出版社1998年版，第372页。

[4] See: WATERS, DONOVAN, W. M., "The Protector: New Wine In Old Bottles", OAKLEY, A. J., *Trends in Contemporary Trust Law*, Oxford University Press Inc., 1996, p. 114.

方对冲突事实包括应适用的法律规则取得一致认识的前提下，划定信托法律主体之间的权利义务以及归属。在此基础上，由于商事信托法律的私法属性，允许主体之间进行协商、和解与妥协。若无法就冲突、纠纷的事实及相关规则取得共识的情形下，须依据法律规定运用强制手段予以解决。

第二，通过救济解决信托主体之间的冲突与纠纷，从而保证信托目的的实现。信托设立目的一般都是为了受益人利益，因此当信托主体之间利益发生冲突，首要应考虑保证受益人的利益得到实现。以此视角考察对受益人权利救济的实质，就是要使得因为冲突或纠纷受到影响的合法权利及法定义务，能够实际地得到实现与履行。即信托救济的目标是在于使得信托主体的权利得到实现或者使不当行为所造成的损害、危害得到补偿，或者使未履行的义务得以履行。通过排除信托制正常运行的障碍，促使相关主体履行义务以恢复受益人权利原有或应有的状态。

第三，通过救济使得信托主体之间利益冲突与纠纷得以解决，从而保证在出现冲突与纠纷后，信托目的仍能实现，将规范性的受益人权利转化为现实权利。规范权利体系只是一个表面和谐一致，而实际上交织着各种利益冲突的矛盾统一体。由于现实侵权行为的介入，此种规范性的冲突外化为实际权利冲突。这一方面意味着打破了原有规范权利体系的表面和谐，使原有的冲突激烈化、尖锐化；另一方面也意味着冲突已把静态意义上的规范权利带入了一个动态的过程，并为规范权利向现实权利转化准备力量。[①] 信托救济既是信托关系中各方利益冲突的必然结果，同时也正是通过救济，将冲突予以遏制或化解，使受益人权利这一规范性权利转化为现实性权利。

第四，权利与义务在法律体系中互相对立统一，所以探讨考察信托法律救济，既是对受益人权利救济的直接表述，通常也对应受托人承担责任的过程。例如信托救济最常见的救济方式——恢复原状与损害赔偿

[①] 程燎原、王人博：《权利及其救济》，山东人民出版社1998年版，第361页。

请求权、追索权、撤销权等，在某种程度都是将不利的后果施加于受托人之上，是对受托人行为的否定与惩罚，此种不利行为后果是对受托人的制裁，原因就在于受托人违反义务进行信托事务活动。信托法律救济机制，对受托人而言具有潜在的责任威慑，就此种意义而言，信托法律救济的建立、健全实质是对受益人权利实现、利益保障的间接约束机制。

二 信托救济法律模式比较

(一) 英美信托法律救济概览

英美法系中违反信托的衡量标准包括违反信托给信托财产所造成的直接和间接损失。性质方面，受托人责任着重补偿而非惩罚；理论方面，无论受托人违反信托是为了自己的利益故意进行欺诈，或者虽是为了信托财产的利益，无辜地实施了违反信托的行为，都应该承担责任。① 当受托人违反信托，非法或不当处置信托财产，导致信托财产损失的情况下，受益人可采取的法律救济途径主要有如下方式：首先，针对受托人，受益人可以要求赔偿因其违反义务造成的一切损失或返还因违反义务而获得的利益，同时受托人可根据推定信托替受益人持有所有未经后者授权处分的利益，该利益优于受托人债权人之债权，无论该债权有无担保。其次，如果信托财产已转移至第三人，受益人可以追及该信托财产所交换之物或资金并对其享有独占性权利。该权利优于第三人之债权人，无论第三人债权人有无担保。再次，若第三人不正当协助有过错的受托人，有意接受信托财产或干涉已成立的信托，受益人还享有对该第三人之追索权。②

受托人财产责任可以分为内部责任与外部责任。其中内部财产责任

---

① 何宝玉：《英国信托法原理与判例》，法律出版社 2001 年版，第 479 页。
② 何锦璇：《香港信托法和信托业总览》，《中国信托法起草资料汇编》，中国检察出版社 2002 年版，第 78 页。转引自王兆雷《信托财产权制度解析》，中国人民大学博士学位论文，2007 年，第 153 页。

在一般情形下是承担有限责任，即以信托财产为限按照信托文件约定，向受益人支付信托利益。在信托外部受托人就信托财产与第三人进行交易，受托人应当以信托财产、固有财产承担无限责任，除非当事人另有约定。受托人内部有限财产责任是以其处理信托事务活动时没有疏忽或过失为前提。如果受托人因某种原因未正当履行职责，出现各类违反信托法、信托文件规定的行为，对此各国信托法都规定，受托人实施信托过程中，由于可归责于受托人的原因，致使信托财产直接或间接受到损失的，受托人应以其固有财产赔偿信托财产损失，即受托人应负担无限责任。

当受托人违反信托需要承担责任时，美国《信托法重述（第2版）》第205条规定的基本原则是：受托人通过违反信托所得利益；由于违反信托给信托财产所致损失或导致信托财产的贬值；如果没有受托人违反信托行为，信托财产将获得的利润。[①] 在该法第208—211条详细规定了受托人违反信托所造成信托财产损失的赔偿计算规则，主要内容有：第一，若受托人的义务是持有信托财产，但却将信托财产予以出售的，受益人可以：（1）要求受托人偿付出售时信托财产的对价，并附加利息；（2）要求受托人按裁判时信托财产价值及未出卖时可获得的利益承担责任，或要求受托人为适当的特定赔偿；（3）要求受托人就出售信托财产所得收入负责。第二，若受托人义务是出售信托财产却未能出售的，受益人可要求其就如果出售财产所得款项负责，并附加利息。第三，若受托人以信托财产买受不得买受之财产时，受益人可以要求：（1）受托人就该买受的支出及利息承担责任；（2）受托人对其买受的财产承担责任。第四，受托人应购买特定财产而未购买的，受益人可以要求受托人依据裁判价值负担该财产责任，即如果及时买受该财产

---

① *Restatement of the Law*, *Second*, *Trusts*, § 205, A trustee who commits a breach of trust is
　(a) accountable for any profit accruing to the trust through the breach of trust; or
　(b) chargeable with the amount required to restore the values of the trust estate and trust distributions to what they would have been if the trust had been properly administered.

可得的利益负责。在英国，根据判例规则的赔偿基本原则有：（1）受托人利用信托财产进行未经信托文件或法律授权的投资，造成信托财产损失的，应承担的赔偿责任是，原始投资额与出售这些投资所得款项之间的差额；（2）受托人有义务出售一项未经授权的投资，但却不出售或拖延出售该项投资的，应承担的赔偿额是，实际出售该项投资所得款项，与在适当时间出售该项投资可能获得的收益之间的差额；（3）受托人不恰当地出售一项投资，应当补偿该项投资的重置成本，即实际出售该项投资所得的款项，与开始诉讼（或作出判决）之日该投资的价值之间的差额；（4）受托人未在合理时间内投资或者未进行授权的投资，应赔偿信托财产的利息，或者信托财产的实际价值与一个谨慎的受托人可能获得的收益之间的差额；（5）受托人违反信托的行为获得利润的，受益人有权要求将利润归属信托财产。受托人违反信托多次进行交易，有亏有盈的，不允许用盈余补足亏损，盈余应归入信托财产，亏损由受托人予以赔偿。[1] 对于赔偿具体数额计算规则，大陆法系信托法通常都未进行规定，因此英美法中相关规定对于我国信托违反，以及信托法律救济可操作性、充分性的实现具有重要借鉴意义。

第三人侵害信托方面主要有两种情形，一是欺诈性第三人，即第三人侵害信托时主观上存在有过错，但和受托人主观状态无关，该第三人承担的责任称为次要责任（accessory liability），对违反信托所造成的损失承担补充责任；二是对受托人违反信托行为的知情协助者，若达不到法院要求的推定信托知情标准，法院可判令此类第三人就违反信托所造成的损失承担补充责任。第三人承担次要责任与受托人的主观状态无关。否则，就会出现仅仅因为要求受托人是诚实的而让不诚实地干预信托的第三人逃避责任的情况。第三人的责任可以是独立性的责任，他的责任是补偿而不是返还或赔偿。由于他不当干涉信托，从而承担了本应由受托人承担的那部分责任。[2]

---

[1] 何宝玉：《信托法原理研究》，中国政法大学出版社 2005 年版，第 245 页。
[2] 王兆雷：《信托财产权制度解析》，中国人民大学博士学位论文，2007 年，第 172 页。

英美法系中的受托人免责事由主要有：如果受托人在做出行为或不作为时受益人表示同意的，以及其他情形下受益人事后或事先明示同意的，那么此时受托人将不承担受益人提出的承担违反信托之法律责任。但下列情况除外：受益人怠于行使权利，且其行使权利时的情形对受托人而言是不公平的，则受益人不得再主张受托人承担责任；同时，根据美国信托法重述相关规定，如下情况不属于受托人的免责事由：（1）受益人同意时，不具有行为能力；（2）受益人表示同意时不知道他的权利，也不了解某些重要事实，而受托人知道或者应当知道这些事实，并且没有合理的理由相信受益人知道这些事实；（3）受益人的同意是由于受托人的不正当行为诱使的。[1] 此外，根据英美判例及制定法相关规定，受托人尽到忠实注意义务时的信托违反，可作为抗辩事由。对此英国《1925年受托人法》第61条有明确规定；[2] 诉讼时效届满后受托人可能予以免责，例如根据英国《1980年时效法》第21条的规定，因受托人违反信托提起诉讼的时效期限是六年，从行为发生之日起算；剩余权益或归复权益的权利人，从其实际占有财产时计算。只是该法还详细列举出若干具体情形，对于受益人针对受托人提起的诉讼，不适用上述时效期限。[3] 最后，关于约定免责即信托文件中的免责条款效力，在英美法学界本身就是具有争议性的话题，其核心是究竟何种受托人义务可以由信托文件予以免除。关于受托人义务边界与性质，一种观点称为"强制规范论"，认为信托本质是受益权的转移，信托法规则尤其是有关受托人信义义务的规则并非任意性规定，不得随意排除。一种观点称为"合同论"，认为信托法本质是任意性规则，当事人可以对其进行修改，信托法规则只有在信托文件没有做不同规定时才可适用。受托人的信义义务则属于任意性规则，可由信托当事人通过信托文件予以调整、变更甚至免除。2000年美国统一州法委员会全国会议（National Confer-

---

[1] *Restatement of the Law*, *Second*, *Trusts*, §216, §217, §218.
[2] 何宝玉：《信托法原理研究》，中国政法大学出版社2005年版，第246页。
[3] 同上书，第246—247页。

ence of Commissioners on Uniform States Laws, NCCUSL)颁行《统一信托法典》(Uniform Trust Code)中第 105 条明确规定，除了该法列举的 14 个强制性规则，信托法其他规则都是任意性的。其中涉及免责条款效力的强制性规定有，信托及其条款规定有利于受益人的要求、信托目的合法可行且不与公共政策违背、受托人善意或根据信托目的行为的义务、受托人向受益人信息披露的义务等。[①] 此外，英美法系中有关信托法律救济较有特色的追踪制度、推定信托等内容，将在下文中结合相关内容予以介绍评析。

(二) 大陆信托法律救济概览

大陆成文法系国家关于信托法律救济框架设计总体上包括如下途径：在受托人与受益人之间的关系方面，强调后者对前者请求权机制，设立有恢复原状请求权、损害赔偿请求权、归入权等，确保受益人权益不受侵害；在受益人与第三人的关系中，通过立法规定撤销权实现保护信托财产达成信托目的；为维护信托财产独立性，赋予信托财产独立主体地位，规定相关主体有强制执行信托财产的异议权，可视为是信托法律救济的重要途径。

一般而言，受托人违反对受益人所负义务的，通常被称为受托人违反信托义务或者受托人违反信托。违反信托是指受托人违反对受益人所负的义务，可概括为不履行信托利益的给付义务或者侵害信托财产两种情形。[②] 商事信托中，若受托人违反信托本旨、信托文件规定处分信托财产，或者因管理不当致信托财产发生减损时，受益人即可请求受托人以金钱赔偿信托财产之损害，或恢复原状，该责任是一种财产性责任，责任设定目的在于补偿受益人或信托财产损失，而非惩处受托人。受托人此种财产性补偿责任，是受益人信托法律救济的重要途径之一，在大陆法系国家或地区信托立法中都有所体现。例如，《日本信托法》第 40

[①] 肖百灵：《论信托文件中免责条款的效力——美国法的经验和中国法的借鉴》，《南昌大学学报（人文社会科学版）》2010 年第 2 期。

[②] 张军建：《信托法基础理论研究》，中国财政经济出版社 2009 年版，第 206 页。

条第一款规定:"受托人因怠于职务,致使该当下列各款之情形时,受益人得请求受托人为各该款规定之措施。但第二款所规定之措施,在回复原状显有困难或回复原状费用过巨的,或有其他特别情形,使受托人为回复原状并不适当时,不在此限:一,信托财产发生损失时填补该损失;二,信托财产发生变更时回复原状。"我国信托法第 36 条亦对受托人违反信托所应承担的责任予以规定。[①] 我国台湾地区相关条令作了几乎与我国信托法一致的规定。不同在于台湾地区对受托人信托违反所应承担的责任,又分别规定有若干不同情形,其效果与单纯的债务不履行或侵权行为迥异。英美信托法传统中对于受托人信义义务规定有获利吐出,即受托人在利益冲突违反信义义务前提下,即使信托财产没有因此受到损失,他仍应当交出所有获利。大陆法系国家传统私法体系中没有此种规定,但在移植信托制度时,为有效实现对受托人核心义务的约束,均设法将信义义务纳入作为信托法核心规制内容之一。无论是日本、韩国、我国还是我国台湾地区等,都规定有受托人善良管理义务以及利益冲突禁止等,从信托法律救济而言,为保障信托目的实现与受益人权益,多设立有归入权制度。如我国台湾地区规定,受托人违反忠实义务,而将信托财产转为自有财产,或于该信托财产上设定或取得权利时,委托人、受益人或其他受托人,得请求将其所得的利益归于信托财产,且受托人有恶意时,应附加利息一并归入。此即所谓归入权制度,其目的在于防止人为获取不正当利益,而破坏信托制度的根本精神。[②] 我国《信托法》第 26 条也体现出归入权特色,只是具体操作界定和配套规定有待进一步完善与思考。[③] 日本新修订后的信托法,就受托人违

[①] 《中华人民共和国信托法》第 36 条:"受托人违反信托目的处分信托财产或者因违背管理职责、处理信托事务不当致使信托财产受到损失的,在未恢复信托财产的原状或者未予赔偿前,不得请求给付报酬"。

[②] 赖源河、王志诚:《现代信托法》,中国政法大学出版社 2002 年版,第 149 页。

[③] 《中华人民共和国信托法》第 26 条:"受托人除依照本法规定取得报酬外,不得利用信托财产为自己谋取利益。

受托人违反前款规定,利用信托财产为自己谋取利益的,所得利益归入信托财产。"

反忠实义务的行为时，推定对信托财产造成的损失，为受托人或利害关系人因该行为所获得的利益额为等额之损失（《日本信托法》第40第3项）。① 至于大陆信托法律救济另外重要内容，主要是有关受益人撤销权及强制执行信托财产异议权，其基本原则与域外重要立法介绍在本书第三章已有介绍，下文中将在相关部分结合我国实际立法，借鉴域外经验进行讨论，此处不再赘述。

三 信托违反情形

（一）信托违反性质界定意义

根据美国《信托法重述》第201条规定，"信托违反是指受托人违反了他作为受托人应当对受益人承担的任何义务"。在第202—212条中，美国《信托法重述》列举了各种具体的信托违反的行为，以实现司法过程中对信托违反的确认。英国信托法中，只概括规定受托人未能正当地履行自己的职责，就可能违反信托，信托违反的具体行为反映在相关判例中。② 大陆法系继受信托制，因对信托本质以及信托财产权本质等存在难以确定、周延界定之虞，大都未对信托违反在立法中进行抽象概括规定，而是在立法中进行类型化列举，本书前述有关信托违反概念界定属于学理讨论范畴。一般认为，信托违反从受托人义务来源考察主要有信托法及信托文件规定；从具体表现看主要有不履行信托利益的给付义务或者侵害信托财产等情形。

关于信托违反的性质存在诸多学说、认识，例如日本学界就该问题主要有个别民事责任说、侵权行为说、债务不履行说、债务不履行兼具侵权行为说等。③ 国内有学者认为，受托人违反信托是一种独立的、与

---

① ［日］三菱日联信托银行编著：《信托法务与实务》，张军建译，中国财政经济出版社2010年版，第77页。
② 张里安、符琪：《论违反信托义务的民事责任》，《法学评论》2006年第3期。
③ 张里安、符琪：《论违反信托义务的民事责任》，《法学评论》2006年第3期。有关信托违反法律性质在我国学界并未进行较深入探讨研究，此类观点主要源自于日本信托法学界。

债务不履行和侵权行为相并列存在的第三种需要承担民事责任的行为。[①] 受托人的信托违反兼具违约行为和侵权行为的性质。[②] 我国台湾地区信托法学者通过分析认为：受托人违反信托的行为既违反了信托本旨所致受托人应负担的义务，又超越其处分管理信托财产的权限，从而兼具有债务不履行与侵权行为两种属性，行为性质具有复合性。[③]

笔者赞同信托违反兼具债务不履行与侵权行为的复合性质。从我国信托法制实践运行考察，受托人义务主要是通过信托法规以及信托合同予以规定。虽然在受益人与受托人之间不存在有合同关系，但由于信托结构及设立目的，二者之间可能因为受托人的信托违反（典型如因其不履行管理、处分信托财产、给付信托利益的义务），而具有债务不履行的性质。从信托目的而言，受托人行为具有违反实现信托目的的义务面向；另一方面，从信托结构分析，将信托财产视为信托关系中独立的法律主体，所谓侵权行为性质实际是对信托财产之物的侵害。采用这样的分析解释方法，能够较好解释大陆法系国家中有关信托法律救济的立法规定，并提升其实践可操作性。例如受益人等人对从事信托违反行为的受托人请求"复原信托财产"的时候自是当然，在请求"填补损失"的场合中，也只能请求赔偿信托财产，而不是对自己（受益人）赔偿。[④] 探讨信托违反性质的目的，对于受益人权利保护和信托法律救济来说，主要是考虑建立民法与信托法统一的损害赔偿理论，在此基础上针对信托违反损害赔偿的特殊之处，尤其是受托人违反信义义务场合下，如何计算或推定赔偿数额以实现救济充分性，此外还要包括有信托违反的特殊构成要件、法律效果等。

（二）信托违反的主要情形

参考我国及域外移植信托立法国家的规定，法律应予规制信托违反

[①] 张淳：《试论受托人违反信托的赔偿责任——来自信托法适用角度的审视》，《华东政法学院学报》2005年第5期。
[②] 余卫明：《信托受托人研究》，法律出版社2007年版，第206页。
[③] 赖源河、王志诚：《现代信托法》，中国政法大学出版社2002年版，第147—148页。
[④] ［日］能见善久：《现代信托法》，赵廉慧译，中国法制出版社2011年版，第144页。

的主要情形，可以从核心义务违反、广义义务违反、特殊义务违反等三个层面予以概括：

第一层面的核心义务违反，受托人在进行信托事务活动处理时，应予承担的首要义务，是统领其他信托违反情形的概括性义务。具体到我国信托法第25条规定，受托人应为受益人的最大利益进行信托事务处理，管理信托财产时应恪尽职守，履行诚实、信用、谨慎、有效管理之义务。如违反该项义务，构成信托法理论中的信义义务违反。大陆法系国家移植、借鉴英美信托法乃至公司法、商法等领域内，通常将信义义务"拆分"为诚实义务与注意义务，并进行相应法律规制与解释适用。关于我国信托法规定的诚实、注意义务基本内容、违反界定等，本书前文已进行较为详细的讨论分析。从信托法律救济角度出发，在厘清诚实、注意义务基本内容及违反界定前提下，需要明确如下两个方面：首先，在当今世界经济社会融合发展的今天，两大法系划分更多是出于对法律历史文化传统的鉴定标示，二者日益呈现出相互交织、借鉴，共同发展的局面。尤其是在商事交易法律规制领域，为消除历史、文化、政治及法律为各国各地区经济贸易往来所带来的阻碍，私法、商法及市场交易法则必然是最快实现共通的法律部门。例如，我国法学界对于信托法及信托理念文化研究对比公司法学研究仍有差距，但在公司治理结构的法律解释理论中，公司董事、高管人员负有信义义务已成为通说，其所借鉴的解释理念其实就来自于英美法中信托法文化。因此对于信托法律救济中，信义义务尤其是注意义务违反界定时，完全可以吸收引入我国公司法学界对于董事注意义务的已有成果。事实上关于英美信托法中的谨慎投资人标准，这一涉及受托人注意义务违反界定的重要边界，在我国公司法学界内著述较为丰富，完全可以将其结合信托目的、结构特征，引入至信托法律救济中来。其次在前文对信托受托人忠实、注意义务已进行较为详细的探讨分析后，在信托法律救济层面，更应关注受托人违反该类义务时的具体救济方法，或者说赔偿标准。

第二层面的广义义务违反，是从受托人整体义务范围考察。如前文所述受托人各具体义务源自于信托目的，为受益人利益处置信托财产与信托事务，二者之间必须建立有一种特别的信赖关系，从而形成受益人与受托人在信托制中的连续关系。英美法系中认定受托人在享有信托财产的法定所有权时，可要求受托人承担必要的衡平义务，其焦点关乎受托人与受益人之间关系的本质。大陆法系国家移植信托法，信托受托人义务来源相同，但在义务与信托违反法律救济方面，具体类型与表现方式略有不同。如果说受托人被施加的义务在英美法系中主要涉及受托人对信托财产的管理义务、对受益人应承担的义务这两个方面，大陆法系国家中受托人义务结构可归纳为：由信托目的为基础并根据信托文件所派生的基本义务，为控制、保全信托财产而执行信托的事务性义务，以及要求受托人行使专业性判断与自由裁量的管理性义务。从广义来讲受托人对这些义务的违反都构成信托违反，从受益人权利保护法律救济角度来说，为控制保全信托财产而执行信托的事务性义务，是信托法律救济具体措施思考完善的重点之一。各国信托法对信托法律救济的主要手段，如恢复原状、损害赔偿请求权、撤销权、强制执行财产异议权、"利益吐出"或准归入权等，绝大部分都是属于对信托事务性义务违反后的法律救济，这些主要法律救济措施都是以控制、保全信托财产为目的，进而实现对受益人权利的保护与救济。

　　第三层面的特殊义务违反，与大陆法系传统侵权、债务不履行行为相比较具有特殊之处。此类特殊信托义务违反在构成要件、责任内容与法律效果方面存在有特殊之处，按照我国台湾地区信托法学者的总结，主要包括有以下情形：受托人因管理不当致使信托财产发生损害或违反信托本旨处分信托财产时，委托人、受益人或其他受托人得请求以金钱赔偿信托所受损害或回复原状，并得请求减免报酬；在发生违反分别管理义务情形时，受益人或委托人可以请求受托人将利益归入信托财产。受托人此时虽无过失，因违反前述之义务致信托财产受损，亦应负损害赔偿责任。若受托人能予证明即使进行分别管理者，仍无法避免发生损害，不在此限；受托人违反自己的管理义务，使第三人代为处理信托事务者，就该第三人的行为与就自己的行为负同一责任，同时该第三人应与受托人负连带责任；受托人违反忠实义务，使用或处分信托财产者，委托人、受益人或者其他受托人，除可要求回复原状及赔偿损失外，并得请求将其所得利益归于信托财产；于受托人有恶意者，应付加利息一并归入。[1] 在此层面列举分析特殊信托违反，对于信托法律救济完善的意义在于，一方面考虑民商法与信托法统一损害赔偿理论基础，一方面注重信托违反损害赔偿与法律效果的特殊之处。

第二节 信托救济的具体措施[2]

一 恢复原状请求权

恢复原状作为法律救济方式在大陆法私法体系中主要用于物权法及侵权法概念体系中。我国信托法研究著述中，结合我国信托法第 22 条第 1 款之规定，[3] 往往"顺其自然"地将恢复原状请求权作为信托法律救济重要途径之一，且通常与损害赔偿请求权合并讨论。然而从统一法律概念体系出发并结合我国商事信托实践，专门性探讨此种"恢复原状"请求权作为信托特殊重要救济手段究竟有无价值（至少在现有信托法制背景下），是否存在实现可能，还值得商榷。

在我国私法体系中，所谓恢复原状指明是民法通则规定的承担侵权责任的方式之一，从某种意义而言，侵权行为法以及承担侵权责任的各种方式的基本目的都是"恢复原状"——通过适当方式尽最大可能使受害人的财产或人身状况回复到受侵害前的状态。狭义的恢复原状是指

---

[1] 赖源河、王志诚：《现代信托法》，中国政法大学出版社 2002 年版，第 146 页。
[2] 笔者出于能力及论文命题限制与考虑，在下文中仅选取若干私法领域内与受益人权利保护关系密切，且具有一定探讨价值的信托法律救济措施，予以分析阐释，并非是对受益人权利救济途径的全面囊括与描述。
[3]《中华人民共和国信托法》第 22 条："受托人违反信托目的处分信托财产或者因违背管理职责、处理信托事务不当致使信托财产受到损失的，委托人有权申请人民法院撤销该处分行为，并有权要求受托人恢复信托财产的原状或者予以赔偿；该信托财产的受让人明知是违反信托目的而接受该财产的，应当予以返还或者予以赔偿。

前款规定的申请权，自委托人知道或者应当知道撤销原因之日起一年内不行使的，归于消灭。"

法院判令损毁他人财产的加害人或其他赔偿义务人通过修理（包括自行修理或委托他人修理）等手段，使受到损坏的他人财产恢复到受损坏前状况的一种民事责任方式。即受到损害的财产（而且只能是有体物）通过修理等手段，回复到受损害前的状态。因此恢复原状仅适用于财产受到损害的侵权行为。[①] 此外，从物权法角度来看，当物权人在其物被侵害或有可能遭受侵害时，有权请求恢复物权的圆满状态或防止侵害，此为物权请求权。物权请求权是依附于物权的独立请求权，只能在物权受到侵害或者有遭受侵害导致物权人不能圆满支配其物权时行使，包括返还原物、消除危险、排除妨害、恢复原状等。[②] 根据我国《信托法》第22条规定进行文义解释，立法本意是在受托人处理信托事务不当时，导致信托财产受到损失的情形。而非指受托人因为对信托财产（尤其是有体信托财产）造成损害，或者使信托财产有遭受可能受损害之虞时，由受益人请求受托人或请求法院判令受托人通过修理等手段，使受到损坏的信托财产恢复到受损坏前状况的一种民事责任方式。进一步分析该法条之下的表述，"该信托财产受让人明知是违反信托目的而接受该财产的，应当予以返还或者予以赔偿"。可见，此处恢复原状其实是指通过受益人行使撤销权，由非善意受让人承担返还原物或损害赔偿的民事责任。因此，将信托法第22条所表述的信托法律救济界定为恢复原状，并不严谨。此法条所规定的信托法律救济措施，是大陆法系国家在移植信托法时，由于无法对信托财产权属进行明确界定，为实现信托目的并保障受益人权利，通过赋予受益人撤销权"曲折"实现对信托财产的追踪。目前我国商事信托实践中，典型代表类型仍然是资金信托，由此所谓信托财产遭受损失后给予恢复原状之法律救济，其意义与价值并不显著。对此类典型资金商事信托之救济，重要途径与关注仍然应当是诸如赔偿损失，撤销权及其他有效信托救济方式。实际上有人也早已意识到该问题，指出"大陆法系的信托法一般

[①] 张新宝：《侵权责任法原理》，中国人民大学出版社2005年版，第537页。
[②] 王利明：《物权法研究（修订版）上卷》，中国人民大学出版社2007年版，第209页。

都通过赋予受益人或委托人撤销权来恢复原状"①。

对于准确、严格意义上的恢复原状之信托法律救济,从法制统一角度而言应主要存在于以实物为依托所设立的各类民商事信托。"恢复信托财产"应被解释为通过实物来恢复原状,② 未来信托法修订时若能注意此用语的准确严谨,考虑区分"恢复原状"与"回复信托财产原状",则可以更好地使信托法律救济与我国私法救济实现融合统一。通过对信托结构和实际运行状态分析,如信托财产为实物,且会遭受或可能遭受受托人或第三人侵害时,可分别赋予信托受益人和受托人以恢复原状请求权,前者针对受托人对信托财产之侵害,后者针对第三人对信托财产之侵害。理论方面在无法对信托财产权属本质进行明确立法界定前提下,可从信托财产为信托法律主体这一观念进行解释与梳理。由恢复原状这一信托法律救济途径引申,我国未来信托法制救济完善应当设立针对信托财产之物上代位担保权,要求受托人在因其不当处置信托财产,致使信托财产受到侵害时须为受益人提供担保。至于商事资金信托则可借鉴其他国家立法规定,要求商事信托受托人提供强制性担保。例如日本营业信托法中就规定,可以准用信托业法第11条受托人因违反信托义务而导致受益人蒙受损害时的救济(营业保证金)规定。为此,信托银行必须提供因违反信托义务而使受益人遭受损失的担保,该保证金不得少于2500万日元。当发生违反信托义务时,受益人有权优先于其他债权人从该保证金中受偿。③ 通过前述立法设计与完善,使得信托财产在遭受侵害后,可为受益人提供统一于私法体系内的"恢复原状"请求权,实现信托法律救济方式的丰富与理论周延。

二 损害赔偿请求权

信托法律救济中的损害赔偿请求权同时存在于大陆法系及英美法系

---

① 张里安、符琪:《论违反信托义务的民事责任》,《法学评论》2006年第3期。
② [日]能见善久:《现代信托法》,赵廉慧译,中国法制出版社2011年版,第143页。
③ [日]三菱日联信托银行编著:《信托法务与实务》,张军建译,中国财政经济出版社2010年版,第78页。

国家立法中。只是在英美法系国家,如英国、加拿大及澳大利亚的信托法中,这些损害赔偿与被认为属于利益吐出的情形相互区别,称为衡平法上的损失填补(equitable compensation)。至于衡平法上的损害赔偿,是否应适用于不同于普通法上的损害赔偿规则,一直都有讨论。根据我国信托法的规定,受托人承担损害赔偿责任的前提是违反信托目的处分财产或者因违背管理职责、处理信托事务不当致使信托财产受损。从理论角度而言,发生此种情形后若信托财产已无回复(返还)的可能,或者虽有可能但在经济上不合理时,受益人(或委托人)可以要求受托人赔偿信托财产所受损失。

损害赔偿请求权对应受托人的损害赔偿责任,我国信托法规定此责任构成要件包括:第一,受托人实施了违背信托目的或违背其管理职责的行为;第二,信托财产遭受实际损失;第三,该损失与受托人不当信托事务处理行为存在有因果关系;第四,一般要求受托人主观上存在有过错。在赔偿责任构成要件中,有如下问题值得思考与完善:首先,从《信托法》第22条规定分析,究竟何种义务可以引发受托人承担损害赔偿责任。结合前述有关信托违反基础内容介绍,其实所有受托人义务违反,都可以纳入本条规制范畴,即受托人信托违反行为如果符合其他构成要件要求的话,权利人都可主张由其承担损害赔偿责任。其中受托人违背信托目的或违背管理职责,并非是对违反义务类型进行界定。无论受托人义务来自于信托法还是信托文件条款规定,若造成信托财产损失,都可能产生信托法第22条规定的责任。同时根据我国信托法第27条和第32条的规定,① 尽管我国信托法中未对此种责任的归责原则进行明示,但分析法条字面含义,"受托人将信托财产转为其固有财产

---

① 《中华人民共和国信托法》第27条:"受托人不得将信托财产转为其固有财产。受托人将信托财产转为其固有财产的,必须恢复该信托财产的原状;造成信托财产损失的,应当承担赔偿责任。"

第32条:"共同受托人处理信托事务对第三人所负债务,应当承担连带清偿责任。第三人对共同受托人之一所作的意思表示,对其他受托人同样有效。

共同受托人之一违反信托目的处分信托财产或者因违背管理职责、处理信托事务不当致使信托财产受到损失的,其他受托人应当承担连带赔偿责任。"

的……造成信托财产损失的，应当承担赔偿责任"。显然在受托人违反分别管理义务时，只要损害与行为有因果联系，受托人即便主观上没有过错也要承担损害赔偿责任。在共同受托人场合，其中一受托人违反信托目的或违背信托管理职责时，即便其他受托人不知情亦不存在主观过错，也要承担连带赔偿责任。其次，若将受托人违反义务行为性质定性为债务不履行兼具侵权性质时，从民法基本原理出发，其责任要件中应包含有行为人主观存在过错，从损害赔偿救济制度协调统一角度考虑，其主要归责原则应是过错责任原则。在具体过错判定依据标准方面，大陆法系国家在受托人义务违反过错认定时以善良管理人注意义务为标准。英美信托法在一般的民事信托中，如能确认受托人并没有达到如同处置自身事务之应有注意，或者受托人声称应具备更高注意义务但未能达到，便可以认定受托人过错。至于大陆法系国家与地区，则认为其未达到受托人阶层或职业所普遍要求达到的注意程度，即可认定受托人有过错。[①] 但在商事信托中，结合前述"注意义务违反"部分的认识，商事信托受托人过错认定应设定为专家注意义务标准，他所负担的注意义务标准应符合专门投资、管理信托财产的特殊技能要求，高于普通人标准和民事信托受托人标准。

信托违反的损害赔偿范围与计算标准方面，首先应当明确的是承担责任的财产范围，考察世界主要国家信托立法，大都将承担责任财产范围限定为受托人的固有财产，但我国信托法中却缺失该重要规定。[②] 由此导致信托实务中甚至出现有双方在信托合同中所约定的条款，根本是违反信托法规定以及基本法理精神的。例如信托合同实务中进行如下约定：当出现受托人违约情形时，受托人应当承担赔偿责任，若受托人不

[①] 聂毅：《受托人违反信托的民事赔偿责任比较研究》，《理论月刊》2009 年第 9 期。
[②] 尽管我国 2007 年银监会颁行的《信托公司管理办法》中第 38 条规定："……因信托公司违背管理职责或者管理信托事务不当所负债务及所受到的损害，以其固有财产承担。"但该规范性文件规制对象与效力层级，显然难以覆盖并解释所有信托（包括商事信托）中受托人承担责任的财产范围。

足赔偿时由信托财产承担赔偿责任。① 因此若对信托法进行修订，在信托违反损害赔偿方面需要补充完善的一个方面，就是明确受托人承担责任的财产范围应当是其固有财产。关于损害赔偿的范围，两大法系规定不完全相同。英美法系中对受托人违反义务给信托财产造成损失的，其赔偿范围包括有信托财产的直接与间接损失。前述美国《信托法重述（第2版）》第205条即作此规定，而在英国信托法中，要求"如果一个受托人违反了信托那么他就要承担个人责任：（a）就他通过违反信托取得的任何利润或财产，产生了一个推定信托，并伴随着该推定信托，产生了一个财产责任；（b）由他任何未经授权的行为引起的损失，例如未获授权处置信托财产的行为；和（c）如第一章讲的，由于他违反信托造成的财产价值的任何减少"②。对于受托人违反信托造成信托财产损失的，大陆法系国家或地区通常规定由受托人赔偿信托财产的直接损失。至于信托财产的间接损失，韩国以及我国台湾地区相关条款都没有规定由受托人进行赔偿。除非在某些特殊情形下，如我国台湾地区"信托法"规定受托人违反忠实义务尤其是分别管理义务时，应当将所获利益归入信托财产。③ 日本信托法早先规定与韩国相同，但修订后的日本《信托法》关于间接损失规定在40条第3款中，通过推定方式进行了突破，同时需要注意，这种突破并非仅具有增加间接损失层面的意义。可见，为实现信托目的、保护受益人权利，违反信托的损害赔偿范围应包括直接、间接损失是基本发展趋势。由于信托违反兼具债务不履行与侵权性质，根据侵权法规定，行为人对于侵权行为所造成的损害应赔偿各类直接、间接损失；若认定为债务不履行，则情况较为复杂，一般认为应以行为人可预见范围为准。从合同法通说角度分析，采用客观计算法并不绝对排除主观计算方法。例如买方订立合同的目的是为了将

---

① 参见张里安、符琪《论违反信托义务的民事责任》，《法学评论》2006年第3期。
② ［英］海顿：《信托法》，周翼、王昊译，法律出版社2004年版，第145页。
③ 聂毅、文杰：《论完善我国受托人违反信托的民事责任制度》，《湖北大学学报（哲学社会科学版）》2010年第1期。

该批货物专卖给他人，并且在该合同签订后又与他人订立了转售合同，那么，也可以按主观计算方法来确定损害额。即可以根据转售价与合同价之间的差额来计算损失……买方有足够证据证明他实际遭受的损害，便应该允许买方依此计算方法来要求赔偿，[1] 此种损失其实可以认定为间接损失。在我国商事立法中，以证券法为例，规定证券虚假赔偿陈述赔偿责任范围，只包括有投资人的直接损失。原因在于投资者是基于对信息披露义务人的信赖而从事证券买卖的，与虚假陈述行为人未签订合同或其他协议文件，司法实践中难以判定虚假陈述人预见投资人所受损失范围。[2] 而商事信托设立目的和运行结构与之不同，尽管受益人和受托人之间不存在直接合同关系，但信托以信托财产为中心为受益人利益设立，因此理论上可以推定当受托人信托违反时，对信托财产与受益人利益损害（包括直接损失与间接损失）可以预见，并且信义义务的本质就是要求受托人负担此种义务。总之，在信托法中明确信托违反之损害赔偿范围应包括直接损失与间接损失，是各国信托法律救济的基本发展趋势，也是信托（尤其是商事信托）保护受益人权利的根本需要，这有待我国日后信托法修订时予以补充完善。此外，对于信托违反的赔偿范围，是否一定需要从受害人角度出发考虑划定，尤其是商事交易具有与民事交易的不同特性，如证券交易。换言之，就商事信托中受托人的赔偿范围、赔偿标准等关系到受益人权利救济充分性的主旨问题，是否可能存在有其他思路，尤其是在某些较为特殊的信托违反情形中？

关于信托违反的损害赔偿计算标准，我国目前实际商事信托赔偿案例较少，且由于前述各种原因所致信托法在此方面实践可操作性不高，故发生重大案件时，多通过政府干预进行解决，并非纯粹由司法裁判进行认定，典型如金信信托"乳品信托计划"案，因此可供参考的实例标准较少。在考虑具体赔偿计算标准与依据时，需要充分发挥法官的司

---

[1] 王利明：《合同法研究（第二卷）》，中国人民大学出版社2003年版，第636页。
[2] 叶林：《证券法教程》，法律出版社2005年版，第314页。

法解释功能，由于信托制度在大陆法系国家的成文法中难以得到确定，但通过判例还是或多或少地可以看到法院审理案件时对信托原则的理解，比如法国、意大利。德国法干脆通过法院来创设与信托相对应的功能性制度，利用法官造法来灵活地解决信托概念运用中的实际难题。[①]与此同时，可借鉴其他信托法制发达国家的具体计算标准予以考量。在赔偿标准确定方面，应予确立的损害赔偿基本原则包括有：第一，受托人信托违反行为所导致的信托财产损失以及信托财产可能获得的利润，受托人通过信托违反所获得的利润；第二，受托人违反忠实义务且不属于利益冲突豁免情形时，[②] 应填补信托财产所受损失，受托人因此所得利益应归入信托财产；第三，受托人违反注意义务构成信托违反，如不恰当进行投资、未在合理期间内进行投资，应赔偿信托财产利息，或者信托财产的实际价值与一个谨慎受托人可能获得的收益之间的差额；第四，若受托人存在有多次信托违反情形，其不同交易行为各有盈亏时，盈余部分应当归入信托财产，亏损部分由受托人以固有财产自己承担责任，不得将盈余用于弥补亏损。

三 受益人撤销权

根据我国信托法第 22 条、49 条的规定，[③] 在特定情形条件下，受益人同委托人一样享有撤销权，并要求受托人恢复信托财产原状或赔偿损失，对此一般称为受益人的撤销权。受益人所享有的撤销权是其重要

[①] 康锐：《论我国信托法的适用困难》，《河北法学》2006 年第 2 期。

[②] 关于受托人利益冲突豁免情形，包括信托受托人免责事由可参见本书有关"诚实义务违反"的分析与思考。

[③] 《中华人民共和国信托法》第 22 条："受托人违反信托目的处分信托财产或者因违背管理职责、处理信托事务不当致使信托财产受到损失的，委托人有权申请人民法院撤销该处分行为，并有权要求受托人恢复信托财产的原状或者予以赔偿；该信托财产的受让人明知是违反信托目的而接受该财产的，应当予以返还或者予以赔偿。前款规定的申请权，自委托人知道或者应当知道撤销原因之日起一年内不行使的，归于消灭。"第 49 条："受益人可以行使本法第二十条至第二十三条规定的委托人享有的权利。受益人行使上述权利，与委托人意见不一致时，可以申请人民法院作出裁定。"

的法律救济途径之一,同时也是受益人权利内容的重要组成部分,有关我国撤销权相关信托立法评价等内容,在前文已进行过介绍、分析,因此这里将重点关注撤销权作为信托法律救济途径,如何具体实现以保障受益人的权利。

由于英美法系与大陆法在财产、权利观念方面的传统差异,使得作为信托制核心内容之一的衡平法追踪权,无法直接移植入大陆法系的法律框架内。受益人权利的发展,来自早先存在于英国衡平法上的所有人基础性权利。尽管普通法亦承认信托财产所有权及其权利人,但英国信托法乃至财产法的重要特征正是在于可以将所有权进行分割。以对信托财产追踪为例,依据实际判例可见英国法官凭其信托法传统推论认为,"信托一旦确立,从确立的日期起,受益人在衡平法上拥有对财产的财产性的利益,衡平法上的财产利益可以对抗任何该财产的后来的持有人(无论该财产或者替代的财产均可以追踪),除非善意有偿的购买人"[①]。这是英美法系关于受益人享有衡平法上财产追索权利的基本通说,但以大陆法系观点审视,显然无法直接纳入固有传统法律体系。所以,大陆法系国家多通过设定受益人撤销权,对应英美信托原型中受益人的衡平法追踪救济权。由此思路出发,对于信托财产的追及法律救济也被划分为两种模式,一种是以英美法系国家为代表的非撤销模式,一种是以日本、韩国及我国为代表的撤销模式。后者是指受益人通过向法院诉讼的方式,实现对信托财产的"间接"追及。这两种信托法律救济途径很难单独比较孰优孰劣,因为他们分别与各国的法律体系、思维以及传统文化相适应。就受益人权利保护而言,更为重要的是明确我国信托法第22条所述撤销权行使的具体条件、效果等。

受益人得以享有撤销权,此权利产生要件根据大陆法系相关法律规定,主要包括有:第一,受托人违反信托目的;第二,受托人实施有处

---

① 张天民:《失去衡平法的信托——信托观念的扩张与中国信托法的机遇和挑战》,中信出版社2004年版,第57—58页。

分信托财产的行为；第三，取得信托财产的受让人明知或因重大过失而不知受托人的处分违反信托目的。[1] 前两个要件在我国信托立法中的具体法律依据是信托法第 22 条，分析该条文表述可见，受益人撤销权产生主要包括有两种情形，即受托人违反信托目的处分财产或违背管理职责、处理信托事务不当并致信托财产受到损失。然而进一步分析会使人产生困惑，因为广义而言一般信托的目的都是为了受益人利益，[2] 显然此种范围界定过宽，它一方面可以囊括"受托人违背管理职责、处理信托事务不当"这种情形，另一方面，所有受托人之信托违反似都可认定为违反信托目的。尤其是，当出现我国信托法第 22 条所规定的第二种情形时，亦可视为或者被认定为是广义的违反信托目的，为什么又要添加"致使信托财产受到损失"这一不同于第一种情形的要件规定，从而使受益人撤销权设定存在泛化、矛盾之弊端。从立法语言表述来看，对于受益人撤销权产生要件规定的本质，或许当时的立法者本身也并不明确。结合其他国家信托立法分析可见，所谓"违反信托目的"这一要件的本质核心其实是对受托人行为权限予以限制，目的是要保护信托财产免受受托人权限外行为的侵害，这一点通过对比《日本信托法》修订前后的条文表述至为明显。《日本信托法》修订前对此要件的表述是其法条第 31 条所规定的"违反信托本旨"，而修订后的《日本信托法》第 27 条则明确规定，"受托人为信托财产所为之行为不在其权限内，且有下列任一情形时，受益人得撤销该行为……"此外，从法律体系一角度而言，将信托受益人撤销权与民法撤销权予以整合更趋合理，受托人违背其权限的行为可被理解为"准无权处分行为"，属于可撤销行为。因此，建议未来对信托法撤销权规定进行修订时，完全可以剔除第 22 条所规定的第二种情形，对于撤销权要件规定不应是泛化的"信托目的"，而应当是受托人的行为权限界定。在此思路指导下，则

---

[1] 何宝玉：《信托法原理研究》，中国政法大学出版社 2005 年版，第 183 页。
[2] 例外的典型情形是"目的信托"。

受益人撤销权得以产生的核心要件演变为，对信托文件或信托行为中受托人权限划定进行解释。例如受托人在某具体信托事务处分行为中，违背所负担的诚实、注意义务，但其处分行为按信托文件规定属于其行为权限范畴，此时受益人并不享有撤销权，而需要通过其他法律途径予以救济。此外，关于撤销权产生的第三个要件，即受让人是否存在有主观过错。其他大陆法系国家信托法对于受让人主观过错判定标准，是建立在信托公示制度客观基础之上的，因此就该要件而言，首先需要健全的是不同财产类型的信托财产公示制度与方法。对于法律、行政法规规定应当办理登记手续的财产类型（包括登记对抗效力的财产），通过办理财产登记与信托登记方式予以公示，否则信托受益人所享有的撤销权（包括返还财产及恢复原状请求权），将随时因第三人主张不知情而置于无法行使的境地。这要求我国信托法规在现有基本框架内至少应明确信托行为概念界定（如果相关法律仍然对信托财产权属进行模糊处理的情形下），明确因信托行为所致将普通财产变动为信托财产行为具有法律效力。在此前提下，分析、完善由于受托人过错所致受益人撤销权，也才可能具有实际意义。

从法律公平正义要求以及救济充分性考虑出发，在受托人超越其行为权限并且受让人主观存在有过错的情形下，如果仅允许受益人享有损害赔偿请求权显然不尽合理。特别是信托财产为有体或特定财产时，通过撤销权实现对信托财产的追及，与单纯的损害赔偿请求救济相比较，对受益人权利保护具有不同意义，故应该赋予受益人以选择救济方式的权利，即撤销权是否行使应当由受益人自主选择。如受托人虽然超越信托文件或信托行为规定权限，进行信托财产的处分行为，但由于该行为反倒使信托财产实现大幅增值，此时是否对该财产处分行为申请撤销，应交由受益人判断。至于享有撤销权的权利主体，由于我国现阶段商事信托多为自益信托，从信托结构和法理出发分析，委托人在订立信托合同后实际脱离信托关系，信托撤销权应赋予同信托、信托财产具有最直接利害关系的受益人享有。因为同损害赔偿的救济措施不同，对受托人处分行为判断是予以追认还是予以撤销，较难判定，因此由信托财产的直接利害关系人——受益人享有撤销权更为合理。进一步分析，在商事信托中，若受益人为复数情况下，那么撤销权行使则有两种可能情形，一种情形是要求撤销权行使必须经全体受益人一致同意或多数决原则（或一定比例）通过；一种情形是撤销权行使只要某一受益人予以主张，则效果及于全体受益人，即单个受益人主张撤销权就可发生相应法律效果。日本信托法采取后一种做法，因为日本信托法学界主流观点认为（无论其信托法修订前后），受益人撤销权与债权人撤销权不同，非是为总债权人，而是为各个受益人个人的利益，承认追求所谓信托财产之特定财产的权利，该权利为信托特有的制度。① 笔者认为从受益人权利保护角度出发，我国信托法应采纳第一种情形做法更为合理，更能反映出对于受益人权利保护的重视，以及突显信托财产独立主体的信托结构原貌。但结合我国信托业及信托法制实践状况，在受益人会议、信托财产公示以及信托管理人制度等或缺位，或不健全的情况下，为使撤销权实际得以实现，采纳一种折中模式更为妥当，即规定较低比例的受益人同意后行使撤销权，更符合我国现阶段信托法制与实践发展的需求。与此同时，不能忽视复数受益人存在异质利益取向的情形，例如，收益受益人与本金受益人同时存在的场合，可能会就受托人的越权行为，是予以追认还是予以撤销产生根本冲突。此外，对于撤销权行使还应从身份方面进行限制，若受托人自身亦是复数受益人之一时，若未来信托法修订完全仿照日本信托立法，则当受托人以受益人身份提出，欲单独行使撤销权时应进行特别立法限制。因为此时受托人可能会利用重叠身份"特权"，使得其交易行为对象、结果处于不确定状态，不利于维护交易相对人利益以及交易秩序安全与稳定。

最后关于撤销权的具体行使方式，根据我国信托法规定，受益人只

---

① ［日］三菱日联信托银行编著：《信托法务与实务》，张军建译，中国财政经济出版社2010年版，第89页。

能以自己的名义，请求人民法院撤销受托人违反信托目的处分信托财产的行为。这样规定，主要可能是为了与民法上普通债权人行使撤销权保持一致，避免信托法过分偏离民法规定。① 然而，信托绝对无法单纯运用合同关系就能进行充分解释，为使信托法能够有效纳入我国民法、私法体系，固然可以在某具体制度方面借鉴或融入现行法律规定，但不能因此否定信托结构的特殊之处，并完全拘泥于已有法律规定。尤其在商事集团信托中，信息不对称与搭便车现象普遍存在，与其硬性要求受益人只能以自己名义，请求人民法院撤销受托人超越权限处置信托财产的行为，不如在信托法领域内单独规定，受益人既可以向受让人申请撤销，同时也可以申请法院予以撤销。结合前述信托受益人撤销权难以实现的诸多原因，在信托法制不可能立即满足、健全所有条件时，没有理由为单纯"迎合"现行民法相关规定，再为受益人撤销权实现设置障碍，何况受托人与受益人之间并不存在有直接合同关系。关于撤销权的除斥时间，我国信托法规定为一年期间，我国台湾地区相关条文也作了相同规定，同时还补充规定有，"自受托人处分行为之日起10年内不行使的，亦归于消灭"。《日本信托法》第27条规定，"受益人当其知道撤销原因而于三个月内不行使得自该行为发生时开始，时经一年的，该时效消灭"。对比我国信托法以及我国台湾地区的相关规定，日本信托法对于信托撤销权的除斥期间规定极为苛刻，原因在于，撤销权的行使期限规定得较短，系由于撤销权发生的要件——权限违反对第三人来说多属于不明确之情形，而且其相对人或转得人常处于不稳定状态，主要目的是加速其确定。② 可见，日本在引入信托制度时的主要目的是发展商事信托，即便在今天，日本私人民事信托对比其他经济发达国家也并不繁荣。出于商事交易迅捷、安全要求，日本信托法中规定的撤销权除斥期间，比日本民法典所规定的债权人撤销权除斥期间要短。我国信托

---

① 何宝玉：《信托法原理研究》，中国政法大学出版社2005年版，第184页。
② [日] 三菱日联信托银行编著：《信托法务与实务》，张军建译，中国财政经济出版社2010年版，第90页。

法没有规定自受托人可撤销行为之时起的除斥期间，因缺乏权威立法说明文件，原因不明。从民商法基本理论出发，应对此予以补充规定。目前立法似乎更有利于受益人权利保护，即受益人只要不知道、也不应当知道受托人超越权限的财产处分行为，则撤销权就不会消灭。将信托法作为单独部门法考量时，其法制宗旨、原则应当是以受益人权益保护为主，但信托法毕竟是民商法、私法的组成部分，在总体上仍应符合私法基本功能价值。在强调保护受益人权益的同时，不能忽视市场交易秩序的安全与稳定，不得使受托人与相对人的交易行为效力长期处于不确定状态，尽管该交易行为可能因受托人超越权限界定而属于可撤销行为。在具体期限规定方面，由于我国商事信托实践发展与信托法制现状，受益人权利保障、法律救济措施实施障碍较多，不宜仿照日本规定较短期间。

四 强制执行财产异议权

信托财产独立性是各国信托法的重要理论基础之一，只是有关信托财产独立性理论分别来自于不同国家或地区的实证立法，从各自信托法渊源考察，不同国家和地区对于信托财产独立性的界定不尽相同。各国学者对于信托财产独立性诠释存在有两种思路，第一，认为这一独立性是指信托财产相对于受托人的固有财产而言所具有的独立性；第二，认为这一独立性是指信托财产相对于受托人的固有财产以及委托人的财产和受益人的财产而言所具有的独立性。前面一种诠释中的信托财产独立性在日本信托法理论中被称为"狭义的信托财产独立性"。[①] 可见前述所谓信托财产独立之"通说"实际是指"广义的信托财产独立性"。狭义信托财产独立性结合各国、地区信托立法进行分析，英美法系国家信托财产双重所有权法制背景下，信托财产相对于受托人固有财产具有独

---

① ［日］四宫和夫：《信托法》，日本有斐阁株式会社1986年版，第73页。转引自张淳《信托财产独立性的法理》，《社会科学》2011年第3期。

立性不证自明；而大陆法系国家、地区绝大部分信托立法，例如日本、韩国以及我国台湾地区等，都明确信托财产所有权由受托人享有，狭义信托财产独立性是指信托财产独立于受托人的固有财产。我国信托立法较为特殊，对于信托财产性质、权属在信托法中尽量回避直接进行规定。通过对隐含在信托法具体条文中的语言表述不难发现，我国信托财产权属依法认定是属于委托人的，这一点无论是对信托条文进行分析，或者考察有关信托立法解释说明性著述都可以得到佐证，"在一个国家确立信托法律制度，应当考虑本国国情……委托人一旦将财产交付信托，即丧失其对该财产的所有权，不再属于其自有财产，这会使一些人接受起来颇费思量"[1]。由此可见，一方面依据我国信托法无法找到信托财产属于受托人的法律依据，但另一方面对于委托人交付给受托人的财产是否仍属于其自有财产，立法实际是进行了回避与模糊化处理。此外，英国信托法学者海顿认为，"委托人将其财产权委托给受托人"的规定表明在信托成立后信托财产所有权由委托人享有，并认为我国立法机关将这一规定纳入该法中"可能是因为中国人不喜欢把财产的所有权转移给别人这一做法"[2]。因此就我国信托法分析，"狭义信托财产独立性"是指信托财产独立于委托人未设定信托的其他财产，从完善、健全信托法制，促进信托研究发展和受益人权利保护角度出发，本书所言信托财产独立性更多是指"广义信托财产独立说"。

　　回溯观察我国信托立法，强制执行财产异议权在我国信托法体系中的立法基础在于：根据我国信托法第三章"信托财产"的法律规定，强调信托财产与委托人未设定信托的财产相分离、与受托人的固有财产相分离，但对于受益人没有进行正面规定，而是经由法条第15条对委

---

[1] 卞耀武：《信托法释义》，法律出版社2002年版，第4页。
[2] 魏甫华、高如华：《如何监管信托——专访英国信托法委员会副主席海顿教授与伦敦大学国王学院马休斯教授》，《中国法律人》2004年第3期。

托人设立自益信托情形下，对信托财产与受益人相分离原理予以辗转解释。① 英美法系通过承认受益人对信托财产的衡平法所有权，能够实现对信托财产的有效追踪，故无须过分强调信托财产的独立性。从受益人权益保障救济角度而言，大陆法系有关信托财产独立性主要通过赋予受益人强制执行信托财产的异议权、对受托人处分行为撤销权实现信托财产的独立性。也就是说若单纯依据我国现行信托法的规定，在"狭义信托财产独立说"语境中，与其称为受益人享有信托财产强制执行异议权，不如称为委托人享有信托财产强制执行异议权更为准确，受益人只是在自益信托中因委托人身份而拥有信托财产强制执行异议权。厘清我国信托立法与应然层面的广义信托财产独立性，是探讨信托财产强制执行异议权（包括其他信托法律救济途径及受益人权利保障具体措施）观念的前提。

前述信托违反救济手段途径更多的是针对信托受托人之信托违反，信托财产强制执行异议权则着重强调，当对信托财产独立性的破坏或侵害来自于信托外部时，受益人及其他信托法律主体所拥有的权利与救济途径。关于信托财产独立性，实务界与学界讨论较多的在于实体法层面，实际关于信托财产的独立性于程序法层面也有体现，二者相互协同构成完整法律意义上的信托财产独立。信托财产独立性在程序法层面体现为信托财产不可强制执行性。强制执行是指法院或其他有权进行强制执行的行政机关，为执行已生效的法律文书或实施法律规定，主动地或依当事人提出的申请，针对被执行人强制采取相应的执行措施。我国有关法律规定的强制执行措施主要有：查封、扣押、冻结、拍卖、变卖被执行人的财产；查询、冻结、划拨被执行人的银行存款；指定交付财物或票证；扣留、提取被执行人的收入；强制迁出房屋或者强制退出土地

---

① 《中华人民共和国信托法》第15条："信托财产与委托人未设立信托的其他财产相区别。设立信托后，委托人死亡或者依法解散、被依法撤销、被宣告破产时，委托人是唯一受益人的，信托终止，信托财产作为其遗产或者清算财产；委托人不是唯一受益人的，信托存续，信托财产不作为其遗产或者清算财产；但作为共同受益人的委托人死亡或者依法解散、被依法撤销、被宣告破产时，其信托受益权作为其遗产或者清算财产。"

等。大陆法系国家普遍规定，除法律有明确规定的例外情形，否则委托人、受托人的债权人均不得申请法院对信托财产强制执行。信托财产强制执行禁止原则是对信托财产执行的限制而并非完全禁止，信托当事人的债权人可以申请强制执行，但不得针对信托财产申请。如果受益人因行使受益权而申请对信托财产予以强制执行，当然不适用这一规则。此外，在法律明确规定的例外情形下，受托人、委托人以及受益人债权人有权针对信托财产，申请强制执行。

当前我国商事信托多为集合资金信托计划，在实务中根据法律规定受托人、托管人均实行分别记账、分别管理，且资金信托因做表外处理等要求，较易识别。问题在于，在我国现阶段针对不同信托财产类型公示方法尚不健全，对于那些无需办理信托登记的信托财产，若依法律规定及实践做法，当该信托财产不具备明显可识别特征时，是否可以作为强制执行的申请对象？该问题实质涉及立法价值取向问题，即委托人、受益人与受托人之间因信任（包括但不限于信任，主要是指慈善、回复、推定等非典型信托类型）而产生的信托关系，与受托人以自己名义为受益人利益（或特定目的）和他人发生交易行为时，[①] 何者属于法律优位价值而应得到法律的特别保护。从受益人权利保护及信托关系出发，应当认为此时对该类财产的强制执行，受益人享有异议权；从维护交易秩序与安全出发，此时应认定受托人可能违反信托文件、信托法规定义务，而由其以固有财产承担相应责任，或者由于交易相对人未尽必要调查、注意义务不得申请对该类信托财产的强制执行，从而更好平衡二者之间的价值判断，并尽量符合现行实际法律规定。

信托财产强制执行异议权的例外情形，依据美国普通法规定，因为受托人是信托财产名义上之所有权人，因此其处理信托事务所发生的债权，应当以受托人个人的固有财产予以清偿，只是在如下几种特殊情况

[①] 在典型商事信托中，其实可以排除慈善、回复、推定以及目的信托等非典型信托类型，文中说法更多是基于周延性信托定义而言。

下，债权人可以依据衡平法向信托财产主张权利：第一，委托人在信托文件中明确授予债权人这一权利；第二，受托人在信托文件中明确主张免除其个人责任，而由信托财产承担责任；第三，受托人因为处理信托事务而产生的债权，该债权人无法自受托人处获得清偿，且受托人有权就该债务向信托财产求偿；第四，债权人提供信托财产利益，无法从受托人处得到清偿，在信托财产受益的范围内可以予以求偿；第五，其他衡平的情况。①《日本信托法》在第 21 条中详细列举出应由信托财产承担责任的情形，除此之外债权人不得对信托财产强制执行、扣押、临时处分、实行担保权、拍卖或实施国税滞纳金处分等。《日本信托法》所规定的例外有：受益债权、信托财产项下之财产因设立信托前之原因所发生的权利、信托设立前发生的针对委托人的债务，且在信托行为中作出了以该债权之相关债务作为信托财产责任负担债务之约定的、反对信托变更之受益人的受益权请求权、因信托财产而行使之行为，在受托人权限内发生的权利、虽因违反受托人之权限可实施撤销，但尚未撤销之债权、受托人在处理信托事务上因不法行为发生的权利、其他因处理信托事务而发生的权利。受益人债权人虽可对信托受益权实施强制执行，但不得对信托财产本身实施强制执行。② 我国台湾地区相关规定采用但书方式提出三种债权人可对信托财产强制执行的例外情况，信托前存在于该财产之权利、因处理信托事务所生之权利、其他法律另有规定者。需要明确此处所指"信托前"，不是仅仅指信托行为之前，而是泛指信托关系发生之前。由于台湾地区学界及实务者均认为信托契约为要物契约，信托关系以信托财产实际交付方能成立，因此可认为信托财产交付日前，均属于所谓"信托前"的时期。而对于"存在于信托财产之权利"，根据台湾地区学者解释及司法判例，应限定为委托人在信托前有

---

① 参见王迪、吴斌《论信托财产的强制执行》，《人民司法》2005 年第 1 期。
② [日] 三菱日联信托银行编著：《信托法务与实务》，张军建译，中国财政经济出版社 2010 年版，第 40 页。

表彰在信托财产上而具有追及效力之权利，例如：不动产之抵押权、地上权，或依动产担保交易法设定之动产抵押权等。委托人及其债权人成立在信托关系前之普通债权或不具追及效力之权利，不得申请强制执行。所谓因处理信托事务所产生的权利，是指受托人合法管理、处分信托财产，而使他人取得权利的情况。例如因信托当事人办理信托事务而于信托财产上设定的抵押权，受托人在信托契约授权范围内，为达成信托目的而对外借款，贷与人因其借款所取得的借款债权等。最后，所谓其他法律另有规定的，主要是针对某些应予特别保护的受托人之债权人，就其债权仍可对信托财产进行强制执行。例如根据我国台湾地区关于所得税的相关条文，就税捐债权所规定的强制执行程序就属于其他法律另有规定，可对信托财产的税捐，移送"法院"强制执行。只是委托人依法所应付之税捐，因信托成立后信托财产具有独立性，不得作为委托人欠缴税捐的责任财产。①

我国信托法与我国台湾地区有关信托的规定关于信托财产强制执行异议权例外情形的规定大致相同，但在具体司法适用解释方面却存在有差异，这是由于对信托财产权属、信托行为等方面法律规定不同所导致。我国信托法第17条规定，"设立信托前债权人已对该信托财产享有优先受偿的权利，并依法行使该权利的"，在司法实践中对该法条如何进行解释适用值得注意。"设立信托前"的界定，首先关涉信托何时成立，现行信托立法中缺乏对信托行为的规定，信托法中对于信托成立方式实际可适用的只有书面信托合同一种形式。信托法第8条规定，"采取信托合同形式设立信托的，信托合同签订时，信托成立"。显然我国信托法将信托合同定性为诺成合同，信托合同一经签订则信托成立，因此所谓设立信托前其实是指信托合同签订前。信托合同界定为诺成合同

---

① 台湾万国法律事务所、范瑞华律师、陈志泓律师、陈一铭律师：《信托财产或受益权受法院强制执行之适法性处理》，http://www.doc88.com/p-941563237957.html，2012年12月23日访问。

还是要物合同，实质涉及信托财产转移条款自该合同签订时起是否具有强制执行力。

信托合同性质依据我国信托法的规定为诺成合同，即信托受托人与委托人签订合同后即行生效，对信托当事人产生法律约束力，双方必须履行有关信托财产转移的条款约定。此种诺成合同的法律定性将会对合同秩序稳定以及信托有效的设立，起到促进与推动作用。至于信托立法中所提到的"债权人已对该信托财产享有优先受偿的权利"，应当是指那些依据法律规定依附于信托财产，并具有追及效力的权利，在信托实践中更多体现为各类物权特别是担保物权。可以预见的是，由于信托财产强制执行异议权存在，将会诱使普通债权的债务人利用信托诺成合同定性，故意逃避、规避债务，特别是在我国信托财产公示制度仍不健全的情况下，因此需要对我国信托合同的订立、生效以及信托财产公示制度，在信托法中予以衔接、统一。在此基础上，参考、借鉴英美法系及日本信托立法中关于信托财产强制执行异议权例外规定，就我国信托法相关制度在如下方面进行健全、完善：对信托财产承担责任的法定情形进行详细列举，例如前述《日本信托法》第21条就列举有9项之多，这对于明晰信托财产权属、各方主体法律关系，以及便捷法官司法适用不无裨益。同时，由于我国现阶段信托类型主要是商事信托，受托人多具有经济、技术、信息等方面优势，而且信托合同多为格式合同，因此对于前述英美法中在信托合同、文件中约定，关于信托财产强制执行异议权免除条款，暂不宜引入。在异议权具体行使方面，为充分保障信托目的与受益人权利，在现行信托法第17条基础上，可规定除了委托人、受益人、受托人之外，信托管理人也有权向人民法院提出异议。并且为有效保障受益人权利，督促各方主体尤其是受益人积极实施该救济手段，明确在复数受益人的集团信托中，任一受益人均可向人民法院提出异议，且实施异议权必要的费用由信托财产支出，从而避免、解决在集团信托中，因为规模效应所引发的代理成本、搭便车心理等问题。

第三节　推定信托：特殊信托救济方式与思维

一　推定信托概览

英美信托法中将信托划分为法定信托与任意信托，法定信托是指通过法律的强制，或者法律根据对当事人意思的解释、推定而成立的信托。① 其中推定信托是法定信托的典型表现形式之一。推定信托作为法定信托形式，是英美法院为主持正义、纠正错误及防治不当得利的衡平法救济手段，与委托人的意思表示没有任何关联。② 所谓推定信托（Constructive Trust）是根据衡平法中的公平正义原则，依衡平法的规定而产生的信托。它是根据衡平法的直接规定，并出于公平正义或为阻止出现不公平事件的目的而推定成立的信托。③ 具体在英美信托法中，对于推定信托的性质、功能定位并不完全一致。在美国法中，推定信托被认为是一种纯粹的救济性制度，是作为阻止不当得利或矫正不法行为的一种强加的救济措施；而在英国，推定信托在本质上被视为实体制度性的信托类型，是与明示信托、默示信托、结果信托等并列的一种信托形式。出于上述原因，英国《1925年受托人法》中所界定的信托制适用于推定信托，而在美国的统一信托法中，由于将推定信托视为一种救济性制度，因此并未包含在实体信托类型内。正是由于以英国法与美国法为代表的有关推定信托的观点分歧，学者通常将推定信托划分为两类，即救济性推定信托与制度性推定信托：救济性推定信托代表国家主要有美国、加拿大等国家，关于救济性推定信托界定，Browne-Wilkinson 勋爵有如下描述："它是司法性救济产生的一种强制性义务；法庭裁量了一种对第三方不利的有溯及力的结果，在某种程度上，这种法庭的命令

---

① 中野正俊、张军建：《信托法》，中国方正出版社2004年版，第28页。
② 高凌云：《被误读的信托——信托法原论》，复旦大学出版社2010年版，第42页。
③ 张淳：《信托法原论》，南京大学出版社1994年版，第53页。

是建设性的，而不是强制性的。"① 即救济性信托目的是为实现正义，为防止第三人获取不当得利，法院可以自由裁量地给予推定信托的救济方式；制度性推定信托产生的结果是由于法律的规定，并不是基于裁判者的自由裁量。也就意味着根据法律规定，该推定信托因为符合相关法律规定条件才能成立并发生法律效力，法官只是宣布此类推定信托在过去已经存在并生效。

关于推定信托产生的历史根源和原因，长久以来令人困惑，或者说没有令人信服的直接证据予以说明佐证。笔者认为，推定信托在英国产生并发展，当然存在有偶发因素，但从宏观整体法律体系结构发展推测，或许基础原因在于英国普通法对于救济，尤其是信托违反救济从契约角度无法得到圆满解决所致，这本身也是英国传统信托法不能或者不愿用契约观点解构信托法律关系的原因之一。英国法律发达史中契约法晚于信托法，契约法最初由于严格的诉讼形式限制，普通法对于违约的救济手段仅限于损害赔偿，按照诉讼令状的要求，如果原告没有盖章文书或被偷窃、销毁，将无法获得对盖印契约的救济。同时普通法对于信托制前身——用益制，只承认受托人的所有权，受益人没有土地人的权利，此时的信托法律救济基本不存在，只能寄希望于受托人是一个有信誉的人。在衡平法发展出对人诉讼上的权力，创建出诸如禁令、特定履行等灵活经济方式同时，英国契约法"禁止反言"一般性理论得以发展，该理论的基本要点在于任何人均不得利用自己的违法行为获利。与之相适应，在对信托法律救济方式寻求多种途径时，为解决信托中存在的不当得利状况，作为救济目的需求产生的推定信托与英美契约法基础理论或先后或同时相互影响，逐渐衍生出制度性推定信托。以上只是关于英国制度性推定信托产生缘由的推测，其侧面佐证在于，"如果没有发展一个救济性推定信托来对抗不当得利，那么正如法院根据衡平法自由裁量权宣告的那样，原告的财产权禁止反言利益将被视为，像共同意

---

① 参见陈林《推定信托研究——以作为司法裁判技术的视角》，吉林大学博士学位论文，2010年，第7页。

图推定信托一样，在原告因信赖而作出对其不利的第一次行为时就产生了。当法院或者通过适用禁止反言原则，或者通过适用共同意图推定信托原则……似乎在追溯性地承认一个制度性推定信托的存在"①。此外，国外有学者亦持类似观点，"创设推定信托既不是作为获得优先权的工具，也不是作为获取增值的工具，而是下列两种情形造成的意外结果：普通法与衡平法的分离；没有独立的不当得利法"②。此推测正确与否本身并不重要，关键在于说明就英美法中所谓制度性推定信托与救济性推定信托的划分，进行争议的意义与价值是否必要。即便在英美司法实践中，二者本身也存在融合、模糊的趋势。例如在英国，制度性推定信托特性要求其得出结论应是原告的权利从其权利发生事实之日起算，但法院也没有总是遵循这种路径，而是视情况发布命令从而使其从判决之日开始计算；同样在加拿大，救济性推定信托本应要求得出原告的权利仅从判决之日起计算的结论，尽管如此，事实上法院的一般规则是救济性推定信托溯及原告权利产生之时。以上现象显然已经模糊了救济性与制度性推定信托的界限。③

衡平法适用两类推定信托，一类是救济性推定信托，主要用来防止不当得利；另一类是实体性推定信托，适用范围主要是违反信托或信义义务。二者之间并非绝对对立，从信托法律救济角度来看其实是统一的，都强调对于信托、信托财产的救济因素。英美信托法经过长期积淀与发展，其推定信托制度适用情形范围非常广泛、灵活，从单纯推定信托救济因素出发，可以将推定信托的典型类型概括为如下三种情形：第一种情形是受托人违反信托处置财产而获得利益时；第二种情形是当受托人违反忠诚义务而获得利益时；第三种情形是当一个人以欺诈或不公

---

① ［英］海顿：《信托法》，周翼、王昊译，法律出版社2004年版，第203—204页。
② 徐卫：《信托受益人利益保障机制的分析与构建》，厦门大学博士学位论文，2007年，第221页。
③ DUGGAN, ANTHONY, "Constructive Trusts from a Law and Economics Perspective", *University of Toronto Law Journal*, 2005, (55): 220。转引自徐卫《信托受益人利益保障机制的分析与构建》，厦门大学博士学位论文，2007年，第219页。

平方式的方式获得利益时。这些信托类型或情形长期以来被明确指出，并得到普遍认可，可作为典型推定信托形式。① 推定信托适用范围方面，显著发展之一就是将传统处理家庭财产的推定信托规则延伸至商业领域。推定信托逐渐扩张为可用来处理包括受托人、雇员、代理人、公司董事等故意或过失违反诚信义务，进而实施非良知侵害行为的制度。商业领域内信义人违反义务的情况大致可以分为两大类，一类是信义人参与了某项交易，并在其中担当双重角色，一方面代表委托人的利益，另一方面代表自己的利益，并因此获得了利益；另一类是信义人凭借受托人地位获得了本不应该获得的利益与报酬等。此外，在第三人对信托财产干涉时（intermeddling with trust property），第三人可能被推定为推定受托人违反信义义务，导致推定信托的适用。当信义财产没有按照信义文件的规定得到妥当处置时，法院在某些情况下，会将管理信义财产的义务赋予对错误处置财产负有责任的人员。② 显然在商业领域内，推定信托的适用仍然着重于救济功能，主要针对违反信义义务而实施非良知侵害行为的情形。

二　推定信托制度价值与借鉴

关于推定信托制度价值，已有的著述及成果更多是从整体权利救济，尤其是完善、健全我国私法权利救济体系展开讨论。由于本书所涉领域及命题要求所限，主要就信托法律救济与受益人权利保护关系中，引入或借鉴英美法中独有的推定信托制度，提出如下思考与建议。

英美法系与大陆法系在法律体系方面存在有显著差异。所以，信托违反法律救济与推定信托的关系与联结，应着重分析二者之间相通或能够相互衔接的切入点，这是在保护受益人权利领域内对推定信托制度展

---

① 邢建东：《衡平法的推定信托研究——另一类物权性救济》，法律出版社2007年版，第16页。
② 同上书，第27—28页。

开思考分析的关键。推定信托制度对比大陆法系私法领域内，尤其是民事领域内常见的权利救济途径、手段，独具的优势何在？如果不存在，则关于推定信托进行展开分析与借鉴将没有意义。"违反受信关系而施加的拟制信托不仅有助于实现良心所要求的当事人之间的正义，也有助于受信人和处于信任关系中的人，遵从那种商业和其他社会机构有效发挥职能的高标准的信任和正直"[1]。比较英美法系信托法，现有大陆法系国家信托违反救济可能面临的缺陷在于：理论工具方面难以在已有法律体系中找到功能完全一致的替代物；如何实现信托违反过程中的救济、赔偿的充分性，这是信托法律救济与受益人权利保护关系的核心；英美信托法具有较长的历史发展时间，且衡平法、判例法灵活性使得其信托救济方面手段丰富，而大陆法系由于信托文化、传统较为匮乏，且成文法对比判例法具有"刻板、保守"的必然倾向。由此进一步推论，前述大陆法系信托违反法律救济中存在的问题，是否可以通过借鉴推定信托制度予以补缺和完善，还需进一步讨论分析。

首先在救济的充分性，尤其是"损害赔偿"救济的充分性方面，推定信托具有与大陆法系侵权或违约不一样的损失填补思路。大陆法系中无论是侵权法还是合同法，当发生侵权或违约事实后，有关救济的损害赔偿方面，都是从原告或者受侵害人角度考虑，确定由于不法行为人的侵权或违约行为，对原告或受侵害人所造成的损害予以填补，弥补损失。而推定信托制度却采取一种逆向性思维，它并不要求恢复对原告所造成的伤害，而是采取允许原告获得被告因其不当或不法行为所得的任何利益。此即涉及前述日本信托法学者较为关注的吐出利益问题，该制度的主要目的是由被告"吐出"违反义务而获得的利益，目标是确保被告切实履行义务，从而具有相当的威慑与预防性质。当被告违反信托或其他可能基于信义基础的义务时，推定信托制度首要关注的是被告所

---

[1] Soulos v. Korkontzilas, [1997] 2 S. C. R 217 at 236, in FEASBY, COLIN, "Fiduciary Obligations and Exculpatory Clauses", *Alberta Law Review*, 1998, (36): 932. 转引自徐卫《信托受益人利益保障机制的分析与构建》，厦门大学博士学位论文，2007年，第224页。

获的实际利益，而与原告或受侵害人所遭受的损失没有关系。此外，推定信托这一特殊的信托救济模式还免除了证明被告行为不当的举证责任。譬如，在起诉第三者协助行为的普通法律诉讼中，第三人须因事实上实施不当行为才被认定负有责任，但通过拟制信托的财产追及中，法院不需要具体认定实施了不当行为。法院只是发布命令，财产无论在何处都属于资金的一部分而必须退还，法院既不需要认定第三人的任何不当行为，也不让第三人承担个人责任。[1] 这种思路对于大陆法系国家的法律人来说较难接受，"例如，在违反信托的损害赔偿中，是否能得出承认吐出利益责任的结论呢？若只限于对于立法过程的考察，是看不到这种认识的。"[2] 日本信托法学界起初就已认识到，为保障信托受益人权利与信托目的，需要彰显信托违反损害赔偿的充分性。但是在日本信托立法时的国会讨论中，立法者又认为由受托人承担此种与通常不同的、很重的责任是怪异且难以接受的，进而强调受托人的责任和民法的一般原则，包括侵权责任和债务不履行责任，应该是相同的。

其次，承接上一问题进一步分析。推定信托在信托救济方式的丰富性、灵活性方面，具有传统大陆法系救济方式所无法比拟的优势。以制度性推定信托为代表的英国信托法为例，其规定可能适用推定信托的情形非常丰富。依英国法律规定，下述情形时法院倾向于认定并施加存在有推定信托：夫妻共同出资购买婚姻住房，由于各种原因只登记在一人名下；某人企图欺诈性地或不合良心地利用制定法条款，将制定法作为欺诈的工具；土地交易的卖方（通过施加一项推定信托，让土地转让人处于推定受托人的地位，使其不能从土地二次出售中得到好处，这在一定程度上有利于解决我国司法实践中经常发生的"一物二卖"问题）；第三人明知是受托人违反信托处分的信托财产，仍予以接受或按照与信托不一致的方式进一步处分财产；受信任者（包括信托受托人）

---

[1] 徐卫：《信托受益人利益保障机制的分析与构建》，厦门大学博士学位论文，2007年，第222页。

[2] [日] 能见善久：《现代信托法》，赵廉慧译，中国法制出版社2011年版，第152页。

利用其地位取得了未获得授权的利益。① 从受益人救济角度分析推定信托，具体适用方式实际是通过权利转移来实现的，通过宣告不法行为者作为推定受托人，将财产受益权转移给不法行为的受害方。相对于其他救济，推定救济是一种能够产生相当"物权效果"的救济方式，基于物权优先性原则，此救济方式因为具有了"财产权"性质，既能满足受益人损失填补的充分性要求，同时在具体适用过程中又具有相当的灵活性。在推定信托制度中，受益人不仅可以要求推定受托人承担财产责任，进而获得自财产移转给推定受托人之日起所产生的利益与其他所得，如果其请求收益未获清偿，或损失填补不够充分，基于前述推定信托所具有的"物权效果"，他还可以获得衡平法上的留置权以保护自己的权益；而且，推定受益人在推定信托中还可以要求受托人承担个人责任，可以要求从受托人那里获得公平合理的赔偿。如果受益人选择此种救济权，则可获得推定信托财产的相应价值利益，该利益计算标准从推定信托生效之日起算，包括财产本身与孳息。如果推定受托人没有偿付能力时，选择财产权抑或个人责任的救济方式就显得异常重要，推定信托制度此时给予受益人以选择权。显然若采用财产权救济方式，则可以优先于一般债权人的请求权取回财产，若选取个人责任的救济方式，受益人须与其他普通债权人按比例受偿。同时推定信托制度还规定，受托人对财产的贬值负有责任的话，那么出于保护受益人的考虑，受益人可以同时行使两种救济方式。前述情形主要发生在信托财产仍被推定受托人所控制的场合，由于商事信托与交易的快速发展，自然需要考虑当财产脱离推定受托人控制时，推定信托制度如何对受益人予以救济。此时，受益人可以通过所施加的推定信托行使追及权，向实际控制该财产的第三人追回。② 当然该追及财产的权利需要满足一定的条件，且第三人依法享有对应的抗辩权，因限于篇幅与主题，有关内容不再展开。上

---

① 参见何宝玉《信托法原理研究》，中国政法大学出版社 2005 年版，第 33—34 页。
② 邢建东：《衡平法的推定信托研究——另一类物权性救济》，法律出版社 2007 年版，第 290—291 页。

述有关推定信托灵活丰富的救济方式只是一个概括性介绍，对于此种法定拟制的，由法官"自由裁量"所设定的信托救济方式，其丰富性与灵活性体现与总结，正如 Browne Wikinson 法官在 Westdutsche Landesbank 一案判词中所言，"法院通过推定信托，在被告明显地拥有从原告处不当获取的财产时，可以判定原告与被告间产生有一个推定信托。因为救济可以根据特别案件的具体情形量身定做，无辜的第三方将不会被歧视，如情势变迁，也可以产生效力"①。

最后，前述论证表明推定信托制度在私法权利救济领域内，能够丰富大陆法系国家已有的法律救济体系与内容，灵活、充分地实现救济赔偿之充分性，给予受益人更多的选择权。在两大法系交错融合发展的背景中，需要我们考察大陆法系已有立法例中，是否存在有推定信托的身影，在法律体系理论方面又应该如何认识与处理。在国际区域性的信托立法中，《欧洲信托法原则》在英美法框架外认可以裁定方式所界定的推定信托，该《原则》第 6 条规定，对于信托违反的救济，法院有权宣布受托人的某项财产始终是信托财产；第 7 条规定，对于非善意买受第三人，可命令以信托方式持有信托财产。《魁北克民法典》中，根据法条第 1262 条规定也承认法院以裁判方式设立推定信托，"信托可以通过有偿或无偿的合同、遗嘱，或在某些情形依法律规定设立。如法律许可，也可以以判决设立"。在并不正式承认和引进信托制度的瑞士，也有过运用推定信托进行判决的司法实践。如在 2001 年 9 月 19 号的一项判决中，瑞士联邦法院肯定了杰那瓦法院的裁决，在一份涉外信托中宣告了一项推定信托。在日本，修订前后的信托法都没有明确规定推定信托制度，但法院实际上很早就已开始采用该制度来解决某些司法案件，典型案件例如 1935 年"质权设定通知程序请求案"的大审院第二民事判决、2002 年"存款退还请求案"最高法院第一小法庭判决等。修订后的日本信托法，在关于信托要件的信托行为中，仍然并未承认包括推

---

① [1996] 2All E. R. 961 at 999.

定信托制度在内的法定信托形式。但日本《信托法》第 40 条第三项规定："受托人为违反第 30 条、第 31 条第一项及第二项、第 32 条第一项及第二项规定之行为，受托人或其利害关系人获得利益者，推定受托人有因其行为而致使信托财产发生同额之损失。"即在受托人进行某些特定信托违反，承担损害赔偿责任时，其责任承担方式实质是采纳推定信托的方式，表现为对损害赔偿范围界定与其他普通信托违反不同。类似立法思想在我国信托法及我国台湾地区相关规定中都有所体现：我国《信托法》第 26 条规定，"……受托人违反前款规定，利用信托财产为自己谋取利益的，所得利益归入信托财产"；我国台湾地区规定，"……受托人违反第一项之规定，使用或处分信托财产者，委托人、受益人或其他受托人，除准用第二十三条规定外，并得请求将其所得之利益归于信托财产；于受托人有恶意者，应附加利息一并归入"。这些立法表述其实都是或间接或模糊地对推定信托的法律适用。因此，当前相关探讨、研究的关键在于如何厘清其适用范围的界定与实践操作。

以日本、我国以及我国台湾地区前述相关规定为分析样本，仔细梳理会发现，其中日本信托立法中就推定信托、利益吐出相关规定最为缜密合理，我国信托法次之，我国台湾地区相关规定显得相对混乱与突兀。究其根本，原因在于成文法系注重法律体系化，日本与我国信托法对受托人信义义务都有着较为明晰的规定，特别是日本信托立法中对于受托人这一最为核心且实践中较难认定的义务，进行有类型化列举规定。例如《日本信托法》第 31、32 条对受托人忠诚义务，在第 30 条概括性表述基础上，进一步列举出若干具体行为类型。而仔细分析我国台湾地区相关规定，其中仅有受托人注意义务的明确法律规定，至于忠诚义务规定实际缺失或者说规定的不全面。一般认为我国台湾地区关于信托的条文第 34 条是关于受托人忠诚义务的规定，"受托人不得以任何名义，享有信托利益。但与他人为共同受益人时，不在此限"。但是，将该条款界定为关于受托人忠诚义务的法律规定其实并不精准，它并未反映出忠诚义务的核心本质在于避免利益冲突，以受益人利益优先为主旨。由此导致我国台湾地区信托法学者在依据其"信托法"进行解释时，也经常陷入混乱，例如前述信托违反情形中的特殊义务违反，即有所反映。当然这并非否认该种分类方式本身所具有的意义。[①] 此外，我国商事法律领域内有关推定信托的应用也还存在于信托法之外，其中典型代表是公司法中第148条之规定，以及我国证券法中有关短线交易与归入权的规定。[②] 关于归入权的性质在我国商法学界从来就存在有争议，以信托法观点重新审视，显然此类法律规定都是推定信托制度的间接反映，与其界定为某种权利，不如视为是对公司、公司与其受任人之间推定信托关系的承认。因为归入权形成的根本原因就在于负有信义义务的董事、高级管理人员以及控股股东等，违背信义义务而由法律推定

---

① 回顾前文所涉该部分内容，其一方面将受托人违反分别管理义务获得利益者，规定应将其所得利益归于信托财产，但另一方面又指出，受托人违反忠实义务的，委托人或受益人除可要求原状及赔偿损失外，并得请求将其所得利益归于信托财产；于受托人有恶意者，应付加利息一并归入。按照通说，分别管理义务是忠实义务之典型类型，没有必要分而述之，这是基本逻辑分类层级的混乱，而且法律责任规定相互之间明显存在有矛盾。造成此种现象的原因，笔者认为是台湾学者也意识到利益吐出适用范围以违反忠实义务界限为宜，但我国台湾地区在此方面却又存在有缺失与不统一的弊端。

② 《中华人民共和国公司法》第148条："董事、高级管理人员不得有下列行为：
（一）挪用公司资金；
（二）将公司资金以其个人名义或者以其他个人名义开立账户存储；
（三）违反公司章程的规定，未经股东会、股东大会或者董事会同意，将公司资金借贷给他人或者以公司财产为他人提供担保；
（四）违反公司章程的规定或者未经股东会、股东大会同意，与本公司订立合同或者进行交易；
（五）未经股东会或者股东大会同意，利用职务便利为自己或者他人谋取属于公司的商业机会，自营或者为他人经营与所任职公司同类的业务；
（六）接受他人与公司交易的佣金归为己有；
（七）擅自披露公司秘密；
（八）违反对公司忠实义务的其他行为。
董事、高级管理人员违反前款规定所得的收入应当归公司所有。"
《中华人民共和国证券法》第47条："上市公司董事、监事、高级管理人员、持有上市公司股份百分之五以上的股东，将其持有的该公司的股票在买入后六个月内卖出，或者在卖出后六个月内又买入，由此所得收益归该公司所有，公司董事会应当收回其所得收益。但是，证券公司因包销购入售后剩余股票而持有百分之五以上股份的，卖出该股票不受六个月时间限制。
公司董事会不按照前款规定执行的，股东有权要求董事会在三十日内执行。公司董事会未在上述期限内执行的，股东有权为了公司的利益以自己的名义直接向人民法院提起诉讼。
公司董事会不按照第一款的规定执行的，负有责任的董事依法承担连带责任。"

其行为构成信托，所得利益应归于"信托财产"，即公司财产。

通过前述论证可见，为丰富完善我国信托受益人权利救济途径，未来信托立法中可依据现行立法条文与思想适当纳入推定信托理念，作为受托人违反忠实义务的赔偿范围界定标准，而不是全面在我国信托法中引入法定信托形式。这样一方面可以为之前困扰我国信托法学界的难题，即违反忠实义务赔偿标准及赔偿充分性如何实现找到基本方向。受托人违反忠实义务且不属于利益冲突豁免情形时，应填补信托财产所受损失，受托人因此所得利益应归入信托财产。这又要求对于忠实义务违反具体类型与表现形式在立法中有所体现，在此类案件判例较为匮乏的情形下，借鉴域外信托立法相关内容以及公司法、证券法中关于归入权的实际判例，是较为恰当的选择。另一方面，现阶段是否需要全面引入推定信托制度，笔者持否定态度，在我国现有信托法律水平、观念及民事信托发展限制条件下，与其匆忙纳入法定信托形式，不如先借鉴推定信托理念中赔偿标准界定更符合实际。当然我国信托法学界已有诸多学者在此方面建言献策，并有许多与此相关的优秀著述，相信随着信托法学研究继续深入及理论储备日趋丰富，推定信托制度、理念将会为我国信托法，以及其他法律部门提供更为有益的因素。至于推定信托救济途径的行使主体与方式，从商事信托实际状况考虑，其行使方式既可以直接向受托人主张返还、吐出利益，也可以向人民法院提起诉讼。同强制信托财产异议权一样，在行使该救济途径时，除了委托人、受益人之外，应规定信托管理人也有权主张或提起诉讼。并且为有效保障受益人权利，督促各方主体尤其是受益人积极实施该救济手段，明确在复数受益人的集团信托中，任一受益人均可向受托人主张或向人民法院提出请求，由此产生的必要费用由信托财产支出，从而避免、解决在集团信托中，因为规模效应所引发的代理成本、搭便车心理等问题。同时，为满足商事信托、商事交易的专业性、复杂性以及高效性等要求，可以将向受托人主张行使归入权，作为提起诉讼的前置程序。因为推定信托中尽管受托人有违信任基础，但其核心是利益冲突，受托人在此种信托违反中仍然会以理性经济人角色出现,为自身利益而不是受益人利益从事信托事务管理、处分行为,只是依推定信托制度理念,该行为最终利益仍须归于信托财产。最后从商事信托,尤其是商事集团信托救济充分性角度出发,为激励受益人尽可能积极采取措施保障自身权利,笔者建议在未来信托立法修订中,对于那些积极主张或主动依法提起诉讼保障信托、信托财产的受益人,可以优先考虑列入信托管理人序列。

第六章　商事信托受益人权利保护的法律构造

阐释有关商事信托受益人权利保障措施及法律救济途径之后，关于商事信托受益人权利保护法律构造的整体完善建议，笔者拟从如下三个方面进行讨论：商事信托受益人权利保护机制，我国信托立法完善的宏观层面思考，以及微观层面就我国受益人权利保护之法律规定的综述与整合。

第一节　商事信托受益人权利保护机制

面对错综复杂的信托法律关系，要明晰商事信托受益人权利保护机制，对信托整体结构进行分析，从何角度切入或者说运用何种工具至为重要。就各种纷繁复杂的信托类型与信托关系进行分析，我们需要把握的仍应是其核心要素，即信托制的中心——信托财产（权）。

一　商事信托财产的分析工具价值

关于信托财产（权）本质前文已有较为详尽的论述，基本结论是信托财产尤其是商事信托财产，具有拟制团体特性，它以信托账户为载体，分别与信托当事人发生不同的具体法律关系。该观点其实是在日本信托法权威学者四宫和夫的信托财产权之"实质性法主体"基础上，结合商事信托特点所进行的延伸与演化。笔者强调商事信托财产出资者或财产来源的复数性,从而具有团体组织基础。并且现代商事信托运作、经营以及法规要求,都需要商事信托设立独立的信托账户,从而为该观念拟制团体找到实际依托载体,以便于认识与法律关系分析。总体而言,尽管我国信托法学界对于信托财产(权)本质持有不同意见,但今天信托法学界较为普遍地接受了"四宫说"。因为它能够在大陆法系信托成文立法的基础上,在明文规定信托财产权属归于受托人的前提下,较好地移植与解释英美信托法中与大陆法系所存在制度与理论障碍,能够从大陆法法律体系观点对"双重所有权"进行符合客观实际的解构。

"四宫说"本身并没有成为《日本信托法》制定或修订的直接依据,但在大陆法国家或地区却具有较强的影响,包括我国在内的众多学者都倾向采用该观点。例如,我国学者施天涛即指出,"虽然在目前立法上,信托财产没有独立的人格,但它常常独立化运作"①。周小明认为,"在实际运作中,信托财产已表现出强烈的人格化倾向,这根植于信托财产独立性之中"②。耿利航则更为明确地指出,"信托财产主体性是信托法的核心和功能之所在",因为"信托财产的独立性和信托当事人对外的有限责任使信托财产具有主体性质"③。我国台湾地区学者王文宇也认为,"在信托财产独立性的基础下,我们更应从组织面向与程序面向发展,进一步体认信托财产具有一定程度的权利主体性"④。信托财产实质法主体说的基本前提是信托财产的独立性,该独立性为广义独立,指信托财产独立于信托所有当事人或利害关系人。⑤ 英美信托法强调对信托违反的多样化救济,赋予受益人以衡平法追踪权因此无须过

---

① 施天涛:《商事信托:制度特性、功能实现与立法调整》,《清华法学》2008年第2期。
② 周小明:《信托制度比较法研究》,法律出版社1996年版,第13页。
③ 耿利航:《信托财产与中国信托法》,《政法论坛》2004年第1期。
④ 王文宇:《信托财产之独立性与主体性》,王文宇著:《民商法理论与经济分析》(第二辑),中国政法大学出版社2003年版,第310页。转引自张淳《信托财产独立性的法理》,《社会科学》2011年第3期。
⑤ 参见张淳《信托财产独立性的法理》,《社会科学》2011年第3期。

多强调信托财产的独立性法理。对于大陆法系国家来说，由于不存在所有权二元体系以及普通法、衡平法的划分，为保证信托目的、受益人权利不受侵害，在信托立法中都特别规定信托财产的独立性，其直接条文表述多为信托财产独立于受托人固有财产的狭义独立性（在我国现行立法是委托人），但通篇考察其实质都规定为信托财产独立于所有信托当事人的广义独立性，在一般情况下不受信托当事人之债权人追索。狭义独立性成为保证受托人履行信义义务的前提，广义独立性则为认识分析各信托关系当事人之间，以及他们与信托财产之间的法律关系提供了可能。在实际立法层面，该学说的现实依据除了魁北克民法典直接将信托财产认定为目的财团，并赋予法律实体地位外，法国信托立法中对罗马法信托的继受与改造，其实也是以信托财产实质法主体说为依据，只是由于大陆法系传统法律概念、体系的影响，无法在信托法中予以直接表述。法国负责起草《信托法案》的专家组曾雄心勃勃地将"信托资产"的表述直接用于对信托的定义之中。但最后法案使用的是比较婉转地表达：和受托人的"自有资产"相分离（第2011条）。"规定用途资产"概念之所以被隐藏起来是因为它和法国民法传统上的"资产"概念及其"不可分性和单一性"颇有龃龉。[①] 由此带来的启示是，在传统大陆法系国家私法框架体系内，将信托财产直接通过立法赋予其法律人格或权利能力，仍有太多难以逾越的困境。但成文法难以认定的困境，却不能阻止我们运用主体观念、拟制观念去进行理论诠释解读，从而突显出信托财产（权）——这一各类信托制的中心话题与共同核心因素的工具分析价值。

商事信托与典型信托比较，商事信托财产具有特殊性。它适应商品社会与商业经济规模化、效率化要求，具有典型私权利的团体化特征。在将信托账户引入作为观念拟制信托财产法律主体的载体后，商事信托财产用于切入分析信托结构时，也就扮演着拟制团体的法律主体角色。

---

① 李世刚：《论〈法国民法典〉对罗马法信托概念的引入》，《中国社会科学》2009年第4期。

对于围绕此拟制团体的信托当事人以及各种法律关系，从商事信托受益人权利保护角度考察，除了明晰与各信托当事人之间的法律关系以外（前文已有论及），必然涉及对于商事信托结构（或组织）的内部治理与外部监控问题。

二 "商事信托团体"的内部治理

涉及团体组织治理法律问题，将信托、公司等都视为商业社会、商法范畴内的"企业"，其在治理规则方面必然存在有一定相通之处，以商事信托与公司设立为例，都具有追求营利、财产保值增值的目的。同样在"企业"组织内部也存在有多重利益差异与冲突。如在股份有限公司中，公司股东、董事、监事和经理等都是公司内的不同利益主体，不仅公司在追求自身价值最大化，公司董事、监事和经理同样追求个人价值最大化，包括自己支配资源的最大化，个人收入的最大化和身价的最大化。即使仅就公司内部关系而言，也存在着利益差异和冲突。[①] 商事信托内部也存在着围绕信托财产、信托利益，以受托人为中心的不同主体之间利益的差异与冲突，这种冲突由信托法所规定的受托人信义义务作为基本衡平标准。当代企业制度基本特性方面，所有权与经营管理权相分离是基本特征，商事信托中同样存在有信托财产的管理处分权与受益权相分离的特征。

从权利结构状况分析，商事信托财产拟制团体属性是其法律主体地位的客观反映，在商事信托中，实际权利状况表现为受托人拥有管理控制权、受益人拥有剩余索取权。信托财产这两项基本特征要求在信托制内部，明晰权利结构和信托运营治理，保障并实现受益人权利的信托目的。信托作为一项义务，授予了受益人在"衡平法"上的财产性权利，并且约束第三方。尽管受益人不是委托人与受托人双方关系中的任何一

[①] 叶林：《公司法研究》，中国人民大学出版社 2008 年版，第 177 页。

方，但他可以强制受托人履行义务。① 在大陆法系法律体系中，因为信托财产权利本质属性的争议和不确定性，使得大陆法系国家在引入信托制时，只能根据信托各方主体实际对信托财产拥有的权利进行分解。以证券投资基金为例，证券投资基金合约的基本特征就在于剩余索取权与剩余控制权配比不同。其中基金投资者不拥有对基金的控制权，但承担基金运作风险与收益；基金管理人不享有基金剩余收入索取权，但拥有对基金资产的控制权。② 受托人管理控制权与受益人剩余索取权要受到委托人事先规定的限制。因为信托运行过程中各主体法律关系以财产权为轴心，信托财产必然会发生所有权与利益分离的现象，受托人可能会利用自己实际控制权实现自我效用最大化，这也是信托法律强调受托人信义义务的事实基础所在，是对受托人管理、处分信托财产权利所产生的代理成本予以限制。同时，委托人很难通过信托文件等对日后受托人可能损害受益人权利行为完全规避，而受益人又并非是信托合同当事人，信托设立无须事先征得受益人同意或进行协商。因此，从权利结构出发在商事信托及其立法过程中，为保护受益人权利必须明确并强调受益人（委托人）权利中有关信托事务决定权，此类权利是受益人受益权实现的根本保障。该种权利多与受托人义务相对应，细致分析表明对应信托受托人义务的信托受益人权利主要包括有：信托财产利益给付请求权，其对应于受托人的给付义务；受益人知情权对应受托人的信息提供义务；受益人解任权对应受托人管理处分财产的注意义务及信息告知义务；信托事务履行请求权，对应于受托人信托违反的各类行为，例如忠实义务、谨慎投资义务、自己执行信托事务义务、分别管理信托义务、公平处理信托事务及对待受益人义务等。在信托立法中，明晰二者之间的对应关系，是受益人与受托人连续性关系的核心所在，从而实现受益人对于商事信托治理的间接控制。此外，商事信托受益人基于其剩

---

① ［英］海顿：《信托法》，周翼、王昊译，法律出版社2004年版，第80页。
② 参见李建国《基金治理结构——一个分析框架及其对中国问题的解释》，中国社会科学出版社2003年版，第3页。

余索取权而对信托财产保有一定权利，该权利可构成对信托事务活动的监督权力。在大陆法系国家该类权利（力）主要是指受托人发生信托违反时，受益人所享有的撤销权、回复信托财产原状请求权和赔偿损失请求权，这些权利本质是为了保护信托财产独立性，以及受益人自身经济利益不受侵害，通过权利行使将对非常态的信托异化运行予以纠正，从而确保信托结构与信托事务活动正常开展。它们并非是向受托人请求予以实现的权利，从商事信托拟制团体内部治理而言，类似于受益人所享有的监督、监控权力。

当代商事信托实际运行状况表明，其在形态上已构成新制度经济学所谓"委托——代理关系"。每当人们按他人要求行动（我们称后者为委托人）且代理人比委托人更了解运营情况（信息不对称）时，就会产生委托——代理问题。这时，代理人有可能按照自己的利益行事并忽略委托人的利益。当代理人机会主义地行事时，我们就说他们沦入败德行为，它被用来描述这样的情境，即自利的个人受某种因素的引诱而违反有关诚实和可靠的一般准则，因为环境允许他们这样做而不受到惩罚。[①] 在商事信托"委托——代理"关系中，各主体之间行为目标不同，即便受益人相互之间也可能因为异质关系（如本金受益人与收益受益人），导致行为目标与价值判断的不同，进而产生有一系列诸如道德风险、内部人控制以及逆向选择等代理问题。因此在拟制商事信托团体组织治理过程中，需要有相应制度安排（多表现为合约）对各方当事人进行必要约束与激励，形成完整高效的治理结构，实现信托目的与受益人权益最大化。现代商事信托主要功能已由基本的财产保全、移转功能向财产增值、投资融资功能演进，信托制与信托法为信托的管理处分提供有一系列标准化"契约"，例如其中对应受托人权力扩张的事实，要求受托人承担不可减损的信义义务，就被视为包含在该信托契约

---

① 柯武刚、史漫飞：《制度经济学——社会秩序与公共政策》，商务印书馆 2000 年版，第 80—81 页。

中的默示规则，被各国信托法所纳入。至于受益权实质是由允诺所创设的权利，其范围、性质受委托人意愿和信托文件约束。信托合同默示条款得以承认的依据在于信托的契约性，通过信托法强行性规定，实际为典型信托模型设立提供类似于"准标准化信托合同"，由此在当代信托模式及信托立法情境中，信托契约性在信托法强制作用的推动下为信托合同提供有基本范本。[1] 各类商事信托拟制团体组织的商业运用，正是基于信托的契约基础，通过各方参与制定（或博弈）的信托文件优化，使得该信托拟制团体能够在信托法所提供的标准化合约基础上，根据其信托团体组织内部实际情况进行优化、限制或更改，从而对其内部主体之间的权利义务予以合理配置。

从商事信托内部治理与控权制衡关系出发，我国学者依据前述契约型商事信托结合信托实务对信托构造予以新的阐释。以实务中广泛存在的投资基金为例，托管人被纳入信托关系中且与基金管理人共同处于受托人地位。该基金在属性方面属于自益信托，不同之处是在于其将受托人功能一分为二，分别交予基金管理公司与基金托管公司分别承担。这是基于西方国家数权分离、相互制衡的思想而得出的结论。[2] 商事信托受托人功能的分化是由商事信托本质所决定的，一方面商事信托制度决定必须将所有权与利益相分离，依靠受托人名义所有权条件下的专业投资、理财技能，对信托财产进行持有、管理或处分活动，以实现受益人权益；另一方面受托人行为，由传统民事信托的消极信托转为当代商事信托的积极信托所决定，具有更大自由度与权力扩张，使得信托内部不同主体利益冲突向受托人倾斜。在商事集团信托中，由于信息不对称与搭便车心理等原因，该倾斜更为明显。在此情形下，以商事信托为主要规制对象的信托法，必须发展出相对于传统信托法律有关信义义务的规定，更为严格但同时又保有受托人灵活经营、处分信托财产的制度化框

---

[1] 冯守尊：《论信托的契约性》，对外经济贸易大学博士论文，2007年，第23—25页。
[2] 高良：《契约型投资基金的信托法构造》，《政法论丛》1998年第2期。

架，从这个层面来说，信托法律面对商事信托的规定与调整必然具有组织法的特征。商事信托受托人功能分化是顺应受益人权利保护要求，以及既有信托制结构难以有效实现对受托人予以约束监督基础上形成的，是当代商事信托内部治理及权力制衡的又一重要特征。

最后，尽管本部分立论依据之一在于将商事信托视为观念拟制团体，其作为"企业"形式在内部治理方面与公司有相同之处，但实际运作中二者毕竟结构不同，属于不同制度领域，应注重商事信托团体组织与信托结构自身特点，进行立法考量。受益人介入信托治理比股东介入公司企业治理程度要低，受益人会议在信托组织治理结构中所起作用较弱，信托财产本身是承担有限责任且具有破产隔离功能的独立法律主体，这是信托结构制本身所决定的结构性障碍。如果忽视信托本身结构，片面强调受益人权利实现与保护，一味仿照公司治理机构强调受益人对信托组织治理介入或信托财产控制，既背离了信托设立初衷，同时其效果也难以令人满意。从信托基本结构原理要求出发，受益人对信托的间接管理与控制，不能构成对受托人或信托财产的实质控制，否则信托制的特殊结构将落空，受托人沦为代理人而所谓商事信托则实际成为合伙性质，信托其实也就失去了存在的必要性。从信托特征结构出发，可将信托管理人作为受益人会议常设机构，能够在符合信托本质前提下，对受益人会议结构性功能障碍予以较好解决，消除受益人团体成员搭便车现象。在商事信托受益人权利具体行使时，我国信托法未来进行修订完善时应注意，一定要考虑商事信托自身特性，它多为受益人复数的商事信托。针对不同类型权利保障措施或信托违反救济途径，需要规定不同的权利行使条件要求。

三 "商事信托团体"的外部监督

我国商事信托作为金融资本市场的重要组成部分，对其施行外部监管，涉及整个金融监管体制安排与发展趋势。目前我国金融行业经营与监管实行"分业经营，分业监管"模式。其中证券监督管理委员会与银行业监督管理委员会、保险业监督管理委员会分别承担着不同金融市场的主要监管责任，财政部与中国人民银行也承担着部分监管职责。分析对信托业承担监管职责的部门，其实证监会、银监会以及保监会都有涉及，这突出反映目前我国金融市场已实际进行混业经营的事实。因此究竟应当撤销三个监管机构，使之归为一个金融监管机构，还是首先设立三个金融监管机构之间的协调机构，待条件成熟时再做决定，目前尚难得出确切意见。为避免金融监管体制的频繁变动，应尽力稳固现有的金融监管体制，尽力清晰划定各监管机构职责权限，对于确有重叠交叉且难以由某个监管机构单独监管的事项，最好先借助三个监管机构的协调机制予以解决。在条件成熟时，再行考虑建立实质意义的统一金融监管机构。[1] 针对我国金融监管现状，为切实、充分实现对金融行业及各类参与主体的有效监管，有学者提出应转变思路，由传统单一的机构监管向功能性监管与机构监管并举发展。传统典型金融监管注重监管对象的特殊性，这也是由我国长期实行分业经营、监管体制所决定的，金融监管主要针对从事特定业务的类型化金融机构履行监管职责。功能性监管则将监管对象调整为不同主体所从事的同类型金融业务，即以业务类型不同划定由不同监管主体履行监管职责。典型金融业务类型如银行、证券、保险等。在强化不同监管主体间配合协作监管法律体系的前提下，那些具有混合、复合性质的金融业务同时也需要明确监管主体。[2]从我国信托市场、信托业发展实际状况而言，该观点较为符合商事信托发展的客观情况。

新中国从中国人民银行1980年下发《关于积极开办信托业务的通知》，倡导引入信托制至今，信托及包含有"准信托"性质与关系的信托业务在我国其实已遍地开花，信托业整体规模亦超越保险业在我国金融市场所占规模比例位居第二。除去人们传统观念中常见的信托公司单

---

[1] 叶林：《证券法（第二版）》，中国人民大学出版社2006年版，第112页。
[2] 参见郭丹《金融消费者权利保护法律研究》，吉林大学博士学位论文，2005年，第95页。

一、集合资金计划及其他信托业务,以信托业"一法两规"以及主管部门陆续出台的规定、通知为依据,由银监会履行监管职责外,还主要包括有:由银监会针对银行理财业务,主要依据我国《商业银行法》《银监办发〔2007〕241号》《银监发〔2009〕65号》以及陆续出台的规定、通知履行监管职责;由保监会针对投连险业务,主要依据我国《保险法》及陆续出台的规定、通知履行监管职责;由证监会针对证券公司即券商的各类集合资产管理计划,主要依据《证券公司集合资产管理业务实施细则》《证券公司客户资产管理业务管理办法》履行监管职责;由证监会针对券商的各类定向资产管理业务,依据《证券公司定向资产管理业务实施细则》履行监管职责;由证监会针对券商专项资产管理业务,主要依据《证券公司客户资产管理业务管理办法》《证券公司企业资产证券化业务试点指引》,履行监管职责;由证监会针对各类基金管理公司、金融机构所募集发行的基金业务,主要依据我国《证券投资基金法》《基金管理公司特定客户资产管理业务试点办法》,履行监管职责;有关各类信托公司、期货公司等参与投资期货、期权及其他金融衍生产品等业务,考察我国《期货资产管理试点办法》中的规定,有关主管部门监管职责尚未有具体、细节性规定;此外,针对实践中出现的有限合伙企业参与发放委托贷款、投资于股票、债券、基金、期货等,包括投资于非上市股权、其他财产权,在满足一定的条件下,可以参与回购交易等业务,依据我国合伙企业法、证券法及相关细则,除规定注册与税收外,并无明确监管措施,亦无明确监管主管机构。可见,在我国信托市场、信托业务或具有信托性质的各类"准信托"业务高速发展的同时,现行监管体制与具体部门、制度设计很难满足要求,及时高效地进行监管。结合商事信托自身特点,其参与从事主体众多、类型多样,涉及业务与行业具有明显混业经营特征,在现有监管体制与法制环境中,期望通过设立专门的信托业监督管理委员会而"毕其功于一役",其结果必然是各监管机构职责权限模糊交叉或出现监管真空地带,监管效果尤其是对商事信托受益人权利保护实效值得怀疑。由此，针对信托市场及各类信托业务引入功能性监管与机构监管并重的基本思路十分必要。

拟制团体之信托组织所参与从事的信托业务存在特殊性，这些特点是商事信托外部监管法律构造需要考虑的重要因素。与其他金融业务比较，商事信托主要有两个基本特点：第一，信托业务与其他金融业务、产业联系密切，业务经营难以独立是商事信托的重要风险。商事信托财产独立是信托制的基本核心要求，现代商事信托向积极信托功能演进，为实现信托目的争取信托财产保值增值，受托人为信托事务活动及自身固有财产增值需要，与银行、保险、证券或其他股权投资等业务必然发生频繁交叉与交易活动。这导致商事信托本身，因前述因素影响可能成为不当交易、违法融资、转移资产、逃避税收等规避法律的工具。在此状况下保持信托财产的独立性就显得十分重要，从外部监管基本规则设计来看，主要监管手段与要求应当有：设立信托财产专户、财产经营中的拨付监督、财产移转登记、财产流向分布的信息记录与披露、不同类型财产分配与移转的交付规则与风险转移监督。第二，商事信托与其他例如银行、保险等金融业务不同，具有非负债型法律关系特点，因此对商事信托监管重点是受托人是否尽责履行诚实义务、谨慎投资义务等。对于商事信托主要受托人类型的信托机构而言，他们对所从事投资不具有直接利害关系（与固有财产经营比较），投资结果归属于信托财产，因此受托人对比其他金融业务具有违反义务或减少投资的倾向，需要外部有效监控。

商事信托监管作为金融市场监管的重要组成内容，具体监管体制的建立、健全并发挥实效，是异常复杂的系统工程，仅就法律完善而言，笔者认为对于商事信托的这一拟制团体组织监管，应着重关注如下环节与措施：第一，在监管模式方面应采取功能性监管与机构监管并重的基本思路。具体而言，对于机构受托人的设立、退出采取机构监管模式，而对其日常运营活动、业务创新或业务变化等，应采取功能监管模式。

在此基础上，完善现有监管机构之间的协调机制，建立信息共享平台及联动处置方案。第二，在监管具体方式上，针对信托结构特点与信托目的，将监管重点放在对于信托账户的监督层面，而对于受托人具体管理、处分财产活动应尽量减少直接监管，或者限缩监管范围。因为商事信托的生命力与特质就在于弹性、灵活，受托人应以受益人利益为目标，面对瞬息万变的市场情况进行快速反应，过细过严的监管规则并不利于信托目的实现与受益人权利保护。至于交易风险与安全保障，可考虑由监管机构出台内部风险预警与控制指引性规范进行引导性规制。在监管具体方式与行为内容范畴方面主要应包括有：管理层能力评估、内部控制评估与审计监管、收益评估、合规性监管、资产管理监管等。第三，具体监管内容方面，将信托账户作为重点监管对象。受托人可能因为违反信义义务进行利益冲突交易；信托账户的具体运作流程操作不合规范或行业惯例；违反法律法规或对机构及其内部人员具有约束力的规范性文件规定；账户运作管理与从业人员技能、经验不足等都可能形成账户实际管理运作中的风险。如何对这些风险予以判断、防范与治理，也应当纳入审核、评估体系中。[①] 同时，对于信托账户还应设置其他财务、法律指标，并定期进行审核和评估，当指标波动异常形成风险预警时，可进行临时性审核与评估。监管机构通过对信托账户的审核、监管，重点考察、评估受托人机构具体交易及内部程序做法是否合法合规，受托人是否履行其基本义务，对信托目的和受益人权益实现是否稳妥、充分。第四，在市场准入、市场退出、人员财产资质条件等环节，监管机构除了适用目前已有法律相关规定条件外，应当着重建立统一信息披露制度，以消除商事信托"自有"不可避免的信息不对称特质，此方面我国证券法的强制、持续性信息披露制度，为信托监管提供有可供借鉴的素材与具体作法。

[①] 参见朱小川《营业信托制度法律问题比较研究——以受托人信用为中心》，华东政法大学博士学位论文，2006年，第225页。

第二节 完善我国信托法制的宏观思考

一 失去衡平法依托的信托

信托历史发展与制度实际内容表明，当代信托制度的起源是英国用益制，并主要借助衡平法力量发展完善而来。与此同时，在人类社会法治文明进程中，政治、地缘、经济、人文等与法律制度从来都是联动相生，相互影响的产物。因此我们不应完全否认罗马法与古日耳曼法中的信托观念萌芽与思想印记，对于后世信托制度的影响与作用。在此背景下，成文法系国家自20世纪初就持续性不断地引入或借鉴信托制度。但众多普通法学者却认为成文法国家难以通过若干简单成文立法，就将以衡平法为支撑的信托制度予以顺利移植，事实也证明，成文法系国家在引入信托制度后，该制度本身很少能够发挥其在英美法系国家中应有的价值与功能。[①] 在1984年的《关于信托承认和执行的国际公约》（海牙公约）中，开篇即指出，"考虑到在普通法系衡平法院中发展起来、并为其他法系作某些修正后而予采用的信托是一种独特的法律制度，愿意制定关于适用于信托的法律以及有关承认信托的最重要问题的共同规定……，"从而尽量使得不同法律体系国家在信托制度法律适用领域，能够予以相互承认并执行。某种程度而言，信托制成为两大法系相互之间无法理解和沟通的重要法律内容。对此，英国著名学者梅兰特在其著作中就有如下生动描述，"假定一个未曾研习过英国法的德国朋友会说，在你责怪我们粗心大意之前，请你告诉我们什么是你们英国的神奇信托？请你至少指出你所认为的遗漏出现在哪里？请看，这是我们德国私法的总体框架。我们应该将这个珍贵的法律制度放在财产法（Sachenrecht）之下呢还是放在债法之下？我无法立即回答这个基础性问

[①] 张天民：《失去衡平法的信托——信托观念的扩张与中国信托法的机遇和挑战》，中信出版社2004年版，前言部分。

题，所有英国律师也是如此……我之所以这样讲是因为对我而言，信托不太可能产生诞生于这样一个民族之手，这个民族明确地区分对人权和对世权，并将这一区分作为其法律体系的总体框架。"[①] 我国私法体系深受德国或者说成文法系影响，在此情况下必须思考并解决：信托制度的衡平法支撑与成文法国家法律体系间的核心分歧何在，成文法系是否可能构建与普通法系国家一致的信托制度？如果无法做到这点，如何尽可能使得信托的价值、功能在成文法系内充分发挥，我国已有法律体系内，为引入并充分发挥信托制度功能，需要协调或缓冲的"法律地带"有哪些？从实现信托目的尤其是保护受益人权利观念出发，失去衡平法依托的信托制度，采取何种立法模式与发展路径更切合实际，而不是一味迷信般地去直接套用、移植英美法中的信托制度内容。包括我国在内的许多国家与地区，如日本、韩国、列支敦士登，以及我国台湾地区和部分拉美国家，其引入信托制的主要目的在于运用信托促进金融、商业发展。在完成制度引入初衷之后，信托制与成文法律体系之间的冲突日益显现，无论是在理论层面还是信托实务层面。伴随我国信托业向纵深发展，以及满足民事信托扩张的必然需求，有必要厘清失去衡平法依托的信托制度，其移植引入并切实发挥制度功效的核心障碍有哪些，尤其是对于信托受益人权利保护与现实而言。

第一，关于信托财产。信托财产是信托制的永远中心话题，就此已多次说明。本书认为信托财产权利，于英美法观点更注重其内部权益、利益结构及外部稀缺经济性与可救济性。所谓信托财产权利与分解至普通法所有权、衡平法所有权之间，三者在逻辑体系划分上是同一种属，强调对权利的救济方法与实际利用，而不关注权利具体属性界定，但前者又包含于后两者主要内容范畴，这一点或许如同英美财产法中某物的产权"既是你的、又是我的"令人困惑。为解决这种普通法与衡平法

[①] [英] F. W. 梅兰特著，[英] 大卫·朗西曼、马格纳斯·瑞安编：《国家、信托和法人》，樊安译，北京大学出版社 2008 年版，第 97—98 页。

并行权利的融合，大陆法系国家的通常做法是将信托财产权分解为受益权（equitable interests）与受托人所有权（legal title）予以理解分析。此种分类理解方式实际隐藏着一个不大但却是错误的逻辑误区，即从大陆法概念体系出发，认为在普通法所有权、衡平法所有权之上存在一个统领的上位概念，无论是否承认，这是长期概念体系法学教育与思维导致的潜在、不证自明的思路，其前提命题是物权法基本原则即一物一权、物权法定。

在两大法系学者"无法相互理解"的财产法领域内，若成文法系国家引入信托制度，进行立法则需要明确信托财产权的权利归属。由于两大法系对于财产的认识与法律界定不同，对于英美信托财产权"双重所有权"制度，须由法律规定前述隐藏于普通法所有权与衡平法所有权之上的、处于统领地位的上位权利概念，尽管这一做法无法被英美法系学者理解并接受，但对于成文法系国家引入信托制度，这是首先需要明确的问题，否则信托制度无法被纳入其法律体系。从理论角度分析，信托财产的本质单纯用物权或债权都可以予以部分解释，但都存在理论上无法自圆其说的根本性缺陷。信托财产权对外具有类物权效力，对内具有类债权效力，是多重契约组成的权利义务复合产物。无论对信托财产（权）进行怎样的理论阐释，或者说单纯的理论缺陷并不能成为继受、引入信托制的阻碍。大陆法系信托立法，通常是将信托财产所有权分别赋予受托人、受益人或委托人，[①] 或者将信托财产视为独立拟制团体，承认其具有独立法律人格。在信托关系结构层面，主要通过债法理论进行解释。将受益人的权利债权化，其权利基础与实现主要基于对受托人的请求权，尽管他们之间并不存在有直接合同关系。在大陆成文法系国家遵循所有权一元制基本前提下，想要采纳完全符合英美信托

[①] 我国信托法中，根据对信托法（尤其是信托法第2条）的文义解释可得出结论，实际是将信托财产权赋予委托人所有。至于受益人享有信托财产所有权的立法例，譬如在南非的继承信托中，受托人享有信托财产（遗产）的管理权，受益人享有信托财产的所有权。陈雪萍：《信托在商事领域发展的制度空间——角色转换和制度创新》，中国法制出版社2006年版，第237页。

原貌之信托财产的法律规定，根本无法实现，问题的关键其实应当转化为，在保持对信托财产（权）权属及性质讨论基础上，面向信托本旨与信托实践，于立法设计中考虑如何有效保障信托目的实现，即对受益人利益、权利进行充分保护。

第二，关于受托人的义务。受托人"不可减损的核心义务"，是成文法系国家在无衡平法依托时，需要面临并解决的另一重要任务。受益人权利或曰受益权本质的各种学说，诚如前文所述争议较多，单纯孤立地试图用某种大陆法系概念学说完全解释受益权无法成立。按照权利与义务对应的基础法学理论，一方面准确认识把握英美法之信托财产、受益权本质，可以以受托人义务为参照进行研究；另一方面，需要解释受托人的信义义务性质、来源，信义义务在实际立法中的界定标准和违反之后的法律后果、法律救济。对于后一问题，之前已进行较为详细的探讨分析。至于受托人的信义义务性质来源问题，在英美衡平法中，受托人由于享有信托财产所有权而产生的法定义务，是信托制为保证受托人良好"道德良心"的法律防线。英美法系中认定受托人在享有信托财产的法定所有权时就要求其承担必要的衡平义务，此义务由受托人向受益人履行，其焦点关乎受托人与受益人之间关系的本质。受托人义务是信托内部关系构造的重要组成部分，进而成为约束受托人良心的现实法律表现。大陆法系国家不存在类似英美法系中那样的保证受托人良好"道德良心"的衡平法规定，亦不存在有信赖关系（fiduciary relationship）概念。如前所述，如果说受托人被施加的义务在英美法系中主要涉及受托人对信托财产的管理义务、对受益人应承担的义务这两个方面，则大陆法系国家中受托人义务结构可归纳为：由信托目的为基础并根据信托文件所派生的基本义务，为控制、保全信托财产而执行信托的事务性义务，以及要求受托人行使专业性判断与自由裁量的管理性义务。如何对受托人义务进行限定并保障其履行相关义务，是大陆法系国家在运用信托制过程中，完全、充分发挥信托制功能的核心因素之一，归根结底在于信义义务自身的不确定性，它的认定与界限标准，需要法官在案件中结合事实进行具体认定和自由裁量。

第三，对于信托违反的法律救济。在救济先于权利的英美法指导思想下，信托法律救济途径与手段异常丰富。仅以信托违反前的救济为例，就存在有诸如执行信托的命令、禁止令、指定接受者、增加担保金、确认性判决等诸多救济方式。英美财产法、权利观念等与大陆法系不同，权利概念本身就包括有对权利救济方法等内容，而不太关注权利具体法律属性的界定。与大陆法预先制定成文法典思维方式不同，英美法系更注重经验主义在实际法律解释适用中的作用，而不强调对于法律规范的高度抽象与精准概括。在这种法治思想与法律文化指引下，英美法更注重法律对于权利的具体救济方式、途径，而不是权利内容的法律界定描述。如何将这些内容丰富，方式手段多样的信托权利救济内容，纳入并适用于信托实践，是失去衡平法依托的信托制度在大陆法系国家面临的又一困境。以我国为例，根据最高人民法院统计数据表明，"2006—2010年五年间，人民法院共受理一审信托合同纠纷案件294件。这类案件往往涉及的法律关系较为复杂，涉案金额巨大、社会影响面广，审判实践中普遍面临诸多疑难法律适用问题"[1]。随着我国商事信托、信托业市场高速发展，在目前信托业总体规模超越保险业，居于金融子行业排名第二的背景下，此类案件数量明显不符合商事信托发展实际状况。当然这并非是暗示信托产品或信托业本身结构存在有安全隐患，只是从社会法律生活现状所进行的合理推断。因为难以想象仅依靠信托法规领域中所谓的"一法两新规"，就能够预先控制并解决商事信托领域内绝大部分的纠纷、争议，何况信托法在十多年前作为一项全新法律制度引入之后，从未进行任何修订。以信托制中确定权利、行为及交易效果的信托公示制度为例，它是大陆法系国家信托立法的必备重要内容，因为信托制的核心就是围绕信托财产进行法律规制。但目前我国

---

[1] 最高人民法院副院长奚晓明，在我国《信托法》颁布十周年纪念研讨会上的讲话。中国应用法学网，http://www.court.gov.cn/yyfx/zxdt/201112/t20111208_167715.html，2012年12月28日访问。

信托公示领域实际处于"无法可依"的状态，在此种状况下相关纠纷即便起诉到法院恐怕也无法立案。所以，我国信托法律救济手段缺失、救济充分性与救济方式可操作性较差，是产生上述现象的主要因素之一。

二　域外信托法律制度移植简介

本部分内容主要是对若干具有代表性的大陆法系国家，在移植引入信托法律制度时，所采纳的具体立法模式，以及关于信托、信托法律结构等基本内容的介绍与简要分析。

（一）日本对信托制度的移植与继受

成文法系国家引入信托制的典型代表国家之一是日本。[①] 日本是亚洲国家中最早制定信托法的成文法系国家，其他许多国家与地区立法，如中国、韩国、我国台湾地区等都是以日本信托法为蓝本和重要借鉴而制定。日本信托概念最早出现于 1900 年颁行的《商业银行条例》中，为配合、满足发展商事信托需求，日本在 1922 年分别颁行有《信托法》和《信托业法》，其中《信托业法》顺应社会经济发展实践多次予以修订，最后的修订时间 1974 年。《信托业法》主要是针对商事信托行业进行规范，是金融信托银行和其他信托组织进行活动和组织设立的基本准则。《信托法》则在 1947 年、1979 年被国会分别两次进行修订，2006 年日本对《信托法》又进行了一次重大修订。本次修订法条数量增至 271 条，主要修订内容的特点在于增加法案的实践可操作性、扩大信托当事人意思自治、确立不同类型信托适用的共同规则等，其基本宗旨与核心是在于增进信托法制。

日本自引进信托制之初起，就强调信托法律制度规定应当与民法典基础规定相适应。在信托基本构造方面，日本《信托法》（修订前）第

[①] "近现代信托发展概览"部分，以日本作为成文法系国家移植信托制典型代表，予以简单介绍，其论述目的、重点与此处所述不同。

1条规定,"本法所称信托,是指办理财产权的转移或者其他处理,使他人遵从一定的目的,对其财产加以管理和处分"。从该法定义结合民法原理分析,信托结构实际涉及有两个基本要素,即为特定目的进行管理和财产权转移。日本信托法学界对于该条文的解释主要存在两种观点,一种观点将信托归入债法范畴,认为信托中财产权的转移具有物权效力,而为特定目的所负有的管理义务则具有债权效力。另一种观点则认为应当采用英美信托法原理来解释该条文,强调信托的法律效果,而不是纠缠于基于两分法的合同结构,目前看后一种观点逐渐占据优势。[1] 将信托视为前述两个要素的结合,则受托人取得信托财产的完全所有权,受益人权利成为对抗受托人的债权。为保障信托目的实现和受益人权利,《日本信托法》规定有信托财产独立性的条款,并加入许多特殊条款以强化对受托人的义务、责任约束。只是此种解释如前文所述,难以覆盖所有信托类型,且限制了对受益人实际应当存在的保护救济途径。为克服传统民法物债两分法对信托界定与本质的解释困境,日本信托法学界对于信托本质解释还发展出多种学说,其中最具代表性的是"法主体说",强调信托在本质上不允许将信托财产完全归属于受托人,因此信托财产可以从受托人与委托人两者中独立分离出来而成为独立的法主体,至于受托人只是享有信托财产管理权,该理论同时认为受益人权利不仅是债权而且还是一种物权。[2] 总体而言该学说能较为恰当地在大陆民法体系内对信托本质予以说明,因此被包括我国学者在内的许多学者所认同,只是这种学理、理论分析如何在实际立法中予以体现,对于大陆法学者来说仍是一个难题,因为传统民法理论只承认自然人与法人能够成为权利主体。总之,直到今天在日本信托法学界,同我国一样,有关信托本质的学说争议仍普遍存在。修订后的《信托法》第2条第一款规定,本法所称信托,是指以本法第3条所列方法(信托

---

[1] Makoto Arai p. 67,转引自张天民《失去衡平法的信托——信托观念的扩张与中国信托法的机遇和挑战》,中信出版社2004年版,第132页。

[2] 周小明:《信托制度比较法研究》,法律出版社1996年版,第31页。

行为），① 由特定人基于一定目的（专为谋取该人利益的目的除外），为实现财产管理与处分以及为该目的实现而实施的必要行为。由此，现行日本信托法意义上的信托主要特征有：受托人是唯一有权对外管理、处分信托财产之人；委托人将财产权转移或处分给受托人，受托人为其名义上的所有人（宣言信托除外）；受托人必须为受益人的利益，接受信托目的限制；信托财产虽无法人资格，但却独立于受托人之外；信托的成立完全是基于委托人对于受托人的高度信任关系。②

此外日本信托法制的另一重要特点在于，信托的运用主要是规范和促进商事信托发展，而且主要集中于财产管理和投资两个方面。③ 有关日本商事信托及相应法制发展，前文已有简介故不再重复。值得注意的是，由于信托的异质特征使得日本商事信托法制，具有不同于英美信托的特质，而这些特质反过来又影响到日本商事信托实践。在日本提及信托主要是指金钱信托，因此信托业务往往与银行业务相竞合。为使银行业与信托业均衡发展，保护受益人的权利，遂由大藏省（现在的日本金融厅）或业界自主判断，采取了原本信托所没有的规范制度与扶植政策等，使得日本的信托业取得了不同于英美信托的发展。如扶植政策中有本金补偿特约；规制政策中则有分红比例、受托期间限制等。这些使信托无限接近于寄托的做法，导致了人们将信托业务视同为银行业务。此种做法的结果是，法律上（信托法理）原本是可能的，却被认为可能会受到法律上的限制；相反，原本是非正常的处理方式却反而以为是法律上当然之处理方式。例如，信托终止时，原本可将信托财产就其形态交付给受益人，却被误解为其原本模式须转换为金钱才能予以交付。④

---

① 主要包括三种情形：信托契约、遗嘱信托以及书面、电子记录或公证记录方式载明的就自有的特定财产为特定目的实现进行意思表示（即宣言信托）。
② [日] 三菱日联信托银行编著：《信托法务与实务》，张军建译，中国财政经济出版社2010年版，第5页。
③ 陈雪萍：《信托在商事领域发展的制度空间——角色转换和制度创新》，中国法制出版社2006年版，第253页。
④ [日] 三菱日联信托银行编著：《信托法务与实务》，张军建译，中国财政经济出版社2010年版，第6页。

（二）德国对待信托的立法态度

英美信托概念与德国传统民法学说无法相容，在德国没有特定专门的信托成文立法，也没有人要求采纳信托法，由此推定德国的民法规则足以灵活地解决信托法的实际难题。[1] 德国所谓信托法是判例和法学研究的成果汇总，在德国民商法体系内并没有对信托制度进行系统性规定，没有针对信托关系进行统一调整的成文法典与专门的信托法律部门。对于散落在德国法律体系中某些实质信托法律关系，例如股东投票权、遗嘱负担执行等，都由其各自对应的法律规范予以调整规范。

德国法律尽管将 Treuhand 称为信托，但与英美法所规定的信托相差甚远，信托在德国商事领域内的重要特征是作为管理手段。德国的 Treuhand 中也存在有"管理信托"这一分类，强调受托人必须为委托人管理转移给他的财产，或转移给受托人的财产可作为对抗委托人请求权的担保。德国的管理信托与英美法系的管理信托差异主要在于：信托财产范围界定方面，只有原始的信托财产（委托人直接转移给受托人的财产）才能作为独立的信托财产，受托人为受益人利益而取得的其他财产不属于信托财产，这显然与英美法系以及引入信托制的大陆法系国家规定不相一致；德国案例法赋予了委托人根据民诉法之规定，当受托人债权人占有了属于信托基金的财产时，可以提起诉讼以取回财产。该规定由法院判例确定不具有制定法基础，且不得违反德国法律制度的基本理论。英美衡平法中，受益人因享有衡平法所有权，故相对于受托人债权人而言具有法定优先权地位；在受益人权利基础方面，如果受托人违反委托人意旨或违反信托义务将属于信托的财产转移给第三人，委托人或受益人只可要求受托人赔偿。类似情形下，英美信托法通过赋予受益人法定追索权，即可取回信托财产，但善意第三人除外。[2]

---

[1] See: D. J. Hayton, *Modern International Developments in Trust Law*, Kluwer Law International Ltd., 1999, p. 50.

[2] 参见陈雪萍《信托在商事领域发展的制度空间——角色转换和制度创新》，中国法制出版社 2006 年版，第 253—254 页。

与德国法基础法律学说原则相适应,信托法律关系解释方面认为信托应当包含有两个法律行为,即委托人转让信托财产的处分行为与信托合同行为。信托合同在德国合同法中,并没有作为一种特殊独立合同形式得到调整。根据信托合同特征并结合本国立法,德国法中将无偿的信托划归于委托关系(德国《民法典》第662条);将有偿的信托合同视为有偿事务处理关系(Entgeltliche Geschaeftsbesorgung,德国《民法典》第675条)。如果成立信托关系的合同是有益于第三人的,该合同则可以被定性为第三人利益契约(德国《民法典》第328条)。至于信托合同适用法律问题,例如关于其中合同的成立、无效及无效原因、合同的撤销与终止,双方当事人的权利义务等,都适用于德国民法中关于合同的一般性规定,如果法律对相应性质的合同有明确特殊规定,则适用该特殊规定。在信托违反救济方面,若受托人行使处分权行为违反合同约定,委托人可以行使损害赔偿请求权。从合同法理论出发,无法得出委托人或受益人直接要求第三人返还信托财产的结论。因此,对于委托人(受益人)是否享有返还信托财产的请求权,包括该请求权的适用条件,德国学者提出了三种观点与可能,即类推适用代理权滥用理论、侵权行为请求权和信托权物权性等观点。[①] 总体而言,由于信托形式多样而德国又没有统一信托立法,德国判例和理论强调从个案出发,充分运用其自身成熟、丰富的私法理论与立法,例如通过区别管理信托和担保信托中当事人法律地位的不同,有效权衡不同主体之间的利益冲突,解决实际信托法问题。

(三)法国对待信托移植的立法态度

法国作为大陆法系国家的另一典型代表,在对待信托移植的立法态度方面,同样也值得我们思考与借鉴。法国于2007年公布生效的《关于建立信托制度的法律》决定正式确立信托制度。由此在法国《民法典》第三卷——《取得所有权的不同方式》中增设有《信托》编,共

[①] 参见孙静《德国信托法探析》,《比较法研究》2004年第1期。

计有 21 个法条（第 2011—2031 条）成为规范信托的直接统一法律依据。法国移植信托制的过程较为曲折，一方面，监管部门由于文化传统影响，对于英美传统信托制度始终持怀疑态度，并对该制度可能造成的负面影响表示忧虑。尤其是对于信托所具有的节税功能和秘密信托类型，法国政府、财政部因此判断并担忧信托制度沦为洗钱工具或避税工具。正是由于该原因行政机关多次否决法国国内信托立法提案，有关立法建议草案长期未能交由议会讨论；另一方面，法国最终引入信托制度，根本外因是由于英美法系信托在国际金融实务界的活跃，而使法国相关领域受到冲击所致。国际贸易交往导致不同法律体系之间的竞争，对于英美信托法在国际金融领域的冲击与影响，促使众多国家与地区，包括法国这一具有代表意义的大陆成文法系国家，不得不采取应对措施。

法国信托法独具特色之处在于它所采信之信托，并非英美法系传统意义上的信托，而是使罗马法信托概念、结构在其法律体系内得以再生。法国《民法典》第三卷第十四篇开篇即指出（第 2011 条），"信托是一个或者多个设立人向一个或者多个受托人转让其现有的或者未来的物、权利或担保，或者将现有的或未来的物、权利或担保作为一个整体一并转让，受托人将其与自有资产相分离，并按照特定目的为受益人的利益行事"[1]。至于信托的来源，可以是法律的规定或者是当事人之间的约定，其中所谓法律的规定只是法国立法机关为日后创设特别信托预留的空间，因为紧接下来第十四篇中都是关于信托合同的相应法律规定。由此，信托合同正式成为法国民法体系中的有名合同，债法的一般原理与精神贯穿于法国信托法始终。在信托财产范围方面，法国信托法强调信托财产整体必须是积极财产，即单纯的债务或者与主债务分离的担保权不可用来设定信托。信托合同作为具有所有权移转效力的合同，

---

[1] 李世刚：《论〈法国民法典〉对罗马法信托概念的引入》，《中国社会科学》2009 年第 4 期。

是为诺成合同，适用法国民法有关所有权转让的一般规则，不以财产交付为生效要件。至于特定目的，按照法国学者的解释主要是依据罗马法传统形式设定，对应担保债务履行或财产管理的"担保信托"与"管理信托"，只是立法者并没有强行限定所谓"特定目的"，而可以由当事人在信托法律允许范围内进行自由约定。但法国信托法绝对排除罗马信托的另一种典型类型，即"转让信托"的有效性，从而意味着信托合同不得具有单纯赠与受益人财产的意图，原因还是在于立法者对于信托财税政策方面的担忧。在信托当事人资格限制方面法国信托法极为严格：委托人只能是那些"缴纳公司税的法人"；而受托人则限于那些经济实力雄厚、职业技能丰富的专门性机构如信贷机构、保险企业、银行、邮局、提存保管机构以及投资企业等；至于自然人只能够成为信托的受益人。此规定使得民事信托基本没有任何法律适用空间，从而反映出立法者引入信托制度的初衷，但同时这也成为法国信托法最为诟病之处。针对这些问题，立法者适时予以调整，其后几项新的立法即针对信托法所存在的问题进行了修订，例如私营企业、自然人可以成为信托的委托人。为进一步加强监督，法国信托法规定设立"信托国家登记簿"，政府尤其是税务部门要求信托必须将与之相关的信息记载于该登记簿，登记簿只能在法院授权或出于反洗钱目的时才可被查询，否则不予开放，因此，法国的信托登记更多是出于国家管控而不是财产公示之目的。此外信托合同作为双务让与合同，双方互负义务，在信托法律规定的指引下可由当事人自由约定，有关信托当事人、关系人的权利义务设定、包括信托财产的独立性等与英美信托法较为接近。比较特殊之处在于，法国信托法对信托财产责任的有限性进行了大胆突破，"如果信托财产不足，设立人的财产可在补充的名义下被申请执行"，同时允许可以当事人约定"将全部或者部分的损害转由受托人负担"的信托合同条款，从而突破了信托财产有限责任的范畴。当然，信托合同当事人也可以在合同中约定信托财产的"有限责任"，使责任承担范围以信托财产为限。①

　　法国信托法的主要特点在于，它是在对罗马法信托原型进行继承、利用及改造的基础上，适应当代商事交易、经营活动特点而建立的。在与英美信托制度比较中，大陆法系的 fiducia（法语为 fiducie）和 fidei-commissum 通常具有重要类比意义。现代信托称谓表述中，前者在欧陆各国出现较多，后者在南美洲和南非的信托法中使用较多，但二者均能在罗马法中找到原型。该罗马法信托原型，历经罗马法、中世纪大陆法发展及至当代法国民法体系建立，法国学者历来认为 fiducie 并未被法国民法典废除。在他们看来，无论是从 fiducie 制度的法律构造、经久演变的信托思想，还是从其现实所能发挥的功能来看，大陆法系中的 fiducia 制度是与英美式信托最为相近的制度。② 法国信托法对罗马法信托规定的继承与改造主要体现为：根据罗马信托原型，信托财产将因所有权绝对理念而混同于受托人资产，即信托财产因处于受托人名下，受托人债权人可以请求以信托财产清偿受托人的个人债务。出于信托目的结构考虑，法国信托法采纳"专项财产"或者"特定目的资产"概念，将信托财产予以独立以实现信托目的并保护受益人权利，从而实现对罗马法信托原型的继受与改造。对于此，法国学者拉波勒是从信托财产的归属出发研究有关信托的法律属性问题，他认为对于英美信托性质的探讨，无论是债权说或所有权二分说等均无法解释信托本质属性问题。据此考察，实践中不存在适用于任何类型信托的权利或义务，只有存在不同信托的不同内容的权利或义务。在这其中"将该财产划拨出来用于特定目的"这个要素是存在于任何信托之中的，该观点的核心在于，它不是从大陆法系任何以具体权利概念作为出发点或载体，来考察信托财产权属问题。③ 由此可见，建立在"专项资产"或"特定目的资产"

---

　　① 李世刚：《论〈法国民法典〉对罗马法信托概念的引入》，《中国社会科学》2009 年第 4 期。

　　② 吕富强：《论法国式信托——一种对本土资源加以改造的途径》，《比较法研究》2010 年第 2 期。

　　③ 同上。

理念之上的法国信托法,具有明显的独立人格立法倾向,或许正是出于该种考虑,法国信托法中信托的适用范围受到严格限制、信托体现出较强的契约特性并具有强烈的政府干预色彩。

三 我国信托立法模式与整体框架

我国现有法律体系主要是在移植、借鉴大陆成文法系国家立法基础上发展完善而来,因此考察对于其他成文法系国家同样属于新鲜、异质的信托制度移植,对于我国信托法制完善具有重要的参考与启发意义。信托的根本特性与目的在于,它一般是为受益人利益而设定。在英美法信托发展过程中,无论是从信托财产权属界定、受托人义务设定还是信托违反救济等主要方面,信托制度都与特有的衡平法制度密切联系,而这也成为大陆法系国家引入信托制度所面临的最大困境,如何解决该问题,关系到我国信托立法宏观完善思考与受益人权利保护机制的健全。

(一)我国信托制度倚重

由不同角度出发可以对信托制度进行不同分类,其中较为重要的分类是民事信托与商事信托分类。

从实践需求来看,由中国信托业协会新近公布的2012年第4季度信托公司主要数据显示,截至2012年年底全行业65家信托公司管理的信托资产规模和实现的利润总额再创历史新高,分别达到7.47万亿元和441.4亿元,与2011年年底相比,增速分别高达55.30%和47.84%,并在信托资产规模上首次超过了保险业7.35万亿的规模,一跃成为仅次于银行业的第二大金融部门。对于信托业来讲,这无疑具有划时代的意义。[1]在中国民事信托实例仍属鲜见时,我国信托业及商事信托已经取得了让人出乎意料的迅猛发展。信托制度移植在我国属于典型强制性制度移植范畴,尽管当代商事信托是以民事信托为基础,尤其是考察信

---

[1] 周小明:《信托业的发展逻辑:制度安排与市场选择——2012年度中国信托业发展评析》,中国信托业协会网,http://www.xtxh.net/xhdt/14485.html,2013年2月8日访问。

托历史发展渊源与轨迹，民事信托是商事信托的基础，商事信托基本原则大都由民事信托发展而来。然而在 2000 年 7 月 3 日第九届全国人民代表大会常务委员会第十六次会议上，全国人大法律委员会关于《中华人民共和国信托法（草案）》修改情况的汇报中，[①] 就明确指出，"1997 年以来，根据中央关于深化金融体制改革、防范金融风险的部署，国务院对信托业一直在抓紧清理整顿……"即我国立法机关在讨论信托法制移植借鉴的时候，对于信托法律制度、信托公司整顿或者说治理也处在探索过程之中，但可以明确的是，对于我国信托制度引入的根本目的与目标在于"深化金融体制改革、防范金融风险"，之所以最后出台信托法而不是信托业法，是因为信托文化、观念与法制传统在我国处于缺失状态，因此制定信托法适用于民事信托、商事信托与公益信托，坚持对信托基本关系的法律规制。尽管表面遵循由民事信托渐进向商事信托发展的思路，但国家立法机关其实自移植、引入信托制度之初起，其制度倚重点就在于商事信托而非民事信托，信托法中有关民事信托的规定，更多起到为商事信托法律规制深入进行铺垫和理论储备的功用。此外，从信托司法实践需求中反映，司法机关面对我国信托发展实践亦更关注商事信托而非民事信托案件。以前述最高人民法院副院长奚晓明在我国信托法颁布十周年研讨会上的发言为例，所指称"涉案金额巨大、社会影响面广"的信托实际案例，显然是属于商事信托。当然笔者无意否定民事信托的重要性，并且坚信伴随着我国经济发展、民间财富积聚等现实状况，中国民事信托一定会在未来民商法领域内占据日益重要的地位。而且规制与发展商事信托，必须建立在对信托基本原理、结构，以及对民事信托进行法律规制的基础之上。只是从制度引入初衷和现实需求实践出发指明，当前我国信托制度、信托法之倚重对象仍然是商事信托的相关法律问题。

---

① 张绪武：《全国人大法律委员会关于〈中华人民共和国信托法（草案）〉修改情况的汇报》，法律图书馆网，http://www.law-lib.com/fzdt/newshtml/20/20050818200434.htm，2012 年 10 月 22 日访问。

从我国信托法律法规自身健全、发展进路考察，我国信托法制的倚重对象仍然是商事信托而非民事信托。回顾书中前述"我国信托立法概况"相关内容，自中国人民银行下达《关于积极开办信托业务的通知》（1980年）开始，直到近期《中华人民共和国证券投资基金法》《证券公司客户资产管理业务管理办法》的修订出台，信托法制在我国《信托法》制定之后，主要表现为各金融监管机构所出台的各类规范性法律文件，这些规范性文件的制度倚重点显然亦是商事信托。学术研究与考察必须面向社会实践，在我国实践需求与法制健全发展过程中，更多应关注商事信托法律问题，包括本书所阐释的商事信托受益人权利保护的法律研究，本身是客观经济、社会发展需要的产物。由此也决定了未来我国较长一段时期内，有关信托法律问题研究以及信托法制框架模式选择等宏观方面，仍然是以商事信托为重心。在此前提下，通过运用民事信托、民法基本原理对有关商事信托法制完善展开研究，也才可能具有现实意义与实践价值。

（二）商事信托的本质与立法模式选择

在我国现行信托法制立法模式以商事信托为倚重和主导的背景下，有必要对商事信托的本质结合应然立法模式予以分析。

本书前述内容中对于信托本质的基本结论在于：应当对信托本质、信托财产权本质以及受益权本质进行明确区分，三者属于不同范畴现象的规律性总结而不应混淆，其中信托的本质是基于信任所发生的法律关系。该结论主要适用于依据典型信托原理设立的所有信托类型。从我国信托立法模式完善健全角度出发，则需要进一步明确在以商事信托为制度倚重我国信托法框架内，对信托本质尤其是商事信托本质应进行怎样的立法表述与界定，该法律关系主要应依托何种法律制度进行规制和适用。从我国信托法第8条规定切入分析，[①] 依据该法条第一款之规定，

[①] 《中华人民共和国信托法》第8条："设立信托，应当采取书面形式。

书面形式包括信托合同、遗嘱或者法律、行政法规规定的其他书面文件等。

采取信托合同形式设立信托的，信托合同签订时，信托成立。采取其他书面形式设立信托的，受托人承诺信托时，信托成立。"

设立信托应当采取书面形式，书面形式包括有（或者说现阶段信托、商事信托设立的最主要形式）信托合同……我国现阶段所有依据信托法所设立的商事信托，按信托法要求须采取书面信托合同形式，则该商事信托的性质就是一种合同法律关系。仅依据此论述并不能得出结论，即我国信托法所有信托类型都是合同法律关系，这需要我们进一步联系信托法该条的第二款和第三款规定分析。根据第二款规定，目前我国设立信托的其他书面形式除信托合同外，仅有遗嘱一种形式。[1] 遗嘱信托在我国信托法学者看来，依据民法基本原理分析，认为其应当是一种单方法律行为，可以根据遗嘱人一方意思表示就可成立。[2] 结合该法条第三款分析，"采取其他书面形式（即遗嘱方式）设立信托的，受托人承诺信托时，信托成立"。也就是说如果联系该法条上下文进行整体文义解释，立法者对于遗嘱信托的成立要求必须有受托人的承诺，方可成立。这一方面说明了遗嘱信托的成立需要受托人的承诺，并非是纯粹单方法律行为；[3] 另一方面，更为重要的是该条款规定，说明我国立法者在移植、引入信托时，将其本质定位于合同法律关系。因为从"承诺"这一用语可以判断，首先对于书面信托合同是为合同法律关系毋庸多言，其次，采取其他书面形式设立信托的，必须要有与承诺对应的要约，这是由我国民法理论推导的基本结论，即其他书面形式设立的信托本质也被视为是一种合同法律关系。

将信托尤其是依据书面合同设立的商事信托本质界定为合同法律关系，并不是对信托财产（权）本质债权说直接的承认。根据大陆民法理论，法律关系是当事人之间的权利义务关系，权利则是法律关系的内容；判断法律关系的属性依据该关系的内部当事人之间的权利义务内

---

[1] 因为我国目前尚未有法律、行政法规规定的其他书面形式信托类型的出现。
[2] 霍玉芬：《信托法要论》，中国政法大学出版社2003年版，第79页；[日]中野正俊、张军建：《信托法》，中国方正出版社2004年版，第42页。
[3] 尽管我国信托法立法主要参照借鉴对象是日本信托，且该条文与日本信托法相关条文表述极为类似，但对二者进行严格文义解释后，实质对于遗嘱信托的成立乃至定性是不尽相同的。

容,而该法律关系当事人与第三人之间的关系则由他们各自拥有的权利性质来决定。① 信托法律关系因缺乏衡平法支撑,单纯用大陆法系基本法律观念分析,基本不可能取得学界、实务界一致认可的方案。但中国信托立法模式毕竟需要有基础法律制度作为支撑,将信托本质属性界定为信托合同法律关系是较为妥当的立法路径,即便未来在对信托法进行修订时,也应坚持这一基本理念,只是需要明确信托合同法律关系较为特殊,由该法律关系所衍生出的信托关系当事人之间的权利义务关系需要逐一进行定性分析,② 在坚持合同法基础规则前提下,应优先适用信托法的特别规定。

首先,将信托本质界定为合同法律关系是大陆法系国家引入、移植信托法的基本路径。只是不同国家在具体法律关系界定,配套法律规则内容规定方面有所差别。除去前述大陆法系引入信托制代表国家——日本、法国不谈,即便是在德国这一迄今尚未制定有信托法的国家,它拒绝直接移植英美信托法制度的重要原因之一就在于,德国本土立法者认为在已有法律资源中,合同法的相关规定,完全能够替代英美信托制度,因此没有必要引入英美信托。例如,如果成立信托关系的合同是有益于第三人的,该合同则可以被定性为第三人利益契约(德国《民法典》第328条)。至于信托合同适用法律问题,例如关于其中合同的成立、无效及无效原因、合同的撤销与终止,双方当事人的权利义务等,都适用于德国民法中关于合同的一般性规定,如果法律对相应性质的合同有明确特殊规定的,则适用该特殊规定。这也从侧面证明信托法律关系本质,于大陆法系观点分析,可以被视为是合同法律关系的重要佐证。

其次,采用信托本质的合同法律关系立法模式路径,并不是对信托

---

① 冯兴俊:《私益信托的移植与本土化》,武汉大学博士学位论文,2005年,第75页。
② 从信托法律关系复杂化的角度出发,将商事信托财产视为观念法律主体,以信托账户为其载体,逐一明晰不同主体间的具体信托法律关系内容,是进行信托学术研究和司法实际适用解释规则较为简明、清晰的路径,也是笔者所一直坚持的基本观点。

财产权、受益权权利属性的债权化肯定。抛开信托法本身不谈，笔者联想到在我国法律体系中独具特色的一项制度，即农村土地承包经营合同与农村土地承包经营权。在物权法制定之前，农村土地承包经营制相关法律问题中的一项重要内容是，该权利由农村土地承包经营合同而生，但显然将该权利认定为债权并不妥当，既不符合社会经济、政治需求以及农村土地承包经营制实际运行状况，也不符合民法理论体系中有关基本权利属性的界定。出于社会法治实践需要的必须性与紧迫性，尤其是该问题涉及我国基本国策与国计民生，学术争议不可能陷入无止境的循环而必须作出选择。最终我国将该权利作为用益物权在物权法中予以明确规定，但关于土地承包经营合同，若发生纠纷后仍应适用合同法的基本规定。由此带来的启发是，对待信托尤其是日益发展并在我国金融市场中占据重要地位的商事信托，其相关法律问题的研究与立法模式抉择也应采取这一基本态度，信托法制设定与健全，不能由于理论困境、争议，选择踯躅不前。

再次，将信托的本质于实际立法中界定为信托合同法律关系，有助于社会公众接受信托文化、传统与法律规制，从而真正促使信托在我国多样化内生发展。经过几十年社会主义法制建设，我国法治文化在某些方面已深入人心，典型例如在社会公众交互行为的方方面面，合同已成为贯彻实现法治文明的重要手段与工具。我们无法想象面对普通公众和社会投资者，如何解释或者有无必要去解释所谓"双重所有权""物权兼具债权性""英美财产法观念"等。对于参与信托投资者、商事信托的委托人、受益人而言，其更关注信托制是否能够实现有效理财、带来财产增值，更为关注当他们进入到这一领域后能得到怎样的法律保障与法律救济。将商事信托本质视为合同法律关系，能够为商事信托关系主体提供一套标准化契约。例如在受托人不可减损义务方面，如实际信托合同当事人就有关此方面约定有所遗漏，仍可将其视为信托合同默示条款。只是需要明确，对于部分学者所主张的信托本质、信托财产（权）本质合同说的观点笔者并不赞同，这里只是对将信托制纳入大陆法系合同法视角进行成文立法的思路表示赞同。且有必要重申文中一直主张对信托本质、信托财产本质、受益权本质进行区分理解、界定。从商事信托受益人权利保护角度而言，通过信托立法的契约模式基础，能够使得他们在比较"陌生"的信托法领域，享受到来自于合同法的观念及基本制度保护，如合同法中有关合同权利的救济、格式合同条款限制、合同成立与生效、合同变更及转让、合同履行等，有助于规范包括信托合同当事人在内的信托关系人之权利、义务界定，保护受益人利益。在此基础上，信托法还能提供合同法所不具备的功效，例如受益人撤销权、受托人于信托中的最低义务标准、信托财产的独立性与可请求回复原状等制度功能。

最后，将信托本质在立法模式中视为信托合同法律关系，则实际立法中应注意为信托未来发展预留空间。例如将信托视为合同法律关系，等于否定了法定信托存在的可能，宣言信托也将失去存在基础。尽管这些信托类型目前在我国民商事信托领域内仍非必需，但出于信托法理完整性与立法前瞻性需求，有必要为其将来纳入信托法预留一定空间，这涉及具体立法技术环节。例如日本信托法在主要以信托合同法律关系作为其规制、调整对象同时，通过引入信托行为概念，从而在其新修订的信托法中将宣言信托也纳入信托法制范畴，此种做法值得我国进行信托法修订时参考与借鉴。

（三）信托法完善的宏观思考与建议

对于我国信托立法模式完善思考的前提主要是建立在：失去衡平法依托的信托制度在大陆法系框架内面临的主要困境；其他代表性大陆法系国家在移植、引入信托制的基本思路与做法；我国信托制度发展倚重方向与实然立法模式选择。在对前述命题进行分析的基础上，结合我国信托实践与前述各章内容，笔者拟从整体结构框架、立法模式等宏观方面，对商事信托受益人权利保护视角下的信托立法完善提出如下建议：

第一，在信托法基本原则方面，明确"保障信托目的实现"是我国信托法的基本原则。法的基本原则不仅是哲学、政治学等学科的重要任务，而且也是法理学和部门法学必须研究的对象。因为要在制定和适用法律时保证法律规范的内在统一与协调，要完整一贯地理解和体现法的精神，就应当认真对待法的原则。概言之，"法的原则就是指反映法律制度的根本性质，促进法律体系的协调统一，为其他法律要素提供指导，保障法律运作的动态平衡并证成其法治理念的基础性原理与价值准则。法的原则是法律规则的灵魂，是规则的根本出发点，而规则则是法律原则的具体化、形式化与外在化，法律规则适用就是为了实现法律所承载的价值目标"[①]。在分析抽象信托法的基本原则时，同时需要明确的另一基本前提是信托法属于私法、民商法范畴、是民商法之特别法。德国学者对于此类特别私法，认为"各特别私法没有自成一体的规则。毋宁说，它们都以民法的存在为前提，本身仅仅规定了一些纯补充性规范"[②]。因此，对于信托法此类私法特别法的基本原则总结与概括，应当注意与普遍适用的私法基本原则相区别，不应将信托法基本原则认同为一般私法，尤其是民法基本原则的重复。

对于信托法基本原则的认识与概括，主要存在有两种思路：一种思路是依据我国《信托法》第1条和第5条的规定，[③] 认为我国信托法总则中该条文所述即为我国信托法基本原则，主要包括有诚信原则、守法原则、自愿公平原则、遵守社会公德原则等；另一种思路是从信托制自身特殊结构出发，抽象概括出我国信托法的基本原则。其中，有学者将其概括为受托人的有限责任原则、受益权与信托财产管理权分离原则、信托要式原则、信托目的合法性原则、信托要式主义原则、信托公示原则、信托的承继性原则、信托财产范围的限定性原则、信托财产的独立性原则等；有学者将其概括为信托财产独立性原则，所有权与利益分离

[①] 参见朱景文《法理学》，中国人民大学出版社2008年版，第144—149页。
[②] ［德］迪特尔·梅迪库斯：《德国民法总论》，邵建东译，法律出版社2001年版，第265页。
[③] 《中华人民共和国信托法》第1条："为了调整信托关系，规范信托行为，保护信托当事人的合法权益，促进信托事业的健康发展，制定本法。"第5条："信托当事人进行信托活动，必须遵守法律、行政法规，遵循自愿、公平和诚实信用原则，不得损害国家利益和社会公共利益。"

原则,受益人保护原则,信托公示原则,信托合法性原则,有限责任原则,专业的管理和效益原则,信托管理连续性原则,自愿、公平、诚实和信用原则,利益冲突的防范原则等;有的学者将其归纳为信托财产独立性原则、信托管理连续性原则、所有权与利益分离原则、有限责任原则、意思自治原则等。[1]

本书认为要保证法律规范的内在统一与协调,以及完整一贯地理解、体现该法律部门精神,则应当将信托法的基本原则抽象概括为"保障信托目的之实现"。从前述思路看,依据我国信托法总则相关条文规定中抽象概括出的基本原则,更多是对私法基本原则的重复,而不具有部门法基本原则特质,信托法第1条的条文表述更接近于法律制定目的说明而非基本原则概括,若进一步分析,甚至存在有表述不准确的地方。例如"规范信托行为",其所指到底是与信托相关的所有民商事法律行为,还是其他大陆法系国家引入信托法时,所特指的信托构成要素之一的信托行为?如果是第一种认识,显然该条文只是法律制定的目的说明而非基本原则,如果是第二种认识,又因我国信托法中缺失有关"信托行为"的法律规定而不能成立。至于信托法第5条规定,本质是信托当事人活动的基本行为准则,也是一切从事民商事法律活动主体应遵守的基本行为准则,而不能够特指为信托法的基本原则。前述从信托制自身结构特点出发,所总结出信托法基本原则的各种观点,对进一步分析、概括我国信托法的基本原则极具启发。考察学者所总结的种种原则,无一不是对信托制结构特征的准确表述,唯一遗憾的是其可能仅能适用于我国信托法领域内某项或某几项制度规定,而不具有贯穿信托法始终的抽象概括性。简言之,我国信托法制定目的是为了引入信托制度,而所有信托类型的唯一共同点都是要实现受益人利益(无论公益与私益信托)或者特定目的,即信托目的。我国信托法具体规则、原则都应当围绕这一共同点展开,无论是信托财产独立性原则、保护受益

---

[1] 参见徐卫《信托法基本原则新论》,《财经理论与实践》2006年第3期。

人权利原则、公示原则、受托人利益冲突的防范和专业的管理、效益原则等信托制结构特征，其制度结构特征都服务于信托目的，都可纳入"保障信托目的实现"这一原则范畴内，通过该原则可以对信托法各项制度予以协调、统一，并贯穿始终。

第二，健全信托法制建设，及时制定统一规范的信托业法。商事信托受益人权利保护要求应当有健全完善的信托法律体系，从大陆法系其他信托法制体系成熟的国家或地区来看，大都配合信托法制定有信托业法以健全基本信托法制体系。现代信托起源于英国民间，是一种典型的诱致性制度变迁，信托制起源原因之一就在于规避国家限制将土地转让给教会，随后为一般财产继承和让与所采用，并成为一种正式制度确立下来。究其制度变迁诱致性的潜在动力和基本，在于其能够实现人们追逐获利机会是借其他相关制度无法达成之目的，可归纳为：规避法律、防范在财产继承和让与过程中他人管理财产时可能发生的风险与纠纷，以及凝聚在信托财产之上的目的多样化。[①]

在2000年九届全国人民代表大会常务委员会第十六次会议上，有关信托法草案修订情况议程，全国人大法律委员会通过会议报告汇报指出，在当时的各方面条件和因素制约下，我国信托法草案暂时应当定位于调整基本信托关系的法律规范，与之配套的信托业法律规范由于不具备条件在草案中没有进行规定。之所以对信托业法以及与之配套的规范没有纳入，通过分析报告，当时全国人大法律委员会的理由主要基于以下三点：第一，从实际情况分析，一方面我国国务院当时正在对信托进行一轮整顿清理，但这毕竟属于政策层面，对于信托公司如何从法律层面进行规制，至少从当时信托业清理整顿的实效来看，时机尚不成熟，制定法律的理论、经验储备有限。第二，从当时信托法草案修订内容自身考察，对于信托公司的定位，以及由此定位所应予配套的法律规制并没有取得实质性突破进展，或者达成共识。尤其重要的是，依照当时中

[①] 王兆雷：《信托财产权制度解析》，中国人民大学博士学位论文，2007年，第31页。

央确定的方针,法律对于金融行业实行明确的分业经营、分业监管体制,相对于传统银行、保险以及证券业,信托业与信托公司如何定位,尚待时日予以研究。第三,信托法的本质属性应当是私法,属于民事法律,基于这种法律性质认定则信托法主要内容是规定信托基本关系。至于信托业尤其是其中针对信托公司进行监督管理的内容,从我国当时经济社会实际情况出发,是否立法以及建立怎样的信托业法制体系需要进一步深入研究。所以最终信托法草案中删除掉有关信托公司的内容。[①]十余年后再次就此三点理由进行回顾分析:其中信托公司法律上应如何规范这一理由,至少根据这一期间已制定成文或历经修订的丰富商事法律、规范性文件,如公司法、证券法、商业银行法、证券投资基金法、信托公司管理办法、信托公司集合资金信托计划管理办法等来看,针对信托公司制定法律的时机与经验不足已不是主要障碍。第二点理由关于信托业务的认定。信托因不同于传统大陆法系财产理念、制度的特性,事实上早已渗透到国家经济生活的各个领域,绝不是只有信托公司从事的业务才有可能是"真正"的信托业务。信托业中各类机构受托人,也利用法律缺失、监管乏力及信托制的弹性、灵活,在业务或产品创新方面,频频规避有关法律规定或规范、指引。此时处于商事信托被动地位的受益人,他(们)的权利时刻有被侵害之虞。最后,对于信托法属于民事范畴,主要规定信托基本关系的理由。在当时的理论、法制环境下,该说法的确成立。至于对信托业的监督管理从我国实际出发,其立法需另作研究。但直到今天所谓的实际立法结果,只有信托法制体系内经常提到的"两新规",至于狭义法律层面的信托业法,迟迟未见踪影。分析原因,其外部原因依然同十余年前一样,一言以蔽之,部门利益所致;至于内部原因,考察我国信托业及信托市场实际状况主要在于:地方政府过度干预、介入信托业造成效能低下及金融寻租现象,并

[①] 参见张绪武《全国人大法律委员会关于〈中华人民共和国信托法(草案)〉修改情况的汇报》,法律图书馆网,http://www.law-lib.com/fzdt/newshtml/20/20050818200434.htm,2012年10月22日访问。

对统一信托业立法造成实质障碍；从前述信托法草案修改汇报意见中推断，立法者在引入信托制时曾预设过简单典型的信托模式，并对其在金融领域内的业务板块范围划分进行过考虑，（当然这只是笔者根据该草案汇报意见的揣测）然而让我国立法者始料不及的是信托制自身结构特质，使其最终在金融市场中，重演了信托当初在英国信托法产生之时的"一幕"，即利用信托结构尽力规避法律，实现逐利并能达成其他制度所无法达成之目的。从经济本质上分析，这是国家在对信托公司业务限制过严情况下，信托公司自身利用多种渠道分散经营风险的必然结果，这两种相反的思路与倾向构成信托业法制定的又一重要障碍。

通过分析我国现阶段信托业法难以出台的原因，会发现或许法律制度本身甚至信托制本身都不是主要问题，尽管对于信托业立法的理由与必要性可以罗列众多，例如：统一规定从业机构及人员资质市场准入规定，在分业经营向混业经营发展过程中，制定基本业务判别标准和法律适用空间，尤其是通过明确监管机构与职责，保障我国信托业与信托市场健康有序发展，实现对商事信托的外部有效监控，保障信托目的与受益人权利实现，等等。总之，现阶段信托业持续发展需要制定信托业法，已有的《信托公司管理办法》《信托公司集合资金信托计划管理办法》等规范性文件也提供有较为成熟的立法基础，在立法基本主导思想方面应充分发挥市场主导作用，拓宽信托机构业务范围，并指引建立内部管理、经营评估审核与风险规避机制，健全落实外部有效监控。但在实际信托业法能否出台以及何时出台的过程中，需要解决的真正问题其实是各金融职能监管部门职责、权限界定，以及金融体制改革基本路径的确定。

第三，我国信托法整体框架模式完善，从信托法自身来看，要实现"保障信托目的实现"这一信托法基本原则进而有效保护受益人权益，则如下问题亟待明确：

首先，信托财产权属问题。将信托基本法理与实际情况结合，在我国信托法已将信托财产权权属认定归为委托人的情况下，只存在有两种途径可供选择,其一,继续模糊信托财产性质,但实质"隐晦"地将信托财产认定为委托人所有。其二,信托法在未来修订时,依据信托结构特点并仿照其他大陆法系国家信托立法,将信托财产权属归于受托人。从信托结构出发,当然应采取第二种途径更能彰显信托本质,符合信托实际权利结构原貌。只是我国信托法乃至整个民商事领域立法更倾向于一种保守渐进性的制度发展模式,因此未来修订信托法时,笔者预判,立法者采取继续保留原有关于信托财产权属认定的隐晦表达方式更有可能。当然采取此种立法模式亦未尝不可,只是从保护受益人权利角度出发,一定要加紧配套信托财产公示制度的建立、完善。与此同时需要明确的是,该模式最大的现实弊端,将会严重抑制信托制度应有的灵活生命力,使得民事信托在我国出现、发展的机会空间大为降低,并导致商事信托仍以单一的自益性信托为主导。此外,该模式的理论弊端在于,委托人在信托中的地位是否是基于委托人有权指导受托人履行信托。如果是这样,那么信托的体制将从根本上无法区别于民法中的委托或代理,信托的意义将丧失殆尽。[1] 如果进行这样的分析,从未来我国民商事信托发展空间、受益人权利保护角度来看,不若采取第三种更为极端的作法,即建立所有类型信托财产强制登记制度,以保证信托财产独立性,同时删除信托法中关于信托财产权归属的任何直接或间接法律规定,对信托财产强制登记体制下信托财产权属完全模糊化处理方式。至于第二种途径,将信托财产权在信托法中界定为受托人所有,其他学者著述讨论较多,此处无意细述。

其次,在信托法基本结构安排方面,应当结合信托结构特质进行调整。关于信托的设立等基本性问题纳入总则规定,总则之后将信托制的中心——"信托财产"作为专章。然后分述各信托当事人,或分别成章或纳入共同一章。为与当代信托从传统消极民事信托向积极商事信托

---

[1] 张天民:《失去衡平法的信托——信托观念的扩张与中国信托法的机遇和挑战》,中信出版社2004年版,第365页。

转变相适应，在立法章节顺序中应进行调整，无论信托财产权属是否属于委托人，受托人都是当代大陆法系信托法规制信托制度的核心要义所在，故应紧接着列于信托财产专章之后，其后是信托受益人，最后才是信托委托人。从信托制度本源考察，受托人在当代信托制中处于完全积极主动的地位，信托目的的实现主要是依靠受托人的信托财产管理、处分行为实现；委托人在信托设立之后，除非在信托文件中予以明确规定，①否则不应再介入信托事务，即对受托人执行事务不再有干预权，与受益人之间也不发生权利义务关系。②依据信托原理和信托目的，受益人权利来自于信托制、信托文件、信托法以及受托人义务，委托人享有与受益人类似权利的根据，只能在于自益信托中基于身份重叠原因（或信托文件中予以明确规定），而不是像我国现行信托法这样颠倒过来——由受益人在自益信托中因为与委托人身份重叠，而"顺便"享有委托人所享有的受益人权利。此种位序调整体现出信托法的基本功能与价值判断，对信托目的实现与受益人权利保护亦十分重要。若仍依据现行信托法的此种立法价值判断与制度安排，或许在理论方面能够勉强进行解释，但在实务操作中此种"信托"本质与为第三人利益合同没有本质区别，由民法中委托、代理及合同法之利他合同可以实现同样效果，且不会面临理论与实践困扰，信托制与信托法的价值将不复存在。其后，待条件成熟时应规定有关信托受益权凭证发行、转让等相关法律规定，作为专章规定；再接着对于信托终止与清算等予以规定；然后一章可规定其他类型信托，目前制度较为成熟的其他类型信托或许仅有公益信托，但从商事信托实践与信托业发展现状预判，特定目的的信托作为实现金融资产证券化的重要工具，应在未来信托法修订时纳入该部分；最后一章，专章规定信托当事人违反信托法所应负的法律责任，以民事责任、受托人责任为主，以保障受益人权利、实现信托目的为重。

---

① 无论是依据英美信托法，还是依据其他大陆国家法系国家信托法原理。
② 陈雪萍：《信托在商事领域发展的制度空间——角色转换和制度创新》，中国法制出版社2006年版，第276页。

最后，信托法总则中了除了前述应对信托法基本原则，以及信托财产权属认定方面进行调整外，结合我国既有信托法立法模式与路径，应当将信托行为作为信托构成要素之一进行明确规定。信托要素构成因我国尚不宜纳入宣言信托，则实际我国信托行为只包含有书面合同信托行为、遗嘱信托信托行为以及其他法律或行政法规规定的书面信托行为，进而将信托法与民商法基本原理，与其他民商事制度相统一。对于书面合同形式成立的信托，因为当代电子商务发展迅速，为满足法制内部协调统一要求，有必要对我国合同法第 11 条所规定的数据电文形式①，能否成立信托并具有法律效力予以说明。结合域外信托立法经验，在总则中还有必要对欺诈、诉讼目的等不成立信托的情形予以概括性规定。

第四，商事受益人权利保护视角下的我国信托法宏观完善思考，还应当明确信托法与其他相关法律部门的协调。其重点应当是信托法与税收法律法规之间的协调统一，防止商事信托成为当事人偷逃税收的违法工具，这也是法国在是否应当引入信托制度方面的最大忧虑。最终法国的信托法案纳入其民法典，在法国民法典中有关信托的法律规范共计有 18 条，其中绝大多数条文并非是对信托基本关系的规范与描述，而是将法律规制的重点放在由于引入信托制度，如何在财务监管、反洗钱以及课税等方面，完善健全相应的法律规则，以尽量消除信托可能带来的包括避税在内的潜在风险。考察信托制度，它自肇始至最终昌盛发达，都始终具有一种避税本能，这也是各国商事主体愿意采纳信托架构的重要原因。信托制度通过各方主体与信托财产关系的特殊精巧处理，能够灵活地实现有限责任、风险隔离、融资中介等功能。从这个意义上来说，信托的发展历程也堪称一部金融创新史。② 此外，在我国信托法出台 10 余年后，信托业市场规模取得极其迅猛发展的同时，有关信托税

---

① 《中华人民共和国合同法》第 11 条："书面形式是指合同书、信件和数据电文（包括电报、电传、传真、电子数据交换和电子邮件）等可以有形地表现所载内容的形式。"
② 郝琳琳：《论信托避税及其防范规则》，《北京工商大学学报（社会科学版）》2011 年第 5 期。

制的健全完善，应当成为构建完整信托法制体系的重要课题，只是这一问题似乎还没有引起法学界的充分重视。当前我国信托税制面临的主要问题有：政策意图不明确，以致信托税制法律体系不健全。尽管信托业历经整顿并发展至今天金融业第二位规模地位，但信托市场的基本税收政策意图迄今仍不明确及纳税主体性质不明确。对于商事信托而言，为便利法学研究与法律关系分析可将信托拟制为观念上的团体组织体，但在实定法层面信托财产的独立性，并不能得出信托财产具有独立法律人格必然的结论。依据我国信托法信托财产本身承担缴纳税款的义务，但实务中究竟应当依据个人所得还是企业所得缴纳税款不得而知，在商事信托复数受益人情形下（既有自然人又有法人），应作出具体制度安排并给出依据；由"双重所有制原则"和"一物一权原则"的冲突，产生信托课税重复征税的问题。以集合资金信托计划为例，信托投资公司发行项目资金信托被视为成立公司，进行工商登记将所募资金以注册公司名义投入项目，注册公司成为纳税主体，当投资者获得利润回报时，按照规定应同时缴纳个人所得税。信托机构管理、处分信托财产收益应缴纳企业所得税，然后要对分配到受益人手中的信托收益课征个人所得税或企业所得税，即同一笔所得需要重复征税。[①] 在信托避税与防范方面，纳税人规避信托所得税的方法，以分散信托收益、累积信托利益、虚拟公益信托、擅用离岸信托等较为常见。[②] 对于灵活的信托制而言以上只是常见的信托避税方法，不同时期伴随金融创新，信托避税方法自身也在不断演进。因此信托避税的法律规制体系对于此种特殊现象，应考虑在方法论层面转变思路。大陆成文法系国家税收法律具有相对稳定特点，也就意味着其可能随时会被某种新型信托避税方式所突破，也正是由于这一原因，英美法国家信托税制更多不是以成文法，而是以判例

[①] 参见李青云《信托税制研究》，中国人民大学博士学位论文，2005年，第160页。
[②] 郝琳琳：《论信托避税及其防范规则》，《北京工商大学学报（社会科学版）》2011年第5期。

和规章形式存在。此时英美法系的经验主义方法更能适应信托税制变迁问题，当然单纯以判例法形式存在的信托税收法制也存有明显缺陷，即逻辑主线不明、体系松散。为弥补这一缺陷，英美法国家也逐渐加强信托税制判例汇编与归纳总结，以改善其信托税制判例法的逻辑体系现状。因此对于信托税制，尤其是信托避税的法律规制，采取一般性规范与特别性防范规定相结合的方式或许更为有效。其中一般性规范主要是在法律层面对典型避税行为要件予以抽象，通过要件列举，涵盖各种主要的具有避税意图的信托设立与事务活动；对于那些新型的难以被一般性防范规定所涵盖的新型信托避税类型，由税务主管机关通过适时发布指引性规定、办法，以及由司法机关进行典型案例汇编指导，予以有效防控。

  与此同时，为从整体宏观角度完善信托法制，还需要考虑信托法与当代商法的协调整合，重点应是商事信托与当代中国商法"企业进入商法"的新趋势，二者之间的关系考量与梳理，是在以主体性企业概念整合商法体系过程中，兼采客体性企业观念来认识、分析商事信托与信托财产（权）；[①] 在金融法制方面，信托法应着重研究开展资产（尤其是金融资产）证券化可行法律途径，其中涉及主要内容包括有特定目的信托法制与特定目的公司法制、不动产证券化法制等的协调整合；在破产法方面，应注重信托财产特有的破产隔离与破产欺诈行为法律规制之间的协调统一；在侵权法方面，对侵权责任承担方式与信托违反救济进行互相借鉴，考虑将推定信托理念引入侵权责任形式中去；在合同法领域，对于信托合同能否列入有名合同序列、信托合同与利益第三人合同关系、书面形式信托合同界定以及信托合同作为诺成合同等方面，完善与合同法整体体系的衔接与协调适用。

---

  ① 参见叶林《企业的商法意义及"企业进入商法"的新趋势》，《中国法学》2012 年第 4 期。

第三节　完善我国信托法制的微观考量

本书前述内容以商事信托受益人权利保护为视角，对信托基础理论、受益人权利、权利保障措施以及信托违反法律救济进行讨论分析，将商事信托实践发展与信托法律现状相结合，提出关于我国信托法律制度健全与完善的建议。本部分将对前述散见于各章的商事信托受益人权利保护的思考、建议乃至若干创新点，进行概括回顾性综述与整合，力图实现本书整体结构的周延、合理。在完善我国信托法制的宏观层面基础上，于微观层面如何具体实现对商事信托受益人权利的有效保护进行分析与阐释，从而廓清商事信托受益人权利保护法律构造的基本轮廓。

一　信托基础理论

近现代商事信托的起源与发展，充分突显出信托制法律结构的灵活特质，并呈现由民事信托向商事信托演进的基本路径。信托制度功能的丰富灵活性，能够满足当代商品经济社会发展需求的诸多方面，因此对于信托这一英美法系的特殊制度，世界主要大陆法系国家，包括我国在内，积极进行移植、引入。尽管世界两大法系之间存在有融合趋势，但毕竟信托是英美法特有产物，英国人将该制度视为自己在法学领域内最重要的创新与贡献，[1] 信托甚至被认为是两大法系最重要的区别之一。大陆法系移植、引入信托法律制度，在基本属性方面将其界定在私法领域内，但在具体分析研究信托制度中，传统严谨的甚至于略有"刻板"的民法逻辑理论体系无法完全解释信托法律结构。因此为与英美法传统相适应，在基本思路方面应在坚持以民法经典理论为依托的基础上，采

---

[1] 英国著名法律史学家梅特兰称，"如果有人要问，英国人在法学领域最伟大、最独特的成就是什么，那就是历经数百年发展起来的信托，我相信再没有比这更好的答案了"。余辉：《英国信托法：起源、发展及其影响》，清华大学出版社2007年版，第1页。

用商法功能主义分析方法，以经验主义法学真意——"规范现象或者当事人之间整体的关系，而不是规范当事人个别的法律关系"①，作为理论工具与分析切入视角，或许能够对信托（尤其是商事信托）法律问题所面临的困境，提出适合我国经济现状与现有法律体系的解决方案。信托制以信托财产为中心，与其说商事信托是围绕信托财产发生的法律关系综合，不如说是围绕信托财产发生的各类事务的综合，此是功能主义的复兴要求与体现，受益人权利保护相关法律应当从这个角度出发进行观察、思考与总结。

引入信托制度并进行信托立法，对于成文法系国家来说，首要问题是在立法中如何界定信托。信托的本质与信托财产（权）本质以及受益权本质属于不同范畴，从形式逻辑角度而言，信托概念应是信托财产、信托受益权的上位概念。关于信托的本质及其概念界定存在有诸多看法，笔者认为，信托制作为英美衡平法的重要理论实践产物，从大陆法系法律概念体系出发无法找到完全一致、精确的对应概念，因此从实证法角度出发，运用一个能够大致囊括对于信托本质认识的概念，既能保有信托之灵活功能性又能使之在一个相对统一的语境平台下进行讨论，是唯一可行的出路。

信托功能存在有一个渐变的演进过程，核心是通过溯源信托制发展历程分析，由传统用益制、民事信托基本功能向当代商业社会中的多类型的商事信托功能的演进，由基本的财产保全、移转功能向财产增值、投资融资功能演进，由以重视倾斜信托委托人与受托人之间关系的"消极信托"向以重视倾斜信托委托人与受益人之间的"积极信托"演进。这是当今世界许多国家引入信托制的根本原因与动力。大陆法系移植信托制的理论难点与困境在于信托财产权属性界定而非信托受益权；英美法中信托财产权之双重所有权实为表述权利束内部利益构造和救济方法，并非是对信托财产权具体内容的界定与划分。由此，无论在大陆

---

① 叶林：《商行为的性质》，《清华法学》2008 年第 4 期。

法系还是英美法系国家，信托财产（权）都是信托制永远的中心话题。关于信托财产（权）本质存在诸多学说解读与争议，但就信托财产、商事信托之基本特性则存在较为一致和实践中证明可行的认识，即商事信托的团体化与信托财产的独立性特质。实践中所有商事信托财产都呈现出独立化与团体性特征，"虽然在目前立法上，信托财产没有独立的人格，但它常常独立化运作"①，因此把握信托财产（权）双重构造的核心其实是对私权利团体化、拟制化的认识。通过此种信托基础理论模型依托，对于商事信托受益人权利保护的研究命题，需要考虑分析如何针对"商事信托团体"，进行有效的内部治理与外部监督。

二　商事信托受益人权利的多层次考察

通过商事信托受益人权利的多层次考察，才能在明确研究对象属性、特质的基础上，就商事信托受益人权利法律保护的研究命题，提出真正符合实践且具有相当可操作性的结论。

根据我国信托法相关法律条文分析，有关受益人资格限定方面，将会出现同一部法律对同一法律结构的不同认识问题，这需要在未来信托法完善时予以考量。受益人资格要素构成，从信托法理而言也需要我国在未来信托法修订时纳入信托行为概念，以信托行为、信托利益与信托作为确定受益人资格的基本要素。在受益人资格方面，还需要注意我国其他法律法规中，有关民商事主体的经营身份限制、持股比例限制、经营状况以及净资产规定限制等，维护法制体系内部的统一协调。受益人地位方面，无论是从信托结构本身，还是根据我国信托法的立法指导思想、表述语言以及体系结构安排都不利于受益人权利保护，受益人与其他信托关系当事人相比较明显处于弱势地位。② 信托立法就此种实际地

---

① 施天涛：《商事信托：制度特性、功能实现与立法调整》，《清华法学》2008 年第 2 期。
② 尤其是商事信托中的受益人，由前文所述各种原因，他（们）在信托结构、商事信托实践中处于相对"弱势"的地位。

位不平等，需要以商法功能主义适用方法结合信托实践予以回应。

商事信托受益人权利作为英美信托制度的重要组成部分，本身是经验主义发展而非逻辑推理的产物。为清晰受益人权利内容与层次，有必要明确衡平法所有权，即受益人权利在衡平法中所含利益内容；受益人权利与受托人义务之对应性；以及从大陆法系权利概念体系对受益权予以解析，实现对信托受益权人权利的多层次、多面向的解构，明晰受益权的层次结构、权利来源与类型划分。通过此种思路与论证途径，能够对我国商事信托受益人各项权利内容、特点进行全面阐释，其范围界定应无遗漏。在商事受益权之取得、变更与消灭方面，目前面临的主要问题是我国实践中尚缺乏符合信托法理，公开、透明的受益权凭证二级市场，这也是未来我国信托法应继续纵深发展研究的重要方向之一。最后，在我国信托法制体系中，由于对受益权本质认识不清甚至错误，我国信托法尚缺乏关于信托受益权时效问题的法律规定，这也需要纳入信托法制完善的具体细节、内容中去。

三　商事信托受益人权利保障的具体措施

商事信托受益人权利保障的各项具体措施探讨，其本质是信托结构关系中各信托当事人之间，权利的行使与利益冲突时的衡平。

对受托人义务法律规定的考察与完善建议，是确保受益人权利得以实现的重要基础前提。在受托人义务范围基本界定方面，我国信托法缺乏对受托人公平对待受益人的义务规定。信托法还应当适应商事信托实践需求，对受托人分别管理义务例外情形进行明确规定，例如在抵押参与或抵押池、共同信托基金、共同基金或投资信托等情形。① 从商事信托运行实践及法理层面分析，应当将受托人信托事务调整或信托财产管理方法变更请求权纳入。这又进一步需要调整我国信托法中有关信托事务调整权行使途径要求，除有关信托法律关系主体向受托人请求外，还

---

① 高凌云：《被误读的信托——信托法原论》，复旦大学出版社2010年版，第105页。

应规定可向人民法院提出请求变更信托财产管理方法。受托人的信义义务是构成其与受益人之间连续性关系的核心，同时也是信托实际法律认定、适用的关键问题，对此本书相关部分有进行专门讨论。关于诚实义务违反认定，我国法律规定总体趋向严格限制但实际法条过于粗疏且存有一定矛盾冲突之处，需要信托法进行统一协调，使其既能有效规避利益冲突情形，又不会对受托人自主处理信托事务造成过多干涉。在忠实义务由单一利益原则向最大利益原则发展过程中，由强制化规定向任意化规定阶段，应在信托法忠实义务总则性条款规定中有所体现。传统信托法中关于利益冲突例外具有三种情形，其中法院事先批准是与英美法系特有的谨慎投资义务、商业判断规则相联系，在不充分具备此类理论与实践判例储备的情形下，暂不宜将此种例外情形纳入我国现有信托法律规定。受托人注意义务方面，应确立注意义务标准。对于商事信托则应确立受托人专家注意标准。为充分发挥信托制度功能，扩大信托当事人意思自治空间范围，我国信托法应允许委托人在信托合同中就受托人注意义务进行特别约定。但为保证信托目的、受益人权利实现，避免受托人不当脱逃规避信义义务，有关受托人注意义务不得低于符合受托人职业身份的专家注意义务标准，更不得约定故意、重大过失免责。借鉴其他国家立法经验并结合我国商事信托实践，可对抽象注意义务的具体标准予以一定量化。最后，针对我国信托法对于信义义务违反时法律救济、手段不充分的现状，在进行信托违反救济的法律制度设计时，应予以重点考虑、完善。

信托财产独立是大陆法系国家引入信托制和实现信托目的的根本保证。为保证信托财产的独立性，进行信托特定公示方法就成为重要手段，否则受托人以自己名义管理处分信托财产，将破坏信托财产独立性，使其与受托人固有财产混淆，进而动摇信托设立目的和信托成立基本框架；对外信托财产独立性意味着信托之外的任何人，如信托关系当事人的债权人、交易相对人及任何第三人，都不得依据其对委托人、受益人、受托人拥有债权或其他权利，对信托财产采取强制措施，除非有法律明确规定。目前我国信托财产公示制度存在的不足，已成为阻碍商事信托多样化发展、信托目的实现及受益人权利保护的最大障碍之一，为建立、健全信托财产公示制度，本书讨论的完善建议措施主要涉及三个方面：信托登记机构设置问题；不同信托财产类型如何采取不同的公示方法以及信托登记效力模式立法选择。

信托信息披露是受益人权利行使的前提，我国信托信息披露法律规定与大多数大陆法系国家思路一致，遵循记录、报告说明和保密义务。目前信托信息披露法律规定需要完善的方面有：细化信托信息披露内容；单一信托的信息披露指引性规范引入；在信托信息披露整体思路方面应予以调整，结合信托结构及法律性质特征，提高受托人对受益人所负信息披露义务的实践可操作性，而不是片面强调满足国家监管部门职能需求；补充受益人询问权的法律规定；[①] 信息披露内容和具体信托报告书制作；信托信息披露与受托人保密。

受益人会议是受益人行使权利参与信托法律关系的重要途径之一，但在具体权利行使时却需面对信托特有的结构性障碍。尤其是在复数受益人这一当代典型商事信托模型中，由于信托结构障碍、受益人数众多所致"搭便车"心理以及缺乏激励措施手段等原因，使得受益人会议作为拟制团体信托组织的机关，较难充分发挥其应有的权利行使、监督职责等功能与作用。必须承认，受益人会议功能障碍存在结构必然性。因此，对于受益人会议制度法律完善思考建议，也许需要我们跳出既有信托法律规定，转换视角予以思考。对于受益人会议制度具体完善措施，针对商事信托实践，结合集团信托复数受益人特征，以及信托权利配置，提出有具体立法完善建议。为保护信托受益人利益，大陆法系国家在引入信托法时大都确立信托管理人制度，其可以自己的名义为信托

[①] 尽管我国信托法第 20 条规定，"……委托人有权查阅、抄录或者复制与其信托财产有关的信托帐目以及处理信托事务的其他文件"。但如何提出请求，通过何种途径请求，复数受益人状况如何处置，何种事项允许或不允许查询等都没有说明。因此在商事信托实务中，该法律规定实际缺乏任何可操作性，而使得信托信息披露存在严重瑕疵。

受益人为诉讼或诉讼外之行为。对于信托管理人的法律地位，结合民法有关委任的法律规定，认为信托管理人受任人定位以及其对应委任人并非其他，在法理观念层面应当是信托财产。通过信托运营和信托管理人制度建立，在信托管理人与信托财产之间事实形成一种委任关系，就有关信托法律关系解读，以此为线索所得结论更为合理。在对信托管理人法律制度进行全面介绍，以及我国相关制度完善途径探析之后，承接前述主张，认为应在我国信托制尤其是商事信托制度中，引入并推广信托管理人制度。从而能够较好平衡信托当事人之间权利义务配置，保障受益人权利以及商事信托目的实现。

四 法律救济与受益人权利保护

实现法律救济的充分性与实践可行性是商事信托受益人权利保护的核心。在信托违反法律性质方面，信托违反兼具债务不履行与侵权行为两种行为的复合性质。探讨信托违反性质的目的，对于受益人权利保护和信托法律救济来说，主要应是考虑如何建立民法与信托法统一的损害赔偿法理论，在此基础上考虑信托违反之损害赔偿的特殊之处，实现对信托法微观层面考量与完善的适用性。

首先，对于准确、严格意义上的恢复原状之信托法律救济，从法制统一角度而言应主要存在于以实物为依托所设立的各类民商事信托。"恢复信托财产"应被解释为通过实物来恢复原状。[1] 如信托财产为实物，且会遭受或可能遭受受托人或第三人侵害时，可分别赋予信托受益人和受托人以回复信托财产原状请求权。理论方面在无法对信托财产权属本质进行明确立法界定前提下，可从信托财产为信托法律主体这一观念进行解释与梳理。至于商事资金信托则可借鉴其他国家立法规定，要求商事信托受托人提供强制性担保。

其次，关于损害赔偿请求权这一重要信托法律救济途径，关键在于

---

[1] ［日］能见善久：《现代信托法》，赵廉慧译，中国法制出版社2011年版，第143页。

损害赔偿与计算标准确定。由于我国信托法中缺失信托违反之损害赔偿责任承担的财产范围这一重要规定，因此未来对信托法进行修订时，在信托违反损害赔偿方面需要补充完善的是，明确受托人承担责任的财产范围应当是其固有财产。关于损害赔偿的范围，违反信托的损害赔偿应包括直接、间接损失是基本发展趋势。因此，在信托法中明确信托违反之损害赔偿范围应包括直接损失与间接损失，也是我国信托法制日后有待补充、完善的重要内容。信托违反的损害赔偿计算标准，我国目前实际商事信托赔偿案例较少，且由于信托法前述各种原因所致实践可操作性不高，故发生重大案件时，多是通过政府干预进行解决，并非纯粹通过司法裁判进行认定。我国信托法制未来应在结合域外立法及我国商事信托实践的基础上，确立损害赔偿标准应予遵循的基本原则。

再次，在受益人撤销权方面应从如下角度进行完善。通过分析我国信托法相关法律规定，笔者建议未来对信托法撤销权进行修订时，应剔除第22条所规定的第二种情形，对于撤销权要件规定不应是泛化的"信托目的"，而应当是受托人的行为权限界定。在此思路指导下，对于信托法律适用和法官司法解释，则撤销权产生要件的核心演变为，对信托文件或信托行为中受托人权限划定进行解释。撤销权产生的另一要件是受让人是否存在有主观过错，其他大陆法系国家信托法对于受让人主观过错判定标准是建立在信托公示制度客观基础之上的，而这首先需要健全的是我国信托法制对于不同类型的信托财产公示制度与方法。在商事信托中，若受益人为复数情况下，撤销权行使则存在有两种可能情形，本书提出应采纳一种折中模式更为合理。最后关于撤销权的行使方式，笔者建议与其硬性要求受益人只能以自己名义请求人民法院撤销受托人超越权限处置信托财产的行为，不如在信托法领域内单独规定，其既可以向受让人申请撤销，同时也可以申请法院予以撤销。

又次，信托财产强制执行异议权既是维护信托财产独立性的重要手段，同时也是信托法律救济的重要途径之一。我国现阶段针对不同信托财产类型公示方法尚不健全，对于那些不需要办理信托登记的信托财托财产的本质应当是观念拟制团体,它以信托账户作为实际依托和主体彰显形式,是信托法律主体"。由此命题作为论证分析的基本逻辑前提,展开相关内容的探讨与分析,并试图尽量在所涉领域范围内,就各个具体问题作出符合客观实践与法制基本原理的结论或建议。要达成这一目的进而实现本书具有一定创新性价值因素,必须面向信托这一渊源于英美法系"异物"的异质特征,在坚持民法基础理论和法制体系化统一要求的前提下,运用商法的整体性观点与结构分析法去对相关具体问题予以解构、论证,并结合信托实践加以阐释。在此观念指导下,本书首先明确了有关信托概念界定,区分理解信托本质、信托财产本质以及信托受益权本质,"双重所有权"理念误区,以及商事信托财产(权)本质等基础性问题。

　　对商事信托受益人权利保护的法律问题展开探讨,需要全面把握研究对象的范畴与特征。若将私法视为"权利之法",那么对于信托受益权而言,其显然存在有难以纳入我国现有私法权利体系的障碍,简单来说它究竟应当被定位于何种民商事权利?当然,新型复合性权利的表述最为简单明了,而且不会存在有致命理论缺陷,只是此种性质认定是否能够满足后续问题探讨,并提供足够具体内容支撑,应该是存在有疑问的。保守但却是妥当做法或许是转换视角,跳跃于英美法财产观与大陆法权利观之间,对受益权内容进行一种全面的表述分析。由此,书中选取若干角度,分别从衡平法、受托人义务、信托本质以及信托财产(权)本质等方面,对信托受益人权利内容、性质进行"铺张"式分析。在此过程中,信托受益权自身展现出极其丰富的内容,在对这些权利内容特性进行简要概括的基础上,本书从受益权、决定权、监督权三个方面对信托受益权进行了详细论述。权利内容丰富本身并不是需要法律进行保护的前提条件,通过对受益人在信托,特别是商事信托中法律地位的实然分析,进而明确法律对商事信托受益人权利保护的必要性与可能性。

　　商事信托受益人权利保障措施的法学思考,应建立在两个基本前提之上，即该权利能否顺畅行使而非仅停留于纸面，以及该权利在信托各方主体利益发生冲突后应该如何予以处置。通过参考、借鉴已有信托法学著述，结合域外信托立法经验以及我国商事信托实际状况，要满足前述两个基本前提，如下具体法律措施的探讨与分析是不可或缺的：第一，信托受托人义务，从受益人权利保护角度出发，如何界定义务范围以及判定违反义务至为关键。第二，信托财产在大陆法系中，为确保其独立性并最终实现信托目的，都特别强调信托财产公示制度的建立、健全，而这方面恰恰是我国信托法制中最为薄弱的环节之一。第三，商事信托作为金融业的重要组成部分，对其进行法律规制必须符合特定经济规律要求。同其他金融行业一样，信息透明公开是保证商事信托受益人行使权利的根本前提条件。第四，将商事信托视为观念拟制团体组织，则受益人会议是实现与保障受益人权利的重要"组织机构"，但是该"组织机构"功能实现层面面临着无法逾越的障碍，对此必须进行分析与探讨。第五，关于信托管理人制度，除了对相关具体法律规定进行分析并提出完善建议之外，有必要就信托管理人在信托中特殊的法律地位进行分析，从而保证法制解释、适用的相对统一。同时，还有必要对其在商事信托中，对商事信托受益人权利保护的特殊功能予以阐释。继续由本书基本命题展开，信托制的中心话题是信托财产，那么在信托法律救济相关内容阐释分析中，如何实现救济对于信托财产而言的可行性与充分性，是商事信托财产这一观念拟制法律主体所关注的焦点。由此，对于具体信托法律救济途径、手段的分析研究，也应坚持同样思路。就商事信托法律救济具体途径而言，恢复原状的界定是否妥当、损害赔偿的基本标准界定、撤销权的法律适用条件与具体行使方式、强制执行信托财产异议权的实际适用与例外情形，是需要进行特别重点分析的关键所在。为实现信托法律救济的可行性与充分性，适时引入推定信托理念是必要的，因为推定信托在信托救济方式的丰富性、灵活性以及充分性方面，具有传统大陆法系救济方式所无法比拟的优势。具体来说，该制度能够较为有效地解决受托人违反忠实义务的赔偿范围界定标准，这恰是长期困扰大陆法国家信托法制乃至商法领域的重要命题之一。在商事信托相关法律问题研究中，易被忽视的是复数受益人之集团商事信托的特性，"在商事信托中受益人经常是多数的，此时受益人之间行使权利的权利方法也就成了问题"①。因此无论是在信托受益人权利保障措施分析过程中，还是在信托法律救济讨论过程中，都特别针对此问题予以说明并提出完善建议。

商事信托受益人权利保护的法律问题探讨，无论进行何种理论研究或学术完善建议，实质都是在进行某种法律解释工作。法律解释的最终目标只能是：探求法律在今日秩序的标准意义（其今日的规范性意义），而只有同时考虑历史上的立法者的规定意向及其具体的规范想法，而不是完全忽视它，如此才能确定法律在法秩序上的标准意义。这个意义是一种思考过程的结果，在思考过程中，所有因素不论是"主观的"或是"客观的"，均应列入考量，而且这个过程原则上没有终极的终点。② 这既是本书末一章所坚持与努力的方向，也是未来笔者有关该领域法律问题继续深入所应秉持的基本态度。仅就前一点而言，尽管我国信托法中不少法律条文为人所诟病，但若置于立法当时的现实经济、社会及理论背景下，其缺陷或许并非像今天所言那样不堪。例如，关于我国信托法第2条中"委托给"的用语，其所坚持的信托财产"隐晦、模糊"之特性，在整部信托法中其实是得到了前后一致的呼应承接，在当时各方条件限制下似乎难以找到更好的办法。即便在今天，若完全强制性引入英美信托法制原型，直接套用相关理论进行机械性解释应用，效果可能更糟。出于上述考虑与思路指引，书中最后对我国商事信托受益人权利保护的法律构造展开论述，通过信托结构关系的分析与梳理，明晰信托当事人相互间权利、义务配置，明确商事信托受益人权利保护机制特点，以建立健全相应的法律因应之策。最后，在借鉴其他

---

① ［日］能见善久：《现代信托法》，赵廉慧译，中国法制出版社2011年版，第186页。
② ［德］卡尔·拉伦茨：《法学方法论》，陈爱娥译，商务印书馆2003年版，第199页。

大陆法系国家移植信托制度经验的基础上，就我国信托法制完善，从宏观与微观两个层面进行阐释并提出一些思考与完善建议，从而试图廓清商事信托受益人权利保护的基本法律构造。

主要参考文献

一　中文著作

1. 何宝玉著：《信托法原理研究》，中国政法大学出版社 2005 年版。
2. 张淳著：《信托法原论》，南京大学出版社 1994 年版。
3. 施天涛、余文然著：《信托法》，人民法院出版社 1999 年版。
4. 周小明著：《信托制度比较法研究》，法律出版社 1996 年版。
5. 何宝玉著：《英国信托法原理与判例》，法律出版社 2001 年版。
6. 徐孟洲主编：《信托法》，法律出版社 2006 年版。
7. 张军建著：《信托法基础理论研究》，中国财政经济出版社 2009 年版。
8. 中野正俊、张军建著：《信托法》，中国方正出版社 2004 年版。
9. 赖源河、王志诚：《现代信托法》，中国政法大学出版社 2002 年版。
10. 汪其昌著：《信托财产权的形成与特质》，中国财政经济出版社 2011 年版。
11. 高凌云著：《被误读的信托——信托法原论》，复旦大学出版社 2010 年版。
12. 陈雪萍著：《信托在商事领域发展的制度空间——角色转换和制度创新》，中国法制出版社 2006 年版。
13. 陈雪萍、豆景俊著：《信托关系中受托人权利与衡平机制研究》，法律出版社 2008 年版。
14. 张天民著：《失去衡平法的信托——信托观念的扩张与中国信托法

的机遇和挑战》,中信出版社 2004 年版。
15. 王志诚著:《信托之基本原理》,元照出版有限公司 2005 年版。
16. 王志诚著:《金融资产证券化——立法原理与比较法制》,北京大学出版社 2005 年版。
17. 卞耀武主编:《信托法释义》,法律出版社 2002 年版。
18. 彭插三著:《信托受托人法律地位比较研究》,北京大学出版社 2008 年版。
19. 余卫明著:《信托受托人研究》,法律出版社 2007 年版。
20. 余辉著:《英国信托法:起源、发展及其影响》,清华大学出版社 2007 年版。
21. 刘正峰著:《美国商业信托法研究》,中国政法大学出版社 2009 年版。
22. 邢建东著:《衡平法的推定信托研究——另一类物权性救济》,法律出版社 2007 年版。
23. 谢哲胜著:《财产法专题研究(三)》,中国人民大学出版社 2004 年版。
24. 方嘉麟著:《信托法之理论与实务》,中国政法大学出版社 2004 年版。
25. 谭振亭主编:《信托法》,中国政法大学出版社 2010 年版。
26. 孙飞著:《信托治理优化论》,中国经济出版社 2005 年版。
27. 李建国著:《基金治理结构——一个分析框架及其对中国问题的解释》,中国社会科学出版社 2003 年版。
28. 中国人民大学信托与基金研究所著:《中国信托业发展报告》,中国经济出版社 2011 年版。
29. 吴世亮、黄东萍编著:《中国信托业与信托市场》,首都经济贸易大学出版社 2010 年版。
30. 江平著:《西方国家民商法概要》,法律出版社 1984 年版。
31. 叶林著:《公司法研究》,中国人民大学出版社 2008 年版。
32. 叶林著:《证券法(第三版)》,中国人民大学出版社 2008 年版。
33. 王文宇著:《公司法论》,中国政法大学出版社 2004 年版。
34. 柯武刚、史漫飞:《制度经济学——社会秩序与公共政策》,商务印书馆 2000 年版。
35. 张志铭著：《法律解释操作分析》，中国政法大学出版社 1998 年版。
36. 周枏著：《罗马法原论》（上、下册），商务印书馆 1994 年版。
37. 王利明著：《民法总则研究》，中国人民大学出版社 2003 年版。
38. 王利明著：《合同法研究（第二卷）》，中国人民大学出版社 2003 年版。
39. 张新宝著：《侵权责任法原理》，中国人民大学出版社 2005 年版。
40. 朱景文主编：《法理学》，中国人民大学出版社 2008 年版。
41. 程燎原、王人博著：《权利及其救济》，山东人民出版社 1998 年版。
42. 苏永钦著：《私法自治中的经济理性》，中国人民大学出版社 2004 年版。

二　中文论文

1. 叶林：《私法权利的转型——一个团体法视角的观察》，《法学家》2010 年第 4 期。
2. 叶林：《无纸化证券的权利结构》，《社会科学》2009 年第 3 期。
3. 叶林：《商行为的性质》，《清华法学》2008 年第 4 期。
4. 叶林：《企业的商法意义及"企业进入商法"的新趋势》，《中国法学》2012 年第 4 期。
5. 叶林：《商法的理念与商事审判》，《法律适用》2007 年第 9 期。
6. 叶林、张昊：《无纸化证券的内涵与法律地位——兼谈证券的基本属性》，《河南大学学报（社会科学版）》2009 年 3 月，第 49 卷第 2 期。
7. 叶林、郭丹：《中国证券法的未来走向——关于金融消费者的法律保护问题》，《河北学刊》2008 年第 6 期。
8. 施天涛：《商事信托：制度特性、功能实现与立法调整》，《清华法学》2008 年第 2 期。
9. 中野正俊：《中国民事信托发展的可能性》，《法学》2005 年第 1 期。
10. 张淳：《〈中华人民共和国信托法〉中的创造性规定及其评析》，《法律科学》2002 年第 2 期。

11. 张淳：《试论受托人违反信托的赔偿责任——来自信托法适用角度的审视》，《华东政法学院学报》2005 年第 5 期。
12. 张淳：《信托财产独立性的法理》，《社会科学》2011 年第 3 期。
13. 楼建波、刘燕：《论信托型资产证券化的基本法律逻辑》，《北京大学学报（哲学社会科学版）》2006 年第 4 期。
14. 王文宇：《信托法原理与信托业法制》，《月旦法学杂志》2000 年 10 月号。
15. 王文宇：《信托法的分析架构及可行的发展方向——以台湾地区法制为例》，《北大法律评论》第 9 卷第 2 辑，北京大学出版社 2008 年版。
16. 王文宇：《信托之公示机制与对世效力》，《月旦法学杂志》第 91 期（2002 年 12 月）。
17. 文杰：《日本〈信托法〉的修改及其借鉴意义》，《河北法学》2011 年第 12 期。
18. 孙静：《德国信托法探析》，《比较法研究》2004 年第 1 期。
19. 李群星：《信托的法律性质与基本理念》，《法学研究》2000 年第 3 期。
20. 马俊驹、梅夏英：《财产权制度的历史评析和现实思考》，《中国社会科学》1999 年第 1 期。
21. 李群星：《信托的法律性质与基本理念》，《法学研究》2000 年第 3 期。
22. 温世扬：《论信托财产所有权》，《武汉大学学报》2005 年第 2 期。
23. 谢永江：《论商事信托的法律主体地位》，《江西社会科学》2007 年第 4 期。
24. 肖百灵：《论信托文件中免责条款的效力——美国法的经验和中国法的借鉴》，《南昌大学学报（人文社会科学版）》2010 年第 2 期。
25. 李清池：《作为财团的信托——比较法上的考察与分析》，《北京大学学报（哲学社会科学版）》2006 年第 43 卷第 6 期。
26. 甘培忠：《公司监督机制的利益相关者与核心结构——由中国公司法规定的监督机制观察》，《当代法学》2006 年第 5 期。

27. 李世刚：《论〈法国民法典〉对罗马法信托概念的引入》，《中国社会科学》2009年第4期。
28. 吕富强：《论法国式信托——一种对本土资源加以改造的途径》，《比较法研究》2010年第2期。
29. 张里安、符琪：《论违反信托义务的民事责任》，《法学评论》2006年第3期。
30. 徐卫：《信托法基本原则新论》，《财经理论与实践》2006年第3期。
31. 郝琳琳：《论信托避税及其防范规则》，《北京工商大学学报（社会科学版）》2011年第5期。
32. 罗杨：《信托登记制度启示录：设计思路与法律建议（下）》，《信托周刊》2009年第11期。
33. 李永军、肖思婷：《我国〈物权法〉登记对抗与登记生效模式并存思考》，《北方法学》2010年第3期。
34. 徐卫：《信托受益人利益保障机制的分析与构建》，厦门大学博士学位论文，2007年。
35. 白玉璞：《信托受益人研究》，吉林大学博士学位论文，2008年。
36. 王兆雷：《信托财产权制度解析》，中国人民大学博士学位论文，2007年。
37. 汤淑梅：《信托受益权研究——兼论信托受益权在我国商事领域中的运用》，中国人民大学博士学位论文，2008年。
38. 孟强：《信托登记制度研究》，中国人民大学博士学位论文，2010年。
39. 郭丹：《金融消费者权利保护法律研究》，吉林大学博士学位论文，2005年。
40. 冯兴俊：《私益信托的移植与本土化》，武汉大学博士学位论文，2005年。
41. 朱小川：《营业信托制度法律问题比较研究——以受托人信用为中心》，华东政法大学博士学位论文，2006年。
42. 张敏：《论信托受托人的谨慎投资义务》，上海交通大学博士学位论文，2008年。

三　中文译著

1. ［英］海顿：《信托法》，周翼、王昊译，法律出版社2004年版。
2. ［日］能见善久：《现代信托法》，赵廉慧译，中国法制出版社2011年版。
3. ［日］三菱日联信托银行编著：《信托法务与实务》，张军建译，中国财政经济出版社2010年版。
4. ［英］F. H. 劳森、B. 拉登著：《财产法（第二版）》，施天涛译，中国大百科全书出版社1998年版。
5. ［英］F. H. 劳森、伯纳德·冉得：《英国财产法导论》，曹培译，法律出版社2009年版。
6. ［英］F. W. 梅兰特著，大卫·朗西曼、马格纳斯·瑞安编：《国家、信托和法人》，樊安译，北京大学出版社2008年版。
7. ［英］S. F. C. 密尔松：《普通法的历史基础》，李显东等译，中国大百科全书出版社1999年版。
8. ［英］丹宁勋爵：《法律的正当程序》，刘庸安等译，法律出版社1999年版。
9. ［英］齐格蒙特·鲍曼：《个体化社会》，范祥涛译，上海三联书店2002年版。
10. ［英］卡内冈编：《英国普通法的诞生》，李红梅译，中国政法大学出版社2003年版。
11. ［英］戴维·米勒：《社会正义原则》，应奇译，江苏人民出版社2001年版。
12. ［美］乔迪·S. 克劳斯、史蒂文·D. 沃特：《公司法和商法的法理基础》，金海军译，北京大学出版社2005年版。
13. ［美］弗兰克·伊斯特布鲁克、丹尼尔·费希尔：《公司法的经济结构》，张建伟、罗培新译，北京大学出版社2005年版。

14. ［美］罗纳德·德沃金：《认真对待权利》，信春鹰、吴玉章译，中国大百科全书出版社1998年版。

15. ［美］卡尔·N. 卢埃林：《普通法传统》，陈续刚、史大晓、仝宗锦译，中国政法大学出版社2002年版。

16. ［美］弗朗西斯·福山：《信任——社会美德与创造经济繁荣》，彭志华译，海南出版社2001年版。

17. ［美］罗斯科·庞德：《普通法的精神》，唐前宏、廖湘文、高雪原译，法律出版社2001年。

18. ［美］迈克尔·J. 桑德尔：《自由主义与正义的局限》，万俊人等译，译林出版社2001年版。

19. ［美］本杰明·卡多佐：《司法过程的性质》，苏力译，商务印书馆2000年版。

20. ［美］昂格尔：《现代社会中的法律》，吴玉章、周汉华译，中国政法大学出版社1994年版。

21. ［美］塔玛·弗兰科：《证券化——美国结构融资的法律制度》，潘攀译，法律出版社2009年版。

22. ［法］勒内·达维：《英国法与法国法：一种实质性比较》，潘华仿、高鸿钧、贺卫方译，清华大学出版社2002年版。

23. ［德］卡尔·拉伦茨：《法学方法论》，陈爱娥译，商务印书馆2003年版。

24. ［德］齐佩利乌斯：《法学方法论》，金振豹译，法律出版社2009年版。

25. ［意］彼德罗·彭梵得：《罗马法教科书》，黄风译，中国政法大学出版社2005年版。

四 外文文献

1. Austin Wakeman Scott, *Abridgment of the Law of Trust*, New York: Little, Brownand Company, 1960.

2. Elizabeth Cooke, The Land Registration Act 2002 and the Nature of Owner ship, New Perspectives on Property Law, Obligations and Restitution, Alastair liudson (ed.), Cavendish Publishing limited, 2004.

3. WATERS, DONOVAN, W. M., The Protector: New Wine In Old Bottles, OAKLEY, A. J., *Trends in Contemporary Trust Law*, Oxford University Press Inc., 1996.

4. Jack S. Levin, STRUCTURING VENTURE CAPITAL, PRIVATE EQUITY, AND ENTREPRENEURIAL TRANSACTIONS, Wolters Kluwer 2007.

5. WORTHINGTON, SARAH, The Commercial Utility of the Trust Vehicle, HAYTON, DAVID, Extending the Boundaries of Trusts and Similar Ring-fenced Funds, London: Kluwer Law International, 2002.

6. D. J. Hayton, *Modern International Developments in Trust Law*, Kluwer Law International Ltd., 1999.

7. John H. Langbein, Questioning the Trust Law Duty of Loyalty: Sole Interest or Best Interest? *Yale Law Journal*, 114, 929 (2005).

8. HAYTON, DAVID, Introductory Overview and Comment, HAYTON, DAVID, Extending the Boundaries of Trusts and Similar Ring-fenced Funds, *London: Kluwer Law International*, 2002, p. 14.

9. NATH, RAVINDER Trust in India, KAPLAN, ALON. Trusts in Prime Jurisdictions, Hague: Kluwer Law International, 2000, PETTIT PHILIP, *Equity and the Law of Trusts*, (8), London, Edinburgh and Dublin: Butterworths, 1997.

10. HAYNES, JESSICA, Quieting the "Noisy" Trusts of the Missouri Uniform Trust Code, *University of Missouri - Kansas City Law Review*, 2005, (74).

11. Paul Gewirtz, "Remedies and Resistance", *The Yale Law Journal*, Vol. 92, 1983.

12. Parker and Mellows, *The Modern Law of Trusts*, Sweet & Maxwell 1998.
13. Michael Evans, *Equity and Trusts*, Lexis Nexis Butterworths (Sydney), 2003.
14. EEWARD HALBACH, Jr., Significant Trends in the Trust Law of the United States, 32 Vanderbilt, *Journal of Transnational Law*, 531, 1999.
15. John H. Langbein, The Contraction Basis of the Law of Trusts, *Yale Law Journal*, December, 1995.
16. GRUNDMANN, STEFAN, Trust and Treuhand at the End of the 20th Century: Key Problems and Shift Of Interests, *American Journal of Comparative Law*, 1999.
17. VERHAGEN, HENDRIK L. E., Ownership-based Fund Management in the Netherlands, HAYTON, DAVID, Extending the Boundaries of Trusts and Similar Ring-fenced Funds, London: KIuwer Law International, 2002.
18. FROST, MARTYN, Overview of Trusts in England and Wales, KAPLAN, ALON, Trusts in Prime Jurisdictions, Hague: Kluwer Law International, 2000. 7.

后 记

文稿完成多日后，自己却迟迟不愿写后记。这或许是源于两方面的顾虑。一方面就论文本身而言，选取信托作为基本研究领域是对自己的一个挑战。其实早在攻读硕士学位期间，我就已经对我国信托法制领域内的相关问题产生了浓厚兴趣，但由于学识、能力有限，加之信托在大陆法系内具有相当的特殊性，因此选取何种角度切入，意图解决问题的主旨、意义以及应遵从何种基本研究方法等，都始终困扰着我。其后，利用攻读博士学位三年时间，通过搜集、阅读、整理大量相关文献资料，我对前述疑问逐渐梳理出一条较为清晰的线索。在与导师进行沟通交流后，有关论文选题及成文基本思路得到导师的肯定，并给予了充分的鼓励、指导与帮助，在此基础上最终完成本书。虽然博士学位论文写作本身已告一段落，但信托相关法律问题研究所散发的独特魅力对我而言却仍然难以抗拒。也正是基于这个原因，尽管本书难免有错误、疏漏之处，但作为攻读博士学位的阶段性研究成果，既是向师长、前辈进行的汇报，同时也是自己继续在该领域内展开研究的基础。因此，对我而言本书的成稿不是结束，而仅仅是一个开始。

不愿写后记的另一方面原因源于我的导师——叶林教授。我明白，写出后记之时，也就意味着在离开校园前夕，是向他致敬与致谢的时候。但对于他的尊崇与感谢，又怎能仅通过书篇上短短数语就能道尽？我至今还清楚地记得第一次在电视上看见他的情景，尽管那已是好几年前的事了。此后，师从先生学习就成为我的一个梦想，幸运的是这个梦想实现了。腹有诗书气自华，叶林老师作为国内商法大家之一，他勤勉务实的学风，勇于探索、创新的学术精神以及宽厚谦逊的品格，既体现出当代法学家的风范，同时也深刻地影响着我。我作为一名高校教学工作者，一定不辜负先生的期望，既要坚持努力在学术之路上有所进步，又要将自先生之处所得传播给自己的学生，而后者可能才是对恩师最好的回报。同样，对我而言，离开中国人民大学校园不是结束，而只是师生情谊的另一个开始。

感谢曾经给我们授课的王利明老师、龙翼飞老师、董安生老师、王轶老师、杨立新老师、张新宝老师、黎建飞老师、林嘉老师、姚辉老师，诸位传道、授业、解惑的老师，正是你们的言传身教终使顽钝之心也愿向学，于不觉间被领入学术殿堂，教化之功，莫能忘焉。衷心感谢所有在人民大学法学院就读期间帮助与指导过我的老师、同学。感谢中国人民大学提供良好的学习、生活条件。最后，感谢父母与家人，对他们称谢言轻。

蔡秉坤

2013 年 5 月 3 日